"Encore"
de
Jacques Lacan

ラカン『アンコール』解説

佐々木孝次・林 行秀・荒谷大輔・小長野航太 著

せりか書房

ラカン『アンコール』解説　　目次

はじめに

第 I 部　　解説

第 1 講　　享楽について　6
　　　　　　フランソワ・ルカナッティの発言　27

第 2 講　　ヤコブソンに　35

第 3 講　　書かれたものの機能　52

第 4 講　　愛とシニフィアン　70

第 5 講　　アリストテレスとフロイト　92

第 6 講　　「神」と女性（*La* femme）の享楽　109

第 7 講　　ラブレター（愛の文字）　130

第 8 講　　知と真理　150
　　　　　　ジャン＝クロード・ミルネールの発言　174
　　　　　　F・ルカナッティのコメント　179

第 9 講　　バロックについて　186

第 10 講　　紐の輪　209

第 11 講　　迷宮のなかのネズミ　235

第 II 部　　総説——用語解説と「まとめ」　253

　　　　1　ランガージュ、ララング、ベティーズ　2　享楽、愛、知
　　　　3　ディスクール　4　性別化、ファルス　5　対象 *a*、マテーム
　　　　6　ボロメオの結び目　7　無意識

はじめに

　ジャック・ラカンは、1972年12月から73年6月まで、「アンコール」と題したセミネールを行ない、1975年に、ジャック－アラン・ミレールの作成したその記録が出版された。このセミネールについては、その後、あちこちで引用され、おびただしく言及され、西欧諸語に翻訳され、研究書も出版されている。
　本書の執筆者たちは、2009年の秋から2012年の末まで、はじめは個人宅で、のちに個人宅とせりか書房内で、ミレール版の記録を中心に周辺の資料を持ち寄り、月に2回、検討会を行なった。本書は、その結果を解説書としてまとめたものである。

　ラカンが書いたものには、失文法症者の悪文という評もあり、読みにくいという定評がある。しかし、セミネールは、ともかくも、しゃべった記録である。ミレール版では全25巻が予告されていて、これまでに15巻が出版されている。「アンコール」は、その第20巻である。これを他の出版されたセミネールに比べてみると、全体の回数は11回（じっさいは補遺、2回）、総頁数は133頁で、ともに半分以下である。しかも、あと5巻を残すだけの後期のセミネールで、比較的早期に出版されたので、あれは読めないという噂もかなり長くあった。
　しかし、内容は根本的には明瞭で、問題の性質上、多くの用語は一義的ではないが、話の展開はきわめて論理的である。ただし、たびたび言葉遊びを交えて、要点を断片的に口にするので、少なくともそのつながりが表面的にはつかみにくい。つまり、表現は諧謔的で、省略が多く、聴講生たちに自分で考えてみなさいと挑みかけているようなところがある。そこで、ときに唐突とも聞こえる短い文句のなかに、じつは中味を詰め込みすぎていると思えるのである。執筆者たちは、そういう、晦渋とされかねない表現を解きほぐ

して、中味を整理しようとした。
　解説は、一応、ミレール版の各講義の表題を借りて、その順番にそって進めているが、ラカンは、もともと理論の体系化を拒んで、系統立てて話をしないので、あるいは、つかみどころのない感じがするかもしれない。そこで最後に、用語解説をかねて、多少とも「まとめ」として役立つことを期した一文を加えたので、それを最初に読んでいただいてもよいと思う。

　各執筆者の担当部分は、以下のとおりである。
佐々木孝次　第1講、第5講、第11講、総説——用語解説と「まとめ」
林　行秀　　第4講、第6講、第9講
荒谷大輔　　第2講、第7講、第10講
小長野航太　第3講、第8講、第1講と第8講の補遺

第Ⅰ部　解説

第1講　享楽について

　ラカンは、「『精神分析の倫理』は出版されないことになりました」と言って、セミネールをはじめた。10年以上前（1959-60）に行われたその講義は、その後、彼が記録を出版してもよいと思っていた唯一のセミネールだった。結局、それが出版されないことになったのを聴講生に告げたのには含みがある。それは、今年これから行う講義も、「精神分析は倫理学である」をくり返すことになると言うのである。
　では、どうして、またどういう倫理学なのか。それは、今年の講義が「享楽」を話題にするからである。また、それがどうして倫理学であるかというと、享楽は、法のようにそとからの強制力が命じるのではなく、義務として告げられるからである。「享楽せよ！」と、超自我は命じる。そのとき、超自我は、何かそとからの強制力を受けて、自我にそう命じるのではない。自我も超自我もエスとともに、精神装置のなかに生まれる力によって、それ自体で主体を動かしているのである。
　けれども、その命令は、主体にできないことを命じているので、十全に実現されることはない。そのわけは、主体がこの世に話す存在として生きている、すなわち言語活動によって生きているからである。
　ラカンは、はじめのひと言のあと、いきなり、「私はそれについて何も知りたくない」の話題をもち出して、それは、これまで自分がたどってきた道のりの順序から気づいたことだと言っている。さらに、二つの「知りたくない」があると言う。それは、私の話を聴く皆さんの「知りたくない」と、皆さんに話をする私の「知りたくない」である。ここで、ラカンの言うように、かりに聴講生が分析主体、ラカンが分析者の立場にいるとして、分析からえられる「知」を思い浮かべてみよう。例えば、ジークムント・フロイトの「ねずみ男」と呼ばれる、ある強迫神経症者のよく知られた報告がある。彼は、父が結婚をすすめる金持ちの良家の娘と、自分が愛している娘とのあいだで板ばさみ

となっている。彼は、父の希望と勧告をはっきり知っている。高い教育を受け、教養の豊かな彼は、自分を苦しめている症状の原因が、父の提案と自分の欲望のあいだに生じた葛藤にあるのではないかと、うすうす思っている。それもまた、やがて分析主体の知となるだろう。しかし、フロイトはもっと深く、症状は、彼自身が幼いころから抱いている父に対する愛と憎しみの感情とかかわりがあると思った。それは分析主体の知らない、無意識の知であって、いわば彼が「知りたくない」ことである。だが、分析者は、解釈によってその知にいたった。

　フロイトは、いつ、その知を分析主体に語るかを考える。解釈を与えるのは、分析者の職業上の義務だからである。しかし、分析者が、その知を分析主体に語ったところで、分析者の「知りたくない」は、やはりそのまま残り、びくともしない。ちなみに、フロイト自身も、父が彼の将来に希望した職業と、彼が選んだ職業との板ばさみになって悩んだことがある。だが、かりにそれが彼の苦しみの原因であったのを知ったところで、彼の「知りたくない」は、そのままで、彼の苦しみが消えるわけではない。

　「知」は、言語活動の基礎であり、またそこから生まれるのはもちろんだが、一般には、まとまりのある言述を指している。感嘆詞や疑問詞の一語は、知ではなく、知を伝える言述には、主部と述部がなくてはならない。そういう言述によって語られる知が、必ず「私はそれについて何も知りたくない」をともなうというのは、主体と言語活動の関係そのものを指している。「享楽せよ！（J'ouis！）」を義務として告げられると、主体はそれに応えて何かを語る。ところが、何を語っても、そのことが享楽を実現するわけではない。しかし、語る存在は、語ることによって享楽が実現しないのをいつまでも知りたくないのである。だから、語ることは、見当はずれをくり返す。くり返して、もっと悪くなり、うんざりさせるが、主体は、さらにもっと、それをくり返す。

〈1〉

　ラカンは、前年のセミネールの標題「……ひょっとすると、もっと悪い

（……ou pire)」から、「がっかりする (Ça s'oupire)」と造語して、その何かががっかりしたり、がっかりさせたりするのは、「私」でも「あなた」でもなく、いわば自分から、それ自体でがっかりするのだと言い、それを分かっていただくために、皆さんがベッドに、それもダブルベッドにいると思っていただいて、そこからはじめましょうと言う。

　そこで行われるのは、二人の性交渉や性行為をふくんだ、いわゆる性交である。それについては法規上でも定義され、認められている。この講義は、当時、パンテオンに近いパリ大学の法学部で行われていた。ラカンは、法学部で性行為について話すのは場違いでないと言う。ただし、ランガージュの支配下にある法規（code）と享楽の面からみた性関係とには違いがある。いわゆる性交は日常的な行為だが、享楽からすると、性関係は存在しないのである。法律は性交を、債権と債務の枠内にある契約関係として定義する。ところが、享楽には、そういう関係が存在しない。一般に、関係が成立するためには、例えばA＝B、A＞Bのように、二つの項が、それらを結ぶ記号（＝、＞）か、あるいは日常の言葉によって媒介されなくてはならない。享楽も、西欧語の語源では所有権と使用権という、物件に対するひとの権利のうち、使用権を表していたらしいが、その意味は精神分析における享楽でも保たれている。享楽は、物件を使用することである。ダブルベッドでは、物件は相手の身体であり、自分のそとにある身体である。享楽は、その身体を使用することである。法律でも、そのことを認めている。ラカンは、そのさい用益権（usufruit）という現行の法律用語を使っている。内縁関係でも、いっしょに寝て、抱きしめ合うという権利を慣習法によって認めている。

　しかし、法律関係には、そのことについて隠されていることがある。それは、性行為の境界（limite）である。法律の用益権には、有用（utile）の観念がふくまれている。その権利によって、ひとは資産（moyen）を享楽することはできるが、そのひとにたとえ所有権があっても、例えば所有するピカソの絵を勝手に燃やしたりして、それを無益に使用することはできない。では、享楽にふくまれる有用性は、何の役に立つのだろうか。ある物件が有用であるのは、それが何らかの利益をもたらす功利性をそなえていることである。ところが、享楽には、功利性がない。それは、何の役にも立たないのである。ラ

カンは、そのことを性交渉における「境界」という語で表し、そこからはじめようと言う。これはあとで、享楽を集合論によって説明しようとするのを示唆している。

　セミネール「精神分析の倫理」のテーマも、じつは享楽と有用の違いだった。ふたたびくり返すことになるが、享楽は、何も享楽することを命じない。超自我だけが、至上命令として、「享楽せよ！」と命じるのである。しかし、それは何の役にも立たない。にもかかわらず、精神分析のディスクールがもっぱら目を向けるのが、その享楽にかかわるディスクールである。

　「ディスクール」には、適当な訳語が思いつかない。それは、むろんひとが語ることに関係があって、ランガージュのもとにあるのはもちろんだが、とくにそれによってひとのあいだに絆が生まれる面を伝えている。つまり、ひととひとの相互性を前提にした社会的な形成物である。享楽にかかわる精神分析のディスクールでは、そこに「境界」があるのを認める。境界には、そこに近づいたり、遠ざかったりする行程がある。ラカンは、それを系（セリー、série）という語で表し、真面目に（セリュー、sérieux）、境界に近づく系を打ち立てようと言う。

　ある何かがひとの役に立つ性質を、量的に測ることができるだろうか。それは何の役に立つのかと問われれば、ひとの幸福や快楽にであると答える。享楽は何の役にも立たないというのは、たんに何もないと言っているのではなく、享楽に有用なものとして役に立つものはないと言っているのである。法律は、そこに目を向けないで、債権・債務関係のなかで、何かの有用性を量的に判断する。倫理学も、アリストテレスの「存在」からジェレミー・ベンサムの功利主義、つまり「フィクションの理論」まで、ニュアンスの違いはあるが、すべてのひとが求める何かを、その性質と量によって語ることができると考えてきた。それは、有用性や効用性に対応する何かがあるという思い込みに支えられている。使用価値という観念も、そこから生まれたのである。それが言語学にもたらされて、ランガージュの使用価値、つまり道具としての言語の役割ということになった。

　「存在」には、「何かがあること」と「あることそれ自体」という意味がある。「何かがあること」を認めさせるには、その何かに共通する属性（述語）を明

らかにしなくてはならない。「すべてのAはBである」とき、そのAは、Bという属性と一致する何かとしてあることができる。「あることそれ自体」は、あらゆる属性をそなえてあることで、それを「何か」と言うことはできないし、その必要もない。ラカンは、アリストテレスからベンサムまでの変化を、進歩ではなく回り道だと見るのは、そこから倫理学が確立されると信じられてきた「存在」に、自分もまた戻ってきたからであると言う。

　ところで、われわれが「存在」について語るのは、ひとがそれについて語る「存在」である。ひとが存在そのものを語るときも、だれかが存在そのものと語ったものについてしか語れない。ひとが、だれも語ったことがないものと言うとき、そのひとは、だれも語ったものがないと、そのひとが語るものについて語っているのである。そこで、われわれは、「ある（存在）」と「語る」を区別して考えなくてはならない。何かが「ある」のと、そう「語る」のは、別のことである。何かが属性と一つになってあるのは、そう語るひとがいるからである。何かが「ある」「ない」と「語る」「語らない」とは、別のことである。大ざっぱに、語られるもののそとに語られるものが「ある」と言うのは、実在論の立場であり、ひとが語らないものは「ない」と言うのは、観念論の立場である。法律家（法学）のディスクールは、二つの立場のあいだを揺れ動きながら、つまりは語られるもののそとに、それに対応するものがあるとする。そのとき、法律家は、自分が語るひとであるのを忘れている。精神分析のディスクールは、どちらの立場からの「ある」「ない」も採らない。ひとが語らないものは、「ある」「ない」を問題にしても仕方がない。ひとが語らないものは、あくまでも、そしてたんにひとが語らないものである。そこで、どちらの立場からも遠ざかりつつ、ふたたび「存在」に戻ってゆく。

　「知」の前提になるのは、やがて言述の形をとるまとまりをもった観念である。観念そのものは言述にならない。それを伝えるためには、どうしてもその内容が言述という形をとらなくてはならない。そして、それがひとのそとにあるのが、ランガージュの特徴である。だれもが、それぞれの「私は、それについて何も知りたくない」のなかにいる。ここの「それ」には、ひとは何を言っても、それがひとのそとにあるものになってしまう、そして、ひとはそとにあるものの他には何も知りたくない、あるいは知ることができないと

いう、恐ろしい意味がふくまれている。それでも、ひとはそれ自体としてあるものについて知ろうとする。だから、語ることに愚かな（bête）な性質がつきまとい、そこからベティーズが生まれるのである。

　ラカンは、〈1〉の最後に、「私は皆さんをベッドに残したまま、あとはお任せします」と言い、それからのために、次のように書いておきましょうと言った。そのイタリック体の一節は、「大他者の享楽、〈大文字のAの他者の享楽〉、大他者を象徴する大他者の身体の享楽は、愛の記号ではない」である。この一節は、セミネール全体にとっても重要な意味をもっているが、英訳者は、「大他者の身体」の「大他者（Autre）」は、「小他者（autre）」の誤植ではないかと注記している。たしかに、内容をわきにおけば、総じて英訳本の方が読みやすいと言えないこともない。とくに、この箇所は、ラカンが「大他者」によって、それを象徴化したり、具体化している「だれか（someone）」を指すことがあるので、そう言えないこともない。例えば、「大他者としての母の身体」と言えば、大他者を象徴している母と呼ばれる具体的なひとの身体と受けとれる。しかし、その一節は、最後の講義（第11講）でも、やはり大文字Aではじまる「大他者の享楽」とされているし、他にも同じような趣旨で、大文字で記録されている（第7講）。

　そこで、ここでは「大他者の身体の享楽」と言われていることに注意しなくてはならない。たんに大他者の享楽ではなく、大他者の身体の享楽であるが、ここの「身体」とは何だろう。身体もまた象徴的身体、想像的身体、現実的身体と、それぞれに規定されてまぎらわしいようだが、その本質は「身体とは、語る身体しかありません」（第10講）と、はっきりしている。ここで言う大他者の身体も、その本質にそった身体である。「語る身体」すなわち「身体は語る」のである。ひとは、ランガージュによって語る。つまり、ひとにとって身体は、つねにランガージュの世界にあって、それに支配されている身体である。ラカンは、「大他者の身体」と言って、「大他者の身体を象徴する身体」と付言している。すなわち、大他者の身体は象徴化されている。それは、つねにだれかの「身体」によって象徴化された身体でしかありえない。

　それでは、「大他者を象徴する大他者の身体」とは何だろう。それは、ちょうど母と呼ばれるひとの具体的な身体と同じように、丸ごとの身体であるこ

とはできない。象徴化されるとはそういうことであって、ひとにとっては分離と欠如を意味している。そこで、大他者には、欠けたところがある。ところが、愛の目指すところに、欠けたところはない。それゆえ、愛は不可能であるが、だからといって、象徴化された大他者の身体が愛の記号であるわけではない。そうしてみると、ランガージュの世界にあって「語る身体」としての他者の身体は、つねに象徴化される「大他者の身体」であることになろう。そして、その身体が愛の記号ではないのである。

〈2〉

　以上のように述べたあと、ラカンは、それでおしまいというわけではなく、「愛は、たしかに記号を生みだし、いつも相互的である」と言う。ここから「愛」が話題になるのだが、「大他者の享楽」はあとにして、まず「愛」と「記号」について、少しふれておかなくてはならない。「象徴」は、理論の基礎をなす用語の一つだが、ラカンは、これまで「記号」という用語をあまり使っていない。しかし、愛を語るとき、それはこれまでの「何かに代わるもの」という単純な定義をぬけ出て、あとで見るように、「それによって二つの実体が離れて、結ばれないのが明らかにされるもの」とされる。愛が「相互的」であるというのも、記号の分離する性質を背景にしている。「愛、愛。それはいつも相互的？」「もちろん、もちろん！」。だから、無意識が生まれたのである。AとBは、それぞれがそれぞれとしてある実体である。記号は、それらが分離されていることを示すものである。愛は、AとBが結ばれないまま、相互的であるような記号を生みだす。

　それでは、どうして愛の相互性が無意識を生みだすかといえば、それは愛が欲望にかかわるからである。ラカンは、「もちろん！」のすぐあとで、「人間の欲望、それは大他者の欲望である」と言う。それは、よく知られた彼の文句であるが、唐突と感じる読者もいるだろう。だが、ここでは欲望も大他者も、愛を語るためにわきにおかれて何の説明もない。

　しかし、「大他者（の）享楽」「大他者（の）欲望」の「の（de）」には注意が要

る。それは「大他者が享楽する」「大他者を享楽する」、「大他者が欲望する」「大他者を欲望する」を、それぞれ、そのつど文脈に応じて表している（英語では、of と for）。といっても、大他者は、具体的に知覚できるものではない。目の前にいる相手（小他者）の向こうにいて、しかも主体を規定するほどの働きをする何かであり、それは目に見えない場所と思うのがよいだろう。その特徴を二つあげると、それが主体に先立って、主体のそとにいること（絶対的な外部の場所と言ってよい）、そして、それが働くためには、主体がランガージュのなかに生きる、語る主体（パロールの主体）でなくてはならないことである。また、目の前にいる相手とは、たしかに、見たり触ったりできる他人であるが、分析の理論からすれば鏡のなかの自分の末裔であり、想像的な他者である。

　しかし、なぜ、そういう場所（の）欲望なのか。欲望が、心のなかに描かれる「わたし」を主人公にした想像的シナリオであるとすると、そのシナリオは大他者（の）欲望であり、主体は、そのかぎりで欲望することができる。そのこともまた、主体が「語る主体」として、ランガージュによって生きているからである。主体のそとにいる大他者は、主体が「語る主体」として問いかけても、何の返事もしないことがある。それは、主体が目の前にいる性行為のパートナーに「愛している？」と問いかけたとき、大他者がその問いかけを無視することによって、いつも相互のあいだに起こっていることである。そこで、問いかけた方は、相手が自分を愛していると思おうとする。愛の根底的な性質はナルシシズムであり、自分を愛そうとすることだからである。その結果、「愛は、欲望について何も知らないでいる熱情（passion）」になる。こうして、そこからは愛と無知とともに、人間のもつ三つの熱情の一つ、憎しみが生まれる。

　にもかかわらず、主体は、十分な返答が得られるはずのない大他者に訴え続ける。「愛は、愛を要求し、たえず要求し、さらに要求する」からである。ラカンは、ここで「要求（demande）」という語を使うが、このさいも欲望と要求の理論上の違いは素通りしている。要求は、パロールの主体が話すことによって、具体的な他人と結びつこうとするときの様態だと言っておこう。「Encore（もっと）、それは大他者のなかのすき間であって、愛の要求はそこ

から出発する、そのことを示す固有名です」。愛が無知をともなう熱情であることが、人間に災いをもたらす。というのも、主体は、愛する相手が自分を愛するという思いを捨てることができないからである。それは自分で自分を愛していることなのだが、主体は、このナルシシズムを捨てて生きることはできない。そのことが、また、例えば母の身体が象徴する大他者の享楽について、超自我の絶対命令に対する主体の返答を一筋縄ではいかないものにしている。

　ラカンは、きりのない愛の要求が始まる大他者のなかのすき間について言ったあと、それはもう愛ではなく、〈amur〉であると言う。それは昔の尼僧院で、彼もそこで講義をしたことのある、高い塀で囲まれたサン・タンヌ病院の礼拝堂で思いついた言葉で、〈amour（愛）〉と〈mur（壁）〉をかけ合わせた造語である。〈amur〉は、身体のうえに奇妙なシーニュ（印、標、記号、徴候）となって現れる。彼は、それを胚（germe、英語の germ、あるいは germ cell 胚細胞）という用語で説明する。胚は、生物が個体として発生するはじめの状態で、すでに生と死、つまり反復と再生の両側面をもっていて、「丸ごとの身体（l'en corps）」が、そこからやってくる。それは身体のうちにあると同時に、そとにも痕跡となって現れる。身体は、たしかに性別化されはするが、痕跡は、たんに性徴として現れるのではない。とくに、「身体が大他者を象徴化すると言うとき、身体の享楽が拠りどころにしているのは、そういう痕跡ではない」、すなわち、あらゆる人間の経験が示すとおり、性の区別がない、丸ごとの身体である。

　そのことから、愛は、これも経験が示すとおり、〈一〉を生みだそうとする。「愛とは、〈一〉を生むことなのでしょうか？　〈エロス〉は、〈一〉への緊張なのでしょうか？」。だが、これまでずっと、ひとはただ〈一〉のようなものについてだけ、「〈一〉のようなものがある」と語ってきたのである。たしかに、〈amur〉は、性的な痕跡ではない。しかし、ここで（ラカンの）シニフィアンが登場する。それが性的でないとしても、あらゆる痕跡がシニフィアンを生むことができる。つまり、〈amur〉では、性別のない、丸ごとの身体がシニフィアンを生むのである。それは、S から $\mathcal{S}$ への、さらに $\mathcal{S}$ から S_1 への移行を表す。最初の移行は、主体がランガージュの世界に取り込まれることを、

第1講　享楽について

つぎの移行は、主体が主体を創設するシニフィアン1によって代理表象されることを表している。

　講義では、ここでドイツの現代数学者ゴットロープ・フレーゲが言及される。それは、〈一〉のようなものの性質についてだが、フレーゲは『算術の基礎』のなかでこう書いている、「「0と等しいが、しかし0とは等しくない」という概念の下にはいかなる対象も属さず、そこで0がこの概念に帰属する基数である。それゆえ、ここには「0と等しい」という概念と、その下に属する対象0とがあり、それらについて次のことが成り立つ」。以上を前提にして、彼が「0」と「1」について述べたことは、今日、よく知られている。すなわち、「「0と等しい」という概念に帰属する基数は、自然な数列において0に直続する」、「1とは、「0と等しい」という概念に帰属する基数である」、「1は、自然な数列において0に直続する」（以上、邦訳著作集2, 140頁）。三つのテーゼは、ラカンのシニフィアンの性質と、その系、連鎖の考えに大きな影響を与えている。ここでは、まず、〈一〉が何らかの対象によってではなく、空虚によって基礎づけられ、そのことが、そのまま S_1 を定義すること、そして、それからの系において S_2 に連なり、この S_2 が、最初から言われている「知（savoir）」であること、その二点を指摘しておこう。

　1には何の対象もなく、0に帰属して、自然数の列を数えるはじめの役目をするというのは、〈一〉には内容がなく、たんに空虚であるが、S_1 となり、それから S_2 となって、以後 S_2 に続くあらゆる知（$S_2 \ldots S_n$）を数える、はじめの数になると言うのに等しい。なぜそうなるかと言うと、それは主体が、はじめに大他者のなかのすき間から、すなわちそこの空虚から出発して、愛の要求を「もっと、もっと」とくり返すからである。その要求にはきりがないけれども、もし大他者からの返答があれば、それはそのつど数列のなかの数を指し示す。つまり、それは主体が欲望する大他者の欲望が求める対象、すなわち大他者のすき間を埋める対象ではなく、ランガージュのもとにある主体に与えられる数としての部分対象を指し示す。そのことは、主体が大他者の身体と一つになることができないのを示していて、すき間を埋める対象とは、それができないことの代わりに設定された対象であって、語る主体の生きるこの世にはない対象である。それは欲望の原因となって、この世のあらゆる

対象を生みだすが、それ自体は、たんに理論構成のために名づけられたものであり、対象 a と呼ばれている。

ここで、ピカソを愛し、彼の着ているシャツの襟を噛んでいた鸚鵡のエピソードが紹介される。ラカンは、この鸚鵡はデカルトのようであったと言う。デカルトにとって、人間は、服装であり、それも「道を行く（pro-menade）」人間の服装である。それを（pro-menade 酒神バッカスに捧げられる巫女）と読み、衣服は、それを脱ぎ捨てたとき、官能的な乱痴気騒ぎを約束すると言う。しかし、それはあえて言うなら、たんにダブルベッドの上の神話にすぎない。裸の身体を享楽しても、そこには〈一〉を生みだすもの、すなわち同一化の問題が何も手をふれられずに、そのまま残る。鸚鵡は、ピカソの衣服に同一化したのである。

愛についても、まったく同じことが言える。「修道服が修道士を作るのではない」という寸言がある。その意味は外見や見かけに騙されるなということだが、衣服を剥いだら何が残るだろう。その下には身体があると言うが、それは対象 a と呼ばれる残余である。つまり、それは何かと、何もないのあいだにあって、心に浮かぶあらゆるイメージを、すなわち残りのすべてを支えているものである。分析は、愛がそもそも自己愛的であるのを明らかにした。よく、愛はお互いを一つにすると言われるが、愛は、その融合にまつわるさまざまなことを知らないわけではない。知らないのは、大他者のすき間から生まれでる〈一〉である。amur から生まれる〈一〉は、性的ではない。そこで、愛におけるお互いの結合は不可能なのである。

ラカンは、〈2〉の最後に、こう言っている、「愛は、相互的であるといっても、無力です。それは、愛が〈一〉であろうとする欲望にすぎないのを知らないからです。そのことから、お互いの（d'eux）関係を打ち立てることができません。お互いといって、どういうお互い（d'eux）の関係でしょうか？——両性（deux sexes）の関係です」。「お互いの」は、三人称複数の代名詞（彼らの）であり、「両性」は、二つ（の性）の数詞だが、フランス語では同音である。

〈3〉

「性徴は、二次的でしかない」。というのは、精神分析にとって、欲望の原因である対象は、つねに部分対象として与えられるからである。それは身体のうえに謎のような形態として現れて、性別化された存在を生みだすが、しかし、存在は、身体それ自体の、つまり性のない（asexué）身体の享楽である。というのも、性的享楽と言われるものは、それとして実現されるのも、言葉で表現されるのも不可能で、われわれにかかわるこの唯一の〈一〉、性関係という関係の〈一〉によって印され、支配されているからである。男性は、いわゆるファルス的な身体器官をもっているとされるが、これには「いわゆる」というただし書きが必要で、それは、じつは二つの性別化された存在の一方が、他方を奉仕させようとして作られた意識の加工物だからである。というのも、身体的な性としての女性の性については、まさに、「女性というものは、いない」わけで、「女性は、すべてではない」のだが、女性にとって、その性は身体の享楽を、これはファルス的享楽ではないが、それを介さなくては何の意味もないからである。ここで言う「すべて」とは、女性という共通の性質をもつ普遍的な観念であるとともに、あとでふれるような数のうえから総数化される女性たち、そのどちらもないということである。

女性の二次的な性徴について、あれこれ言われるが、もともと女性において目立つのは、母の特徴で、それは身体器官の特徴ではない。性別化された女性については、いわゆるファルス的な器官がないという身体上の性の他に、それを見分けるものは何もない。精神分析の経験は、あらゆることがファルス的享楽をめぐって起こっているのを明らかにしているが、そのことは、一方において女性がファルス的享楽に対して「すべてではない」という場所にいることから明らかにされる。ファルス的享楽とは、男性が女性の身体を享楽しようとしても、そのために享楽できない障害のことで、そこで、男性が享楽するのは、いつも部分対象である身体器官の享楽になってしまう。だから、「享楽せよ！」という超自我の命令には、つねに去勢がともなうことになる。

それゆえ、大他者の享楽は、いつも無限のなかを進んでいく。去勢が意味しているのは、そういうことである。

以上のように、基本的な事柄にふれたあと、ラカンは「無限」を説明するために、ゼノンのパラドックスから、集合論に言及する。そこへすすむ前に、享楽について、いま言われたことを整理すると、

$$\text{超自我} \xrightarrow{\substack{\text{ファルス的享楽}\\||\\\text{去勢}}} \text{大他者の身体の享楽}$$

上の図は、「享楽せよ！」という超自我の命令に、主体がどう従っていくかを示したものである。大他者の身体は、ときに、母の身体がそれを象徴するとされることがあり、そのときは、男児も女児もそういう性のない母の身体を享楽しようとしている。ところが、それは不可能で、あいだにファルス的享楽が立ちはだかる。その享楽は、丸ごとの身体ではなく、身体の器官の享楽であって、それは部分的享楽であるが、そのときの身体は、対象 a としての身体ではなく、部分対象としての器官である。器官の享楽を去勢と呼ぶのは、妙な感じがするかもしれないが、それは身体を丸ごと、それとして享楽できないことである。超自我の命令から大他者の身体にいたる無限の行程には、亀裂がある。ファルス的享楽は、それにファルスの機能がどう対応するかによってさまざまな形をとるが、同時に、ファルスという、具体的な身体器官ではない、観念的な人工物を象徴したものの機能が、ひとの言語活動についても、とくにディスクールのなかでも、そのすべての動きにかかわっているのである。

ゼノンのパラドックスのアキレスと亀の話は、性別化された一方が、他方を享楽するときの喩えである。アキレスが、亀に追いつこうとして一歩ふみ出すと、亀は少し前へすすむ。それは、一方が他方の「すべてではない（pas-tout）」からで、一方のものではないからである。現代の数学では、数には無限があるかぎりで、限界がある。そこで、アキレスは亀を追い越すことはできるが、並ぶことはできない。できるとしたら、そこは無限の遠点である。こ

第1講　享楽について

の喩えは、享楽が性別化された存在のあいだのことであるかぎり、そこに裂け目があるのを教えているが、ファルス的享楽だけが、そこを埋めようとする。それは奇妙な現象ではあるが、ラカンは、「常ならぬ一瞥（aperçu très étrange）」がそのことを暗に告げているとして、その「常ならぬ（Etrange）」を「天使‐であること（être-ange）」の二語に分解する。なぜかというと、天使は、性別化された存在に、愛についての良い知らせを伝えてくれるからである。それは、他面では、「愚かであること（être-bête）」に、すなわちベティーズに通じている。これは、性別化された存在について言えることだが、その存在も、ピカソの鸚鵡のように、性的でも生殖的でもない衣服の見かけに、〈一〉のようなものとして同一化する。話す存在が、そのとき口にするのがベティーズである。

　天使であることと愚かであることは、ともども、話す存在が享楽の裂け目を埋めようとするいとなみを保護していると言える。ラカンは、次にコンパクト性という数学用語によって、そのいとなみを説明する。そのさい、すべての交差（intersection）がある閉集合のなかにふくまれ、しかもそれらが無限数としてあるのがコンパクト性で、有限数から出発して無限数へと向かうのだが、そのあいだの裂け目ほど、コンパクト性をうまく表現しているものはない。それは、「享楽せよ！」という超自我の命令に対する話す存在の返答を、うまく位置づけてくれて、次のように図示することができるだろう、

　　　コンパクト性
　　　超自我─────｜｜─────────｜｜大他者の身体の享楽
　　　享楽せよ　　　ファルス的に

　以上のことは、むろん、かりに喩えてみただけとも言える。というのも、分析者のディスクールは、もっぱら言われることのない言表に支えられていて、性関係は、それとして言表できないからである。また、そのことに、分析者のディスクールが、すべて他のディスクールの役目を判定する基準がある。性関係は、それ自体としては不可能で、享楽は、性的であるかぎりファルス的で、大他者それ自体にはとどかない。ラカンは、さらにコンパクト性の仮説

を補う。それによると、このコンパクト性は、どちらの性にも同じようにあてはまる。フロイトは、そのことをリビドーの性質として、「性理論三篇」（1905年）でこう書いている、「「男性的」および「女性的」という概念に特定の内容を与えることができるとすれば、リビドーはつねに決まって男性的な性質のものであり、それが男性において現れるか、女性において現れるかは問わないし、その対象が男性であるか女性であるかも問わないと考えることができる」。すなわち、男性的であるというのは、本質的には、どちらの性においても同じということである。

　しかし、最近のトポロジーによって、均質でない空間の場所がもたらされ、それは数について考えられた論理からでたもので、そこからコンパクト性を扱うさいに、二つの部分を区別することができるようになった。すなわち、コンパクト性は、境界があって、すでに設立されている閉空間の内部にある裂け目を、さきに言ったような無限数の交差によって被覆することができる。そして、もう一つ、コンパクト性は、そこにおいてその裂け目を、大他者の享楽の水準で再被覆する、すなわち被覆しなおすことができる。そのことから、性別化された男性と女性における、数の数え方の違いが、あるいはものの言い方の違いが認められるようにもなる。裂け目は、コンパクト性によって、境界 (limite) のなかの限界 (borne) の問題、言いかえると、閉空間のなかの無限の問題を提出するのだが、境界のある閉空間をちょっと想像してみても、その閉空間の向こうには、境界のそとの開空間があるのは容易に見当がつく。

　いずれにせよ、話すひとは、結局、一つずつ数を数える。しかし、そうする前に、何か順序を見つけなければならないのだが、それが見つかることを、すぐには受け入れられない。アキレスは、限界のなかにいるとき、性関係の手前で小さいファルス的享楽の経験を積み重ねたが、それを蛇足ながら、図で示すと以下のようになる。

　　　　　　アキレス────｜───｜─｜-｜｜性関係
　　　　　　　　　　　　1　　　　2　　　3

　1, 2, 3 は、時間を表しているが、実数で示されたアキレスの最初の享楽

第1講　享楽について

は、交差のない、空虚なものである。しかし、コンパクト性の意味は、たとえアキレスの最初の享楽が、第二の享楽と関係があるとしても、つまり2や3がいくつかの1としてあるのでなく、空虚でない交差をもつとしても、それらはどれも無限数のうちにあるということである。

　ところが、無限数のある閉空間の向こうには、境界のそとの開空間があって、そこには境界がない。ラカンは、数の要素は数えられ（comptables）はしないが、有限（fini）であると言う。最近のトポロジーでは、裂け目のある閉空間のそとに、無限集合をもつ開空間があれば、その裂け目を再被覆するのに、いくつかの有限数があればよいとされている。女性は、開空間のなかにいるので、一人の女性がどうであるかを定義することはできないが、有限数（実数）によって一人ずつ指すことはできる。その「一人ずつ」は通常の男性形ではなく、女性形（une par une）で記すべきとされているが、それは女性が、有限数によって裂け目を再被覆できるからである。ラカンは、性的享楽の空間で生みだされるのはそういうことで、コンパクト性の概念は、それによって証明されると言う。

　すべてではないという女性の性的存在は、身体によるのではなく、パロールにおける論理的要請によっている。その論理とは、ひとが言語活動をしているという事実のなかにある一貫性であるが、それは、身体がそれによって動く事実のそとにある。言うなれば、それは大他者が、性別化されたものとして姿を現していることで、それが女性形の「一人ずつ（une par une）」を要求しているのである。この「一人ずつ」として現れる大他者は、まことに不思議な、魅惑的なもので、それこそが無限としての〈一〉への要求としてある。われわれは、パルメニデス（とくに、その断片8）において、すでにこの〈一〉への要求に出会い、それは大他者に由来している。存在がある、その場所が、すなわち無限性の要求である。

　ラカンは、しめくくりとして、ドン・ファンにふれる。その神話の根本は、ドン・ファンが女性の数を数えるということで、従僕からは「だんなさまのように、あちらでもこちらでも、つぎつぎに情婦をおつくりになるのはよろしくない」と諫められるほど、熱心に数えるが、それは有限性を生む開集合によって再被覆された性的享楽に関連している。また、それは何もかもが一

つになった〈一〉とはまったく別のものである。女性が、もし「すべてではない」ではなく、身体的には、性別化されたものとしてすべてではないのではないとしたら、数えるなどということには意味がなくなるだろう。

　それにしても、神話のドン・ファンは、男性であるか、それとも女性でしょうか。ラカンは、ドン・ファンがあまねく精神分析家の興味をさそい、同性愛者とされることもあると言うが、それはひとえに、彼が性別化された身体を数えるときの数え方が、言いかえると、言語活動によって部分対象を象徴化するさいの流儀が、とても一筋縄ではいかない広さと複雑さをもっているからであろう。そのことが、ドン・ファン自身の性別化を曖昧にしているのである。

〈4〉

　「私が話しているのは、ディスクールについてのことで、そこから分析に向かうのです」。しかし、どうやって？「他のディスクールのそとに出て、そうしようというのです」。この短い発言は、ラカンの後期の分析活動を要約しているが、それでは、ディスクールとは何か。

　ディスクールは、ひとが話すこと、すなわちひとの言語活動（ランガージュ）を前提にしている。言語活動がなければ、ディスクールはない。それは、人々がそれによってお互いの社会関係をじっさいに生みだしている、ものの言い方、話し方とでも言うべき言語活動の一側面である。しかし、それはパロールのような、個人の言表行為に目を向けたものではない。いわば社会的規模において、ひとの言語活動から形成された、話し方のタイプとでも言うべきものである。ラカンは、それを以下のような四つのタイプに分けている。

主人のディスクール　　　　　　　　大学人のディスクール
$$\frac{S_1}{\rlap{/}{S}} \rightarrow \frac{S_2}{a} \qquad \frac{S_2}{S_1} \rightarrow \frac{a}{\rlap{/}{S}}$$

ヒステリー者のディスクール　　　　分析者のディスクール
$$\frac{\rlap{/}{S}}{a} \rightarrow \frac{S_1}{S_2} \qquad \frac{a}{S_2} \rightarrow \frac{\rlap{/}{S}}{S_1}$$

第1講　享楽について

　それぞれのディスクールには、S_1, S_2, $\mathcal{S}$, a の四つの項があって、各ディスクールにおいて移動している。ラカンは、分析に向かうために他のディスクールのそとに出る (lâchage) と言っているが、それは各項の移動を容易にするという意味で、各項は、すべてシニフィアンにかかわっているから、その意味では、ディスクールとはシニフィアンの輪舞場であるとも言えるだろう。

　シニフィアン1（S_1）は、前に述べたように、主体を代理表象する創設的なシニフィアンで、その内容は空虚である。〈一〉のように見えるものが、見かけの場所にきて、それがひとにおいてそれぞれのシニフィアンになるのが、ディスクールのはじまりである。S_2 は、S_1 の空虚を埋めようとして主体を代理表象するシニフィアンで、知とも知の体系とも呼ばれているが、それ自体は実体がなく、S_1 とつながることもできない。$\mathcal{S}$ は、主体が話すひととしてランガージュの世界に参入しながら、シニフィアンとのあいだに裂け目があって、どのシニフィアンにも代理表象されない状態を表している。a は、話すひとにとって、ランガージュのそとにある対象で、文字どおりにシニフィアンとは呼べないが、シニフィアンは、それがなければディスクールのなかで働くことができないから、そのようなものとして、シニフィアンに必須の相関者である。

　「分析者のディスクールによって、主体には、みずからがみずからの裂け目にいるのが、つまり欲望の対象のうちにいるのが明らかになります」。a が、その対象であるが、ラカンはそれを説明するために、トポロジーを援用したと言う。というのも、トポロジーは、何らかの実体をそれとなく隠していたり、何らかの存在に訴えたりするような記述形式ではなく、およそ哲学的とされる説明から縁を切って、分析者のディスクールを説明するための支えを提供してくれるとみられるからである。

　ラカンは、最後に、être（英語の be）を使ったフランス語の表現について言及する。être は、また名詞 l'être となって「存在」とも訳されるが、この存在についてみると、例えば l'homme est（「人間が存在する」あるいは「ひとがいる」）のように、主語と動詞だけがあって、述語を必要としない。存在は、このように述語を切り離してしまうことと密接に結ばれている。そこで、述語について何か言おうとすれば、どうしても行きづまりや、論理的な不可能

23

性が明らかになり、十分に満足な述語はないことになってしまう。存在にかかわること、つまり絶対的なものとして措定される存在にかかわることは、性的存在が享楽にかかわるかぎり、すべて性的存在（être sexué）についての定式が立ち止まり、挫折し、中断することを示している。言いかえると、人間が存在することによって満足に規定されること（述語によって十全に表現されること）は、その人間が性的存在であるかぎり、必ず失敗するということである。

補足

　ミレール版にある第1講の「補足」は、1972年12月12日に「ベティーズ」というタイトルで行われた講義であるが、じっさいは大半の時間が、フランソワ・ルカナッティの発表にあてられた。「補足」は、冒頭にラカンが行った短い紹介である。

　「ラカンは、今年の最初のセミネールで、愛について語った。そういう噂があるようですが、それは当たっていません」。ラカンはこう切り出したが、それは、愛を語ることはできないこと、そして前の講義でベティーズについて語ったこと、今年のセミネールのタイトルがアンコール（もっと）であることと関連している。
　ベティーズとアンコールは、切っても切れない。ベティーズは、アンコールの条件になっている。
　ところで、精神分析家とは、ディスクールにおいて、その見かけが対象 a であるのを引き受けるひとである。そこから何かを言えば、それはベティーズになり、それでもアンコール（もっと）と言って、セミネールを続ける。それがラカンの行っていることである。ここで、分析者のディスクールにおける a と S_2 の関係を見ると、a が見かけの場所にあり、S_2 が真理の場所にあって、そのディスクールでは S_2（知）が隠れたものとして、それに支えられながらも、ディスクールを進めて、そこに至ることはできない。つまり、ラカ

ンの講義を分析者のディスクールにたとえれば、それは S_1（創設的なシニフィアン）に同一化した主体が、知を求めて、それに訴えようとしたり（主人のディスクール）、知に同一化した主体が、対象 a に向かおうとする（大学人のディスクール）のとは違って、はじめから、知の働きからは遠ざかっている。これは、通常の大学での講義とはまったく趣が異なっている。話すひとが、知を所有する主体として、学生に何かを教えるのではなく、そのひとが分析者のディスクールによって話している、その話がベティーズであるような講義である。

「私が、私のディスクールによって皆さんの前にいること、そのことだけで、つまり、私がこうして独りでいること、それが私のベティーズです」。文中、ma présence seule は、「私がいることだけ」と「私が皆さんの前に独りでいること」の両方の意を込めていると考えられる。「私は、ここにいること (être là、ドイツ語の Dasein) より、なすべきもっと良いことがあるのを知るべきなのでしょう。ですから、ともかくここに私のいることが、皆さんにとって、あまりしっかりしたものでないのを願うべきなのです」。「それでも、私には、もっと (encore) と言い続ける場所から身を引くわけにはいかないのがはっきりしていて、それがベティーズですが、私自身、もちろんそれによって生きているからです。ですから、私は、このもっと (encore) の場所に自分を位置づけるより仕方がありません」。

分析者のディスクールをあらしめているものは、つまりその前提は、真理と名づけられているもので、それだけが真理は存在しないことについて、すなわち性関係は存在しないことについて明白に教えてくれるが、たとえその前提にまで遡っても、何がベティーズで、何がそうでないかを明白に判定することはできない。しかし、分析者のディスクールは、ベティーズの次元だけに支えられているので、経験からも、その何かがずっと問われてきたのである。

性関係が存在しないとは、真理が存在しないことで、同時に、ディスクールのなかで真理の場所をとる知が存在しないことである。それは、知が、言語活動によっては、その存在を実現できないということで、いかなる言表（言われること）も、知を最終的に、論理的には確保できない、つまり言表行為

（言うこと）は、そこに届かないのである。そのことから、ベティーズの次元が登場するのであるが、どうして、それほど明白な次元が問題にされないのかというと、性関係は存在しないということが真理として告げられるために、これまで分析者のディスクールが必要とされなかったからである。ただし、真理は存在しないといっても、それは言表（言われること）と事象が完全に一致した全体的な真理のことで、対象 a は、言表をとおして、つねに部分的な真理として、表明されるのである。

　ラカンは、ここで、自分は意見の違う人たちとかかわるのを嫌がっているわけではないと言い、とくに、性関係は存在しないが、一方に男性がいて、他方に女性がいるという見解が、自分の講義を聴く人たちの数を減らすようなことはなく、ベティーズは、いずれにしてもきちんと持ちこたえていると強調している。しかし、「分析者のディスクールが打ち立てられるのは、そういうふうにしてではありません。知（S_2）が下にある対象 a として、私が示したものや、それが主体について問いかけているもの、それらはベティーズを生みだすより他に、どこへ向かうというのでしょう」。ラカンは、しかし、それでもベティーズから脱けだそうとする道について言及する。そして、それにふさわしい新しいディスクールや、ベティーズについての新しい探究法があるのを認めている。そういうディスクールは、いつも最小限のベティーズや、その他の頂点に立つ崇高な（sublime）ベティーズを目指しているが、しかし、それでは分析者のディスクールにあって、ベティーズの崇高さはどこにあるのだろうか。それは、精神分析家がベティーズのなかにいるかぎりで、そのベティーズに目を向けさせてくれるような、それを参照するのが当然と思われるような分野のなかにある。そのひとつが、哲学的といわれるディスクールで、独自の仕方で最小限のベティーズへの道を探っている。ラカンは、そういう趣旨から、ルカナッティに講義の時間を譲った。

フランソワ・ルカナッティの発言

　1972年12月12日におこなわれたセミネールは、そのほとんどがルカナッティの発表に使われているため、ラカンの発言は少なく、そのため出版されたテクストでは、第1講の補講として、ラカンの発言のみが掲載されている。しかし、ルカナッティの発表は、第2講のラカンの話のなかに反映され、さらに、本セミネールにおける中心的テーマにも関連しているので、以下に要約してみよう。

　ルカナッティは、およそ半年前にもラカンのセミネールで発表しており、今回の発表は、前回のものの延長上にある。前回、彼は、パースの記号理論に則りながら、記号の機能を、「不可能の反復」によって捉えた。その構造を示すために、以下のような三角の形をした図が提出された。今回の発表は、この図を応用して、序数やポール・ロワイヤルの『論理学』から引きだされうる問題を説明しようとする。ちなみに、彼は1973年4月10日におこなわれたセミネールでも発表しているが、そこでもこの図が用いられ、そこではラカンの性別化のマテームが解釈される。そのため、前回の議論を少し丁寧に確認しておきたい。

　ルカナッティが注目するのは、パースが記号の特性を、表象、対象、解釈の三つに分けたことである。それが、以下のような三角形の図によって示される。

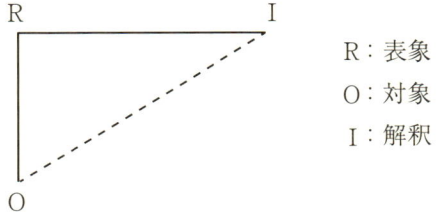

R：表象
O：対象
I：解釈

　われわれにはまず表象が与えられる。それがRによって記されている。そこには表象自体を基礎づけるものとして、対象という潜在的地盤が要請され

る。対象はOと記されている。この対象と表象のあいだには関係が結ばれることになるが、それはあくまでただ書き込まれただけの関係であり、支えとなるような何かがじっさいに存在しているわけではない。そのため、この関係は空虚であるとされ、「潜在的」と呼ばれる。このような関係をパースは純粋論理と呼んだ。

　記号が機能するためには、この潜在的空虚に関係が結ばれていなければならない。しかし、この表象と対象との関係は、具体的な何かによって確認されるような支えをもっておらず、空虚のうえに書き込まれた関係であるとされた。言いかえるなら、それは不可能なもののうえに、書き込むことによって築かれた関係なのである。このことから、記号が機能するには、第三項としての解釈が必要となる。この解釈が不可能な書き込みを反復させることで、その空虚な関係は維持されるのである。この表象と解釈の関係をパースは純粋レトリックと呼ぶ。これは記号が連鎖していく側面であり、その連鎖によって、不可能なものである表象と対象の関係が反復され、この反復をとおして記号の機能は支えられているのである。

　これら三つの特性から、記号は、「ある観点あるいはある仕方によって、だれかにとって他のものの代わりになる何か」と定義される。「だれかにとって」とは、記号の表象という特性と関係している。パースにとっては、実在するものであろうとなかろうとまとまった形でだれかの心に浮んだあらゆるものが、記号として扱われるからである。「他のものの代わり」とは、記号の指示作用という特性を示している。ここで表象と対象の関係が問題となるが、ここでの対象とは、表象の支えとして潜在的に要請されたものであるため、この二つのあいだはそれ自体では空虚な関係にすぎない。そのため、この関係は、解釈によって、反復されることで維持されるほかない。「ある観点あるいはある仕方によって」とは、このような解釈のことを示している。このように、記号は、何かを指し示すものとして、各々に表象として与えられるが、それが機能するためには解釈にも開かれていなければならないのである。このような記号の構造を、ルカナッティはさらに以下のように例示してみせた。

第1講　享楽について　F・ルカナッティの発言

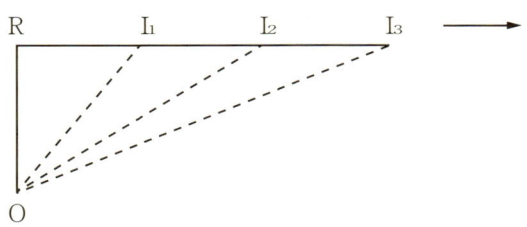

　　例：　　O：正義　R：均衡　I_1：平等　I_2：共産主義 etc…

　「正義」によって支えられた「均衡」という表象が与えられたとして、その関係は、「平等」と解釈されることで、維持されるのである。さらにそれは、記号の連鎖という特性にしたがってさまざまな解釈を生みだす。たとえば、「共産主義」である。これも同じように、表象と対象にある不可能な関係が維持されることに貢献している。このように、記号は、この三つ組みの構造によって支えられており、ルカナッティはこの構造を支える運動である解釈によって、反復が生じていることに注目する。それは、表象と対象の不可能な関係の書き込みを反復することであるため、不可能の反復と呼ばれる。これによって記号の機能は支えられているのである。

　今回の発表は、このような記号に関する考えの延長上にある。しかし、発表としてはかなり長大なものであるため、ここではラカンのセミネールと直接関係のある話題だけを要約することにする。

　ルカナッティはこの記号の機能の観点から序数について考えようとする。これは、ラカンが第1講で S_1 の性質を説明するのにフレーゲの名をあげながら述べたことと関連している。ルカナッティはまず、序数について次のようにまとめる。①序数は自分で自分を名づけないが、あとに続くものによって名づけられる。②各々の序数において先行するものを名づけながら、系列のなかで自分に先立つあらゆる序数の機械的な総和が働いている。肝心なのは、0から1への移行において何が起こっているかを確認することである。今日では、0, 1, 2と数を数えるのは、広く集合論の見地からも考えられているが、この点に関して、さきほどあげた記号の三角形が用いられる。

　0から1への移行には、それがたんに要素をもたないもの、すなわち空集

合から関係を引きだそうとしているかぎりで、不可能と呼ばれた書き込みを見てとることができる。上の①で言われている「あとに続くものが前項を名づける」とは、この場合、1が0を定義するということだが、この0の定義は、たんなる空集合φだけを要素としてもつ集合を {φ} として、カッコで括ることでしかない。これが1を意味するようになるのだが、このとき1の内容として捉えられる {φ} 内のφは、けっして1の内実とは言えない。しかし、0から1への移行においてこのことは押し潰され、この移行によって、1は2を反復することで定義される。このとき、2は、{φ , {φ}} となり、二つの要素からなる内実をもっている。うえの②で言われている「自分に先立つあらゆる序数の機械的な総和が働く」とは、このように2であれば、0を示すφと1を示す {φ} という二つの要素が確認されることを示している。3の場合でも同様に、集合論の公理から {φ , {φ} , {φ , {φ}}} となり、そこには三つの要素を確認できるだろう。このようにして、以下同様に数えていくことが可能となる。いまみたように、2以降の数は、その数に応じた要素を内実として確認できるが、これは0から1への移行における押し潰しを反復させることで、可能となっている。このことは、記号の三角形からすると、解釈に相当する。記号においては、表象と対象の不可能な関係が解釈によって反復され、そのことによって記号が機能していたように、序数においても、1と0の不可能が押し潰され、それが数を数えることで反復され、そのことによって数えること自体が可能となっているのである。上の図に対応させるなら、次のようになる。

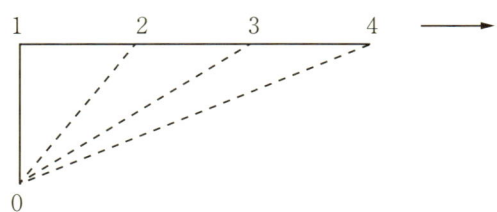

「数えるということは書き込むことである」と述べられているが、これは、数えることが、0から1の移行における不可能な書き込みの反復によって支えられているからである。

第1講　享楽について　F・ルカナッティの発言

　さらに、ルカナッティは、この反復の構造を使って、ポール・ロワイヤルの『論理学』を参照しながら、述定化（prédication）についてどのようなことが言えるかを検討する。そこでは実体と述定化の関係が問題となるが、結論としては実体が述定化の効果であることが明らかにされる。この結論は、「主人のディスクールの流れのなかで存在のあらゆる次元が生みだされます」や、さらには「ディスクールに先立ついかなる現実らしさもありません」という第3講でのラカンの発言と関係していると言えるだろう。
　述定化とは、言うまでもなく、"S is P"（S は P である）のように、主語が述語によって限定されることである。このときまず言われるのは、主語はそれ自体で存在している実体であり、述語はその実体の属性として、実体に支えられた何かであるというようなことである。そのため、主語となる実体は「実詞的（substantif）あるいは絶対的」であるとされ、述語は「形容詞的あるいは含意的（connotatif）」であるとされる。しかし、ポール・ロワイヤルの『論理学』においては、名詞に二種類あることが指摘され、この点をめぐって以下の論は展開されることになる。
　名詞が二種類あるとは、二種類の実体が考えられるということである。ひとつは第一の実体と呼ばれ、ものを表す名であり、たとえば、地球、太陽、精神、神などである。もうひとつは第二の実体とされ、形容詞が実詞化したもの、たとえば、丸さ、硬さ、正義、節制などである。このようにポール・ロワイヤルの『論理学』において指摘された二つの実体が、述定化の観点から、検討される。
　たとえば、「地球は丸い」（La terre est ronde）という述定化において、主語となっているのは第一の実体すなわち潜在的実体であり、これはたとえば「丸い」のほかにも、「大きい」や「青い」など、さまざまな属性すなわち述語を備えている。このことから、潜在的実体は述語の集合であると言える。この見方からすると、述定化とは、たとえば「丸い」（rond）をその述語の集合のうちからひとつ取りだすことによって、主語となっている潜在的実体を限定することであるということになる。しかし、このように述語の集合からひとつを取りだすこと、つまり潜在的なものからどれかひとつを実現させることのうちに、述語が主語を限定するというのとは別のことも生じている。つ

まり、述定化において述語が、明示化され、現実化される以上、そこで、形容詞の実詞化、つまり「丸さ」(rondeur)という第二の実体の形成もおこなわれているのである。このとき、第一の実体は潜在的実体としては消え去っている。つまり、「地球は丸い」という述定化において、述語の現実化がおこなわれるなら、主語であった潜在的実体は「述語にふさわしい対象」として位置づけられるようになる。こうして、述語の外延が想定され、このとき述語は、それらの支持体となる。このことから、述定化のうちには、ひとつの逆転をみることができる。つまり、「潜在的実体(第一の実体)においては、可能な述語のひとつひとつがある対象へと関係づけられていたのに対し、述語の外延(第二の実体)においては、対象のほうが述語を述定する」のである。このような述定化の構造を、さきほど確認した記号の三角形によって図示するなら、次のようなものとなるだろう。

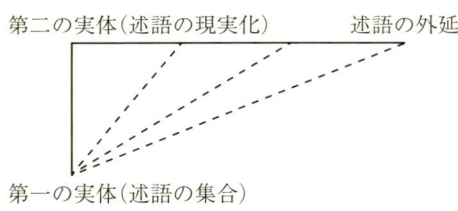

述定化における主語の述語による限定は、図の垂線によって記されている。その一方で、この述定化においては、述語の現実化もおこっている。そこで主語であった実体は述語にふさわしい対象、つまり述語の外延となる。このことが、水平に延びる線によって記されている。

この主語と述語の逆転した関係には、多数性から単数性への移行を確認することができるだろう。つまり、述定化においては、まずひとつの対象である潜在的実体に対して多数の述語が集められる。そのため、潜在的実体は述語の集合と呼ばれた。それが述定化においてひとつに限定されるわけだが、このとき述語によって主語が限定されることのほかに、述語の現実化がおこり、その述語が実詞化され、第二の実体となり、今度は、このただひとつの述語に対して多数の対象が呼び寄せられることになる。このように、潜在的実体において述語は集められるものとして多数性に属しているが、述定化による

述語の現実化においては、その単一性に対し対象を呼び寄せるための基準となるのである。

　このような考察を経て、ものを表す名としての実体、つまり第一の実体の集まりは「閉じた全体性としての集合」と呼ばれ、形容詞の実詞化された実体、つまり第二の実体に関しては、「この集合の部分としてひとが並べ立てることのできるものの集合」と表現される。第一の実体において、述語の集合はひとつの閉じた全体として形成されているのに対し、第二の実体の外延に相当するものは無限に数えられるからである。このように、述定化において、二つの述語の集合が確認される。このとき、第一の実体における述語の集合と、述語の外延の集合は無関係なものとされる。つまり、述定化というひとつの過程に、まったく別の二つの機能が含まれていると考えられるのである。

　この点に注目するなら、第二の実体だけでなく、第一の実体もまた述定化によって支えられていたことのからくりが浮かびあがってくる。「支持体としての実体における述語の集合は潜在的なものであり、述語のあらゆる現実化はそれとは無関係です。この二つの断絶こそが解体をとおして、実体とそれが支えるすべてのものとを関係づけているのです」。

　述定化において主語の位置にある第一の実体と、それを具体的に限定している述語は、後者が第二の実体になるからには、別のものと考えられる。しかしその一方で、第一の実体とは述語の集合以外のものではないとされた。ここにねじれが生じているのだが、このねじれが「不在の機能」によって捉えられる。つまり、述語の集合は、実体という審級のもと包摂されたものであるが、この審級のほうは集合の系列からは外れたものであり、その系列には欠けたものあるいは外在するものとしてのみ機能する。このように審級としての実体は、述語の集合において不在として機能しており、それによって述語の集合化を遡及的に支配し、集合の標を系列の外部に示すことができるのである。

　この不在の機能という観点からすると、実体とは述語の集合に、欠如として足されたものであると考えられる。つまり、「実体がなければ述語もないのだが、実体とはこのとき、矛盾するようだが提出されている述語にとっては、総和においては不足となってしまうものを加算すること以外のことではない」。このことから、「実体が述語を支えているのだが、同時にある意味では、

述語がいまだ何もないものとしての実体を支えている」と言えるのである。

　実体がなければ述語はないと言われる。このとき述語は、実体の属性として、何ものでもないものとして捉えられている。しかし、この発表のなかで、この何ものでもない述語を包摂していた実体は、述語の集合においては不在であるかぎりでのみ、その集合を支えていたことが指摘された。この観点からすると、第一の実体は、述定化において述語によって限定された主語の場所にたんに措定されたものでしかない。それが、述定化の述語の現実化の操作において、述語の外延のための要素となり、この要素が実体の機能としてリレーされていくのである。つまり、実体と考えられているものは、このリレーが続くかぎり支えられるひとつの機能なのである。

　さらに言えば、この実体の機能とは、「第一の実体が潜在的に述語の集合を含んでいるというのは神話なのです」と言われているように、それ自体が不可能な書き込みである。つまりそれは、さきに見たように、第一の実体と述語の集合のねじれが、不在の機能によって書き込まれたものなのである。この意味で、実体の機能はひとつの不可能であると言ってもいいだろう。述定化において書き込まれた空虚な関係が、述定化の述語の現実化によって形成される述語の外延において反復されることで、そのつど、実体のようなものとして遡及的に浮かびあがってくるのである。このように、ここでもまた記号の機能と同じように、不可能の反復をとおして、実体の機能が説明される。このような考えからすると、実体とは、述語の支持体としてそれ自体としてすでにあるものではけっしてなく、述定化における効果として現れるものなのである。

　このように、この発表では、前回提出された記号の三角形の構造にあてはめることで、序数の構造、さらにはポール・ロワイヤルの『論理学』の議論を手掛かりにし、述定化における実体の機能が明らかにされた。とくに、後者の議論は、ラカンのいうシニフィアンにおけるベティーズ、さらには主人のディスクールにおける存在の問題と深くかかわっている。このように、ルカナッティにおいて、実体や存在と呼ばれるものは、それ自体であるものではなく、述定化あるいはディスクールの効果なのである。

第2講　ヤコブソンに

　ラカンは、「言語について、ベート（＝愚か）に語らないことは難しい」と言いながら、この回のセミネールに臨席するヤコブソンを、その例外として示す。言語学はベートではないが、精神分析が言語を語りだすとベートにならざるを得ない。精神分析が言語について語ることは「言語学趣味（linguisterie）」であり、科学としての言語学とは区別されると言われるのである。「言語学趣味」というラカンの言葉の使い方は、一見するところ、科学として語られる言語学に対する精神分析の「謙遜」と受け取られる。第2講以外では、同じく言語学者であるジャン＝クロード・ミルネールによるセミネール内の発表を紹介するさいに使われるだけで、「言語学趣味」として精神分析を規定する機会はさほど多くはない。「言語学趣味」という語は、通常の文脈で理解するかぎり、ラカンの思想の特異性を示す概念ではなく、むしろ、たんに言語学者の臨席を意識しながら言語について語るラカンの遜り(へりくだ)のように思われる。

　だが、本講を展開する過程で明らかになるように、言語についてベートに語ることは、たんに避けられないというだけでなく、そのような愚かさ自体を肯定すべきものとして位置づけられる。そのすぐ次の週のセミネール（第3講）において「科学」としての言語学を批判的に捉えていることからもうかがえるように、言語について「ベート」に語らないこと、あるいは「セリュー（＝真面目、系列（セリー）をなして秩序づけること）」に言葉と事柄の一致を追い求める態度こそ、批判の対象となるのである。

〈1〉

　それでは、「言語学趣味」と言語学をわける分水嶺は、どこに存するのだろ

うか。ラカンは、「無意識はランガージュのように構造化されている、ということは、言語学の領域には属さない」と言いながら、精神分析の「言語学趣味」と言語学の差異を、「無意識の主体」を扱うこと、および「愛」がかかわることにみる。

　「愛」とは、この年のセミネールの大きな主題のひとつとして数えられるものであるが、それがいかに精神分析の「言語学趣味」を特徴づけるのか。その論点に立ち入る前に、ラカンは前年の「Etourdit」と題された講演が、近くテクストとして刊行されることを示唆しながら、そこでも取りあげられていた命題、すなわち、「人が言うことは、聞かれることにおいて、言われたものの背後に忘れ去られる」(*Qu'on dise reste oublié derrière ce qui se dit dans ce qui s'entend.*)」が、この問題に大きくかかわることを指摘する。「言うこと（le dire）」と「言われたもの（le dit）」とのあいだの不可避なずれを示すこの論点が、いかにして「愛」とかかわり、「言語学趣味」の問題系の中軸として位置づけられるのか。その点を理解するためには、しかし、本講の展開を最後まで見る必要がある。同様に、ランボーのテクストを引きながら「愛」がディスクールの転回を引き起こすものとして位置づけられることの内実も、この段階で与えられた材料によって詳らかにすることはできない。これら論点については、後に立ち返ることにして、ここではラカンとともに、ただちに「愛」の問題へと分け入っていくことにしよう。

　ラカンにおいて「愛」は、「ひとつの記号」として特徴づけられる。「私たちはひとつだ」と、〈一〉を目指して「もっと（encore）」と要求する「愛」は、ここでは、ひとつの「記号」をなすものとして示される。「愛」は、つまり、精神分析の「言語学趣味」がその研究の対象とするような「言語」の機能のひとつとして理解されているのである。

　ラカンは、前週のフランソワ・ルカナッティによるポール・ロワイヤル論理学についての議論を参照しながら、「記号」と呼ばれるものを、「いかなる共通の部分も持たない二つの実体を離接的に接合するものと定義」する。ポール・ロワイヤル論理学は、この時期、ミシェル・フーコーの『言葉と物』(1966)およびノーム・チョムスキーの『デカルト派言語学』(1966) によって同時的に再発掘され、思想史上のひとつのトポスとなったものであるが、それは、

「事物の認識において理性をよく導く技術」として、アントワーヌ・アルノーをはじめとするデカルト主義者たちによって開発されたものであった。中世スコラの「アリストテレス主義的世界観」を転倒させる機能をはたしたルネサンス期の思想は、近代科学へと通じる認識の枠組みを形成すると同時に、魔術的な要素も含み持つものであった。秘教的な含みをもったヘルメス文書を、キリスト教に先立つ「最古の神学書」として「再発見」したルネサンス期の文献学的転倒は、「共感応（sympathy）」の原理を基にした「論理」を用いることで、中世のアリストテレス主義的世界観を転倒させていったのである。そうした汎神論的な神話と関係づけられた新プラトン主義の「論理」が語られるなかで、デカルト主義者たちは、「思考する実体」を基礎にした、新たな「論理学」を構築しようとした。

ポール・ロワイヤルの『論理学』において「記号（signe）」は、「別な対象を提示する（représente）対象（objet）」として定義される。「記号」は、それ自身ひとつの「対象」であるが、それは他の対象を指し示すことをその機能として持つものであるとされる。

例えば「教会」は、「忠実（fidélité）」を示す「記号」であるが、そのかぎりにおいて「教会」は、「教会」と「忠実」という「二つの観念（idée）を内包する」。「すなわち、ひとつは提示するものの観念（ここでは「教会」）であり、もうひとつは提示されたものの観念（「忠実」）である。記号の本性は、前者によって後者を喚起することに存する」のだ。「記号」とは、つまり、「提示する」機能によって、二つの観念を接合するものと見なされるのである。

「記号」の機能が、二つの観念を接合することに存するとするならば、それは、「言葉（mot）」として用いられるものすべてが担う機能であることになるだろう。「言葉は、われわれの魂に入り込めない人々に、われわれが考え抱いている内容、すなわちわれわれの魂の種々の動きをすべてわからせずにはおかない。それゆえに、言葉は、人間がみずからの思考を表明するための記号として、明瞭に区別され、分節化された音であると定義することができる」。ポール・ロワイヤルのデカルト主義者たちにとって「言葉」とは、思考の「記号」として、話者の観念を提示する機能をもつものと見なされるのである。

ひとつの「思考する実体」に見出される「観念」は、こうして、「言葉」が

「記号」として用いられることで、「延長する実体」との対応を獲得し、他者と共有されることになる。「教会」という「言葉」は、「記号」として「忠実」の観念を指し示すと同時に、「教会」という「実体」を指し示す機能も担っていることになる。デカルト主義の二元論は、こうして、「記号」を媒介とすることで、「思考する実体」と「延長する実体」という二つの実体のあいだを接合するのである。

　ラカンが、ルカナッティのポール・ロワイヤルについての議論によりながら、「記号」を「いかなる共通の部分も持たない二つの実体を離接的に接合するものと定義」することの内実は、それゆえまずは、このような「思考する実体」と「延長する実体」の関係として理解される。「記号」とは、デカルト主義者たちにとって、互いに重なり合うことのない二つの実体のあいだを、「離接的に接合」する機能をはたしていると考えられたのである。

〈2〉

　ラカンは、しかし、このようなポール・ロワイヤルの「記号」概念を、精神分析の「言語学趣味」へと取り込むことで、どのような構造を示そうとするのだろうか。〈3〉以降の議論を先取りすることになるが、ラカンはもちろん、デカルト主義の「思考する実体」と「延長する実体」という二元論の立場を踏襲するわけではない。「私は考える」という形式で与えられる「思考する実体」は、思考の外で思考を基礎づける無意識の領域の発見にともなって、当然のことながら、みずからによってのみ存在するものとは見なし得ないことになる。「「無意識はランガージュのように構造化されている」と言うとき、主体は、もはや思考するものではなく、私たちがそこに投企するものとなった」と言いながらラカンは、「思考する実体」というデカルト主義の概念に対して精神分析が行った革新の意義をあらためて強調する。「思考する実体」と語られるものは、精神分析において、「ランガージュに構造化されている無意識」のただなかに、ひとつの立場として引き受けられるものへと変化するのである。

では、「延長する実体」はどうだろうか。「延長する実体については、そう簡単にはやっかいばらいできません。というのも、それは近代的な空間だからです」と言いながらも、ラカンは「デカルト座標」と呼ばれるものの導入によって基礎づけられた近代科学の空間概念を相対化しようと試みている。詳しくは後に検討することになるが、ラカンは、「延長する実体」の手前に「享楽する実体（substance jouissante）」をおくことで、近代的な空間概念を位置づけ直そうとしているのだ。

　デカルト主義の論理学において異なる二つの実体をつなぐものとして定義された「記号」は、それゆえラカンにおいては、「思考する実体」と「延長する実体」をつなぐものとしてではなく、「意味するもの（シニフィアン）」と「意味されるもの（シニフィエ）」のあいだの関係として語られることになる。「意味するもの」と「意味されるもの」のあいだには「乗り越えがたい横棒がある」と言いながらラカンは、「シニフィアンとは何か（Qu'est-ce qu'un signifiant?）」という本講の最後まで持ち越される問題を問うのである。

　「シニフィアン」とは何か。「ヤコブソンがまさに昨日指摘していたように、シニフィアンを基礎づけるのは、言葉（mot）ではありません」。例えば、larigot（フルートの一種）というフランス語の言葉は、それ自身で、何かを意味する機能をはたしているわけではない。à tire-larigot（「大量に」を意味する成句）という一連の語の連なりのうちに位置づけられれば、異なる「意味するもの」の機能を果たし、その成句も、「Larigot 氏という紳士をでっちあげるところまでいけば、Larigot 氏の足を引っ張るということで、（全く異なる）à tire-larigot を作りあげることさえできます」。「言葉」と「意味するもの」のあいだには、何らの直接的な関係もなく、言葉からは、いかようにも突飛な「意味するもの」も引き出されうるのである。「このような突飛な表現は、欲望の倒錯以外の何ものでもありません」。「意味形成力（signifiance）によって穴を穿たれた樽から、一杯の大ジョッキが、意味形成力に充ち満ちたものが流れ出るのです」。「意味するもの」は、こうして、「言葉」を介して生起するものでありながら、なお「言葉」とは切り離されたところから到来するのである。

　パロールの主体の欲望に満たされた「意味するもの（シニフィアン）」が「原因」となって、その「結果＝効果（effet）」として「意味されるもの（シニフィ

エ)」が生起する。しかし、その二つのもののあいだには、「異なる二つの実体」に比されるような共約不可能性がある。「シニフィエという結果＝効果は、その原因となるものと何の関係もないように思われます。というのは、指示対象、すなわち、シニフィアンが近づこうとするものは、まったく近似的なものでしかないということです」。シニフィアンが、その意味作用によって「指示対象」と一致するならば、シニフィアンの効果＝結果として見出される「シニフィエ」との対応も揺るぎないものと見なしうる。「シニフィアン－シニフィエ－指示対象」の関係は、そこでは、話し手と聞き手のあいだで一定の客観性をもって共有されるものと見なされるのである。だが、そのような関係、デカルト主義者が夢見たような「思考する実体」における「観念」と「延長する実体」との「記号」を介した一致は、ラカンにおいて、何の保証もなく本質的に解離したものとされるのだ。

　本講の前週に行われたルカナッティのセミネール内の発表において、この問題は、「形容詞の実詞化」の問題として議論されていた。「実詞（substantif）」とは、「実体（substance）」を指し示す語を意味するが、ポール・ロワイヤル論理学において問題となるのは、まさに言葉としての「実詞」が「実体」と一致しうるかどうかである。「実詞」と「実体」のあいだの乗り越えがたい差異は、ポール・ロワイヤルのデカルト主義者たちによってどのように調停されるのか。ルカナッティは、その調停のトリックを「形容詞の実詞化」のうちに見てとる。

　例えば「丸い」という形容詞は、述語として機能するだけで主語となることはない。言いかえるならば、「丸い」という述語は、「実体」を指し示す「実詞」に述語づけられてはじめて意味をもつものであり、それ自身において「実体」を指し示すものではない。ポール・ロワイヤル論理学においては、しかし、この「丸い」という形容詞が「丸さ」として「実詞化」されることで、「実体性」を獲得するに至っているとルカナッティは指摘する。「名詞は、実詞的あるいは絶対的と呼ばれるものを表現するためのもので、大地とか太陽とか精神とか神のようなものである。第一に、そして直接的には様態（mode）を示すもの（すなわち、「形容詞」などの語）もまた、そのことによって何らか実体とかかわるために、同じように実詞的あるいは絶対的と呼ばれる。それは例え

ば、持続とか暑さとか正義とか節制といったものである」。たんに「実体」の ひとつの「様態」を示すだけであったはずの述語は、ポール・ロワイヤル論理 学において、ほんの少しの操作を加えられることで「実体」の地位を与えられ ているとルカナッティは指摘する。ルカナッティによれば、こうした「形容 詞の実詞化」にこそ、重なり合わない二つの実体を結びつけるトリックがあ るとされるのである。

「名詞」として示される最初の「実詞」は、いまだたんなる「言葉」にすぎず、 「実体」との直接的な一致を保証されるものではない。ルカナッティによれば、 主語として措定されるものは、それに対して様々に規定可能な述語の「集合」 にすぎず、それ自身「実体」とかかわるものではないのである。それに対して 「実詞化された形容詞」は、実体的な対象の集合をなすに至っているとルカ ナッティは言う。様々な「もの」について具体的な様態を示すことで、主語に 「実体性」を付与する機能をもつ述語が、それ自身「実詞化」されることで、そ こには、あらかじめ「実体性」が保証された「言葉＝記号」が見出されると言 う。ラカンは、こうしたルカナッティの議論を、ほぼそのまま引き継ぎなが ら、セミネールを展開する。「こうした（正しいという形容詞から形成される 「正義」などの）実詞化された形容詞が、われわれのベティーズを前進させま す。ベティーズは、そうして、意味論的なカテゴリーではなく、シニフィア ンを集合化させるひとつの方法であることがわかるのです」。「ベート」であ ること、すなわち「ベティーズ」が、ここでつながらない二つのものの関係を つなぐものとして位置づけられていることに注意する必要がある。形容詞を 実詞化することは、言葉と実体という本性を異にする二つのものを、演繹可 能な論理的枠組みを飛び越えて「ベート」につなぎ合わせることにほかならな い。精神分析の「言語学趣味」の特徴として示された概念が、ここでポール・ ロワイヤルのデカルト主義者たちの「記号」概念を特徴づけるものとして用い られている。「実詞化された形容詞」は、それ自身ひとつの「記号」として、「い かなる共通の部分も持たない二つの実体を離接的に接合するもの」と見なさ れるのである。

「およそシニフィアン（le signifiant）とは、ベートなのです」と言いながら、 ラカンは「意味するもの」の機能自体が本質的に備えている「ベティーズ」を

示す。「私が思うに、それは本性的に、ある微笑を引き起こさせるものであるように思われます。もちろん、それは「ベート」な微笑です」。けっして重なり合うことのない二つのものを、「愚か」なまでに、あえてなおつなぎ合わせずにはいられないわれわれの行為は、それを見るものに「微笑」を引き起こす。だが、その微笑は、「ベティーズ」とは無縁な立場の優越を示すものではなく、むしろ、それ自身が何らかの「ベティーズ」を含むようなものとみなされる。「ベートな微笑、だれでも知っているように、それを見るためには教会に行きさえすればよいのです。つまり、天使の微笑ですね。……天使がかくもベートに微笑むのは、彼が至高のシニフィアンに浴しているからにほかなりません。……天使たちは何のメッセージももたらしませんが、まさにそのことにおいて、彼らは真にシニフィアンであることになるのです」。「シニフィアン」としての「天使」がもたらすのは、けっして重なり合うことのない二つのものの接合であり、それは本質的に「ベート」なものである。「ベティーズ」に満ちた「天使の微笑」によって伝えられるものは、そのシニフィアンによって引き起こされるシニフィエという効果＝結果が、「意味するもの」と一致しているかのような「幻想」なのだ。

　「愛」とは、けっして重なり合うことのない二つのものを「記号」としてつなごうとするものであることが、こうして理解されることになる。「愛」は、先にみたように、「いかなる共通の部分も持たない二つのもの」を、なお「離接的に接合」する、ひとつの「記号」と見なされた。「離接（disjonction）」という用語は、例えば論理学において、「離接的三段論法」のようなかたちで用いられるものであるが、それは互いに排他的な項の選択として示されるものであった。「あるものは、ＡであるかＢであるか、どちらかである」という大前提において、「それはＢではない」という小前提が与えられるとき、「ゆえにそれはＡである」という結論が導かれる。その論理が成立するためには、「Ａ」と「Ｂ」とのあいだに一切の中項が排除され、両者がけっして重なり合わないことが不可欠の要因となる。ここでラカンが「いかなる共通の部分も持たない二つのもの」の「離接的接合」を示すときに問題となっていることもまた、問題とされるもののあいだの排他的な関係であるといえる。「シニフィアン」と「シニフィエ」、「思考する実体」と「延長する実体」のあいだには、い

かなる中項も存在せず、両者は互いに重なり合わない。「愛」は、そうした離接的な関係にある二つのものを、けっして重なり合わないままに、接合しようとするものとして位置づけられるのである。

「愛」の「幻想」は、ひとつの「記号」として、「いかなる共通の部分も持たない二つのもの」の「一致」を夢見させる。「愛」は、「シニフィアン」と「シニフィエ」の一致を夢見て「言葉」を重ねながら、信じるに足るだけの「もっともらしい」知の体系を作りあげる。けっして重なり合わないものの接合を目指して「ベート」に語り出される最初のシニフィアン（S_1）は、そこからシニフィアンの連鎖（$S_2, S_3, S_4, \ldots$）を紡いで系統立った知の体系（四つのディスクール論以来、ラカンは「S_2」によってそれを代表象する）を形成することになるだろう。「一致」を夢見て「言葉」を重ねる「愛」の営みは、内在的な視点から見るかぎり、どこまでも「セリュー（sérieux）＝真面目、セリー（系列）をなす」ものであり、重なり合わないものの完全な一致を目指すのである。「セリューとは、セリーをなしているということにほかなりません」。「言葉」を重ねて、けっして重なり合わないものの接合を確認する行為は、積み重ねられた「言葉」の数だけ、パロールの主体の「真面目さ」を示す。「いかなる共通の部分も持たない二つのもの」を接合する「記号」としての「言葉」の積み重ねは、パロールの主体の「愛」の「真面目さ」を示すのだ。

〈3〉

だが、精神分析にとって「実体」とは、どのようなものなのだろうか。すでに先取りして確認したように、ラカンはポール・ロワイヤルの「記号」概念を用いながらも、デカルト主義的な二元論の立場に対する批判的な立場をとっている。「思考する実体」も「延長する実体」も、精神分析の「言語学趣味」においては、ともに相対化されるべきものとして位置づけられる。先のシニフィアンの議論において、ラカンは「指示対象」という言語学の概念をそのまま用いて、シニフィアンがその意味作用によって到達しようとするものの存在をあらかじめ想定しているように思われる。「指示対象」といわれるものが「シ

ニフィアン」の外側に想定されるのだとすれば、そこには、何らかの「延長する実体」が「シニフィアン」とは異なるものとして想定されているようにもみえる。だが、ラカンはあくまで実体を前提とする枠組みの解体の上に議論を構築しようとする。「実体的な次元（dimension）が壊されるところから問う方がよいでしょう。……そのような次元は、dit-mension と書かれるべきものになります」。ラカンは、「実体的な次元」と呼ばれるものを、「言うこと（dire）」の結果として引き出される「言われたもの（dit）」においてのみ語りうるものとみなす。シニフィアンによって指し示されるべき実体は、あらかじめ存在することを前提にされるのではなく、シニフィアンの効果＝結果と捉えられるとラカンは言うのである。

　本講の冒頭、さしあたりの「謎」として登録されていた問題のひとつは、こうして、解答が与えられることになる。「人が言うことは、聴かれることにおいて、言われたものの背後に忘れ去られる」（*Qu'on dise reste oublié derrière ce qui se dit dans ce qui s'entend.*）」という命題は、ここで、「シニフィアン」と「シニフィエ」とのあいだの乗り越えがたい溝を示すものとして理解されうる。「ひとつの言うこと（un dire）は、いつでも言われたもの（le dit）を外−在させうるわけではありません。なぜなら、（それは）結果として、言われたものへと到来するものに依存するからです。そのことが、どんな分析においても、──それはかくもベートなものなわけですが──現実的なもの（un réel）へと辿り着くかどうかということの試金石となっているのです」。「シニフィアン」が、その「ベティーズ」によって「シニフィエ」という結果＝効果との一致を夢見させるとき、「言うこと」と「言われたもの」のあいだの本性的な差異が括弧に入れられる。精神分析の「試金石」となるのは、「愛」の「ベティーズ」によって、「言うこと」と「言われたもの」のあいだのずれ、「シニフィアン」と「シニフィエ」のあいだの乗り越えがたい溝が埋められたかのようにみなされること、すなわち、「幻想」が構築されうるかどうかにかかっているとラカンは言うのである。

　ラカンによれば、「哲学の伝統における、かなりの数の言うこと（un certain nombre de dires）」は、まさにこうした「試金石」に、みずからの行為をかけてきたとされる。例えば、パルメニデスは、その「詩」によって存在を語り出

したが、「あるはあるにせよ、ないはないにせよ、それがあなた方にとって、どのような言われるもの（dit）になるのか、私は知りません。しかし、私は、それはベートだと思います」。言葉によって存在を語り出す行為は、そのことでじっさいに「言われたもの」との一致へと至りうるかは別としても、それはつねにどこまでも「ベート」な行為であるとされるのだ。それに対して精神分析は、そうした「ベティーズ」を自覚しながらも、なお「ベート」に語り続けざるを得ない欲望の構造を示す。存在ということに関して精神分析が語りうることは、「〈一〉のようなものが存在する（Y a d'l'Un :〈一（Un）〉について部分冠詞と定冠詞が重ねられている）」ということ、すなわち、「言うこと」と「言われたもの」の一致として見出される〈一〉の機能を示しながら、その〈一〉がつねに部分的なものであると認めることになる。〈一〉が〈一〉であるためには、つねに定冠詞付きで語られなければならない。「言うこと」と「言われたもの」との一致を目指すシニフィアンは、つねに〈一〉として他の可能性をすべて排除することでみずからを提示するのである。だが、第11講で語られるように、〈一〉を示す「最初のシニフィアン（S_1：エスアン）」は、つねに「群れ（essaim：エサン）」として、平行的な複数性のうちにあるといわなければならない。「ベート」な仕方で、「言うこと」と「言われたもの」との一致を目指すシニフィアンは、〈一〉として定冠詞付きで語られながら、つねに部分にとどまるものとみなされるのである。

しかしともかくも、「ベート」な仕方で「〈一〉のようなものがある（Y a d'l'Un）」と語られることで、「そこからセリュー（＝真面目、系列をなすこと）がはじまります」。S_1を基点として展開するシニフィアンの連鎖（S_2, S_3, S_4, ...）は、その「セリュー」によって体系的な秩序とみなされるのである。じっさい、シニフィアンの体系によって「存在」の秩序を語り尽くそうとする「セリュー」な努力は、それ自身、「それもまたかくもベートなことだと思われます」。しかしまさにそのようなシニフィアンの「ベティーズ」を「原因」とすることではじめて、「語られたもの」としての「存在」が示されるのである。

それゆえ、精神分析において何らかの「実体」を語りうるとするならば、それは、そうしたシニフィアンを「原因」として発生するような「享楽」に求められることになるだろう。ラカンは、「享楽する実体こそ、分析的な経験が前

提とするものなのではないでしょうか」と言いながら、「実体」を「享楽する身体」とのかかわりにおいて捉えることになる。「身体」は、デカルト主義の二元論において「思考する実体」と「延長する実体」が接続する蝶番(ちょうつがい)となるものであるが、ラカンはそれを「享楽されること」によって定義可能なものとみなしている。「身体の実体は、享楽されるということで定義されます」。「身体」が「実体」でありうるのは、それが「享楽」とかかわるかぎりにおいてであるとされるのだ。だが、そうした身体の享楽は、シニフィアンを「原因」とすることではじめて生起するものといわなければならない。「それは、意味作用的な仕方で（de façon signifiante）身体化することではじめて享楽されます」と言われるように、「享楽する実体」は、本性的に「ベート」とされるシニフィアンの機能によって見出されるのである。

〈4〉

こうしてラカンは、最後に、本講でくり返し問われてきた「シニフィアンとは何か」という問題に解答を与えることになる。「こうした特異な分析を経たうえで、シニフィアンとは何であると言えるでしょうか。――今日、これまで語られたことを締めくくるにあたって、私のモチーフから見たかぎりでの「シニフィアン」ですが、それはどのようなものなのでしょうか。シニフィアンとは、享楽する実体の水準にあるものと言うことができます」。こう言いながらラカンは、この日の講義でくり返し語られた「シニフィアンとは何か」という問いを、「享楽」との関係で規定しようとする。「シニフィアンとは、享楽の原因です。シニフィアンがなかったら、どうして身体の一部分に辿り着くのでしょうか。……そのような関係のなかで意味されるもの（シニフィエ）は、身体の一部分なのです」。「原因」として機能するシニフィアンが、その結果＝効果として引き起こされる「シニフィエ」によって、「身体」の一部分へと辿り着く。「享楽」は、そうしてけっして重なり合うことのない「シニフィアン」と「シニフィエ」が、「愛」の機能のうちに接合されることで発生するとされるのである。「シニフィアン」を「原因」として生起する「享楽」が、その結果＝効

果として立ち現れる「シニフィエ」との「一致」を夢みさせることになるのだ。

では、シニフィアンが「原因」として機能するさいの原因性とは、じっさいにどのようなものなのだろうか。ラカンはここで、アリストテレスの四原因を参照しながら、シニフィアンの原因としての機能を、質料因、目的因、作用因、形相因のすべての側面を併せ持つものとして位置づける。その描写は非常に駆け足で、具体的な内実を汲むことがほとんど困難とさえ言えるものであるが、以下、ラカンの記述をできるだけそのままに議論の流れを追っていくことにしよう。

すなわち、シニフィアンが享楽の「原因」となるとき、「質料因」として「享楽」を構成するのは、「享楽される身体の部分」であるが、「目的因」としてその運動の全体を統御するのは、逆説的にも、享楽の中断であるとされる。「目的因（cause final）、その語のあらゆる意味において、目的＝最終（final）となるもの」としてラカンが示そうとするのは、「ベティーズ」の行き着く先であるとともに「ベティーズ」が「ベティーズ」として何度でもくり返される「原因」となるものと位置づけられる。「互いに抱き合う人々（ceux qui s'enlacent）の後には、「嗚呼（hélas）」という悲嘆の叫びが、互いに疲れはててしまった人々（ceux qui sont las）の後には、ちょっと待て（holà）という制止の呼びかけがあります」。「愛」による接合の試みは、重なり合う者のあいだに裂け目を入れ、不可能な関係をなお「もっと」と求め続ける者たちに、しばし休息の可能性を提示する。ラカン特有の掛詞（enlacer : hélas / sont las : holà）によって示されるのは、不断に失敗しながらも、そのことがさらなる反復の契機となるような「愛」の営みである。シニフィアンが享楽にとって「目的因」として機能するのは、ラカンによれば、それが不断の失敗を内在させているからとされるのである。

同様に、シニフィアンが享楽の「作用因」として、存在するもののあいだの因果的な連関を記述することは、享楽の制限にかかわるものとされる。「ミツバチが雄しべから雌しべへと花粉を運ぶこと」は、ひとつの「コミュニケーション」として、因果的に記述される。ある存在とある存在のあいだの因果的な関係の記述は、〈一〉なるシニフィアンから発して展開される「存在」の秩序のうちに記述される。だが、まさにそうしてシニフィアンが「作用因」とし

て享楽の因果関係を知の体系のうちに記述するならば、それは、「享楽」を目指して発せられたシニフィアンの効果＝結果を、知の体系のうちに回収することになるだろう。ひとつの「ベティーズ」として、「現実的なもの」を指して語り出されたはずのシニフィアンは、「作用因」として機能することで、当の「享楽」を制限するものとなるとされるのである。

　最後に、「享楽」を引き起こすシニフィアンの「形相因」としての機能は「交接（l'etrainte）」であるとラカンは言う。これまで何度も確認したように、シニフィアンは、けっして重なり合わないものの接合を目指して、何度も何度も「ベティーズ」をくり返すものとされた。この文脈でのラカンは、そのことを「文法の秩序（l'ordre de la grammaire）」に属するものとして語っている。「ピエールがポールを叩く（Pierre bat Paul）」は、「叩く」という動詞によって主語と目的語を接続している。ラカンによれば、それはつまり「ピエールとポール（Pierre et Paul：ピエール　エ　ポール）」と両者を結びつけて語ること、ひいては「肩を持つこと（épaule：ピエール　エポール）」と同じ接合を示しているとされる。このような「ベティーズ」によって本性を異にするもの同士を「語られたもの」のうちにつなぎ合わせる「交接」が、シニフィアンの「形相因」としての機能だとラカンは言うのである。

　こうして、ラカンは「原因」として機能するシニフィアンの四つの側面を描き出した後、「形相因」において見た動詞による接合という論点を「それほど－でない－ベート」という新たなラランを用いて語りはじめる。「形容詞の実詞化」が「ベティーズ」の典型とされたのに対して、「動詞」は、「それほど－でない－ベート（passibête）」と言われるのである。通常のフランス語では句として示される「それほどベートではない（pas si bête）」という言葉をラカンはここで、「これは一語で passibête と書く必要があります」という。その理由は語られていないが、おそらくは「それほど－でない－ベート」が単純に「ベート」を否定するものではなく、あくまでひとつの「ベート」のひとつの様態であることを示すためと考えることができよう。だがなぜ「動詞」は「それほど－でない」のか。「動詞は、享楽のうちで主体を固有の分割（division）へと導きます。……動詞は、その分割を離接において規定し、そして記号となるのです」とラカンは言っている。語られる事柄がどのような事態を指し

示すのか、ラカンの議論は必ずしも明らかではないが、動詞が「記号」となるという語り方は、ふたたびポール・ロワイヤルの文脈を呼び起こす。ポール・ロワイヤルの文法論において「動詞」は、本性的に「断定（affirmation）」の機能をなすものとして位置づけられた。動詞には様々なものがあるが、ポール・ロワイヤルによれば、例えば「地球は丸い」などというときのêtre動詞（「…は…である」）の機能こそが、動詞の本質を示しているものとされていたのである。動詞の本質がêtreにあると見なされるのは、それが「思考する実体」の精神作用を示すものであるからとされる。ポール・ロワイヤルの文法論において動詞は、「思考する実体」の作用によって「言葉」と「延長する実体」とのあいだの関係を「断定（affirmation）」する機能をはたすことになるのである。動詞が「記号」として機能するといわれることは、それゆえ、こうしたけっして重なり合わないものの「離接」的な接合を企図しているからだと考えられるだろう。「動詞」は、「実体性」を仮構する「形容詞の実詞化」とは異なり、「離接」においてけっして重なり合わないものの接合を直接的に担うかぎりにおいて、passibêteとされていると考えられるのである。

　ラカンは最後にもう一点、動詞の機能のかかわりから、他の講でもくり返し取りあげられるフランス語表記上の「誤り」の問題について語っている。「あなたは私がどれほどあなたを愛しているかおわかりにならないでしょう（tu ne saura jamais combien je t'ai aimé）」という言葉は、ラカンがある女性に対して用いたものとされるが、これは通常のフランス語の「文法」に従って考えるかぎり、表記上の「誤り」を含んでいる。フランス語において、動詞の目的語が動詞の前におかれた場合、動詞の活用は「性」と「数」に一致したかたちをとらなければならない。je t'ai aimé（私はあなたを愛している）という表現は、目的語にあたる「te（あなた）」が女性である場合、Je t'ai aiméeと最後に無音のeを添えるのが正しい文法表記となるのである。ラカンによれば、この表記の「誤り」は、フロイトにおける「言い間違え」と同様、無意識の欲望を反映したものと見られるが、それはラカンのなかに潜む同性愛的な傾向を示すものではないと言われる。それはむしろ「愛する」ということがもつ、本性的な「無性性」を示すものだとラカンは言う。第1講においても問題とされ、また本講で問題とされてきたシニフィアンによる「愛」の営みもそうであった

ように、「愛」は、異性間の「愛」を前提にするものではなく、「性別」とは異なる次元で問題とされるのである。

　以上が、ラカンの道行きにほぼ沿ったかたちでの議論の流れであるが、最後に冒頭に「謎」として登録したまま、なお解答を与えられていない問題について、一考を与えておく必要がある。本講の冒頭、ラカンはランボーを引きながら「愛はディスクールの転回を引き起こす」と語っていた。「ディスクールの転回」という言葉の用法には、後期の中心的なマテームのひとつの「四つのディスクール」の議論が前提となっていると見なされるが、この講の議論では冒頭以外にディスクール論に触れた箇所はない。しかし、ジャック゠アラン・ミレールが編集した版の『アンコール』において「四つのディスクール」を記述した図版が挿入されているのがこの講であること、そして、その議論の枠組みが他の講でも前提とされていることなどを考え合わせるならば、ここで一定の見通しを示しておく必要があるだろう。

　四つのディスクールとは、本講で語られた事柄を道具立てとしてごく簡単に言えば、「ベティーズ」によって生起する「最初のシニフィアン（S_1）」から引き続いて、「セリュー（＝真面目、系列）」に展開される「シニフィアンの連鎖（S_2）」が、物事の「存在」を規定する知の体系として形成される論理を、異なる四つの道筋でしめしたものであると言える。知の体系から排除される「対象 a」、および知の体系に参入することで斜線を引かれて排除される「無意識の主体（$\cancel{S}$）」とを加えた四つの要素の連なりを転回させることで、四つの異なったディスクールのあいだの移行が行われると言うのである。ヘーゲルの主人と奴隷の弁証法を範として示される「主人のディスクール」、知の体系が自己撞着的に反復される構造を示す「大学人のディスクール」、ヒステリー者の無意識の主体が「主人」の言葉を求める「ヒステリー者のディスクール」、精神分析のセッションをモデルとした「分析者のディスクール」、それぞれのディスクールは、同じ四つの要素によって構成されていながら、まったく異なる「社会的絆（lien social）」のあり方を示す。それらはしかし「愛」によって、みずからの構造を解体し、異なるディスクールへと移行する契機をもつと、ラカンはここで語っているのである。

　「愛」と呼ばれるものが、「ベティーズ」によって S_1 をあえて生起させなが

ら、「セリュー」に言葉をつなぎつつ、S_2 として語られたものへとすべてを一致させようとする欲望であるとするならば、それがなぜ同時に、ディスクールを転回させる契機をもつのだろうか。そこには、「愛」の反復可能性、すなわち、不断に失敗を重ねながらも、「もっと (encore)」と何度もくり返し「ベティーズ」をなすことが、重要な要素となっていると考えられる。

「愛」は、みずからの営みのうちに本質的に不可能性を孕んでおり、まさにそうした不可能性が、ひとつのディスクールの構造を異なるものへと開いていく可能性を与える。じっさい、四つのディスクールのそれぞれは、それ自体において完結する構造を持たず、そこで求められる「真理」へけっして至らないことを特徴としていた。それぞれのディスクールは、それぞれ異なった仕方で「社会的絆」を形成するが、それは、ディスクールの発動を動機づけていた「真理」に重なることはないとされていたのである。ひとつのディスクールの不全にさいして、なお「もっと」と「ベティーズ」をくり返そうとする「愛」の営みは、こうして、ディスクール自体の転回を志向することになるのである。

「言語学趣味」としての精神分析が、それ自身、「ベティーズ」とけっして切り離されることなく、「愛」の営みと不可分なものとされていたこともまた、こうして理解されることになるだろう。「それぞれのディスクールの移行に分析者のディスクールがある」と言われるように、それぞれのディスクールの転回においては、つねに「分析者のディスクール」が、介在しているとされるのである。「分析者のディスクール」は、対象 a を起点にして、斜線を引かれた無意識の主体（$\mathcal{S}$）とのあいだに「転移」を引き起こし、その「幻想（$\mathcal{S} \diamond a$）」のなかに、「ベティーズ」としての S_1 を生み出す構造をもつものであった。主体の欲望を喚起する対象 a に導かれて「幻想」を構築することこそが、「愛」と呼ばれるものであり、精神分析のセッションにおいて生起するべき事柄であったのである。精神分析は、そうして、絶え間ない「ベティーズ」を産出することによって、閉塞に陥ったそれぞれのディスクールを転回させる機能を担うことになるのだ。

第3講　書かれたものの機能

　この講では、書かれたもの（écrits）について、前講で中心に取りあげられたシニフィアン、さらにはディスクールとの関連から取りあげられる。シニフィアンが象徴界と深く結びついた概念であるのに対して、書かれたものは現実界のほうに傾いている。ここでは四つのディスクールの観点から、これらのことが論じられることになる。

　書かれたものについて話すのに、ラカンには絶好のエピソードがあった。自分の著作に、『エクリ』（書かれたもの *Écrits*）という表題を付けて、出版していたのである。彼は、出版（publication）のことを"poubellication"と言う。これは、"publication"と"poubelle"（ゴミ箱）が掛けられており、ここから、出版するとは書いたものをゴミ箱へ捨てることであるという意味が汲み取れる。このように言われるのは、書かれたものが出版され公の読み物となるなら、いかようにも読まれることになり、著者から切り離され、ときには著者のまったく意図しなかった読み方をされてしまうことがありうるからであろう。そして、ラカンの『エクリ』は出版され、著者から切り離されたとき、難解で読みづらいものと評されることになった。しかし、それこそ自分の考えていたことであったと言う。「書かれたものが読まれうるとはかぎりません」。

　この発言から、「書かれたもの」と「読まれうるもの」とのあいだに断絶があるという考えを受け取ることができる。このように書かれたものの機能については、まずこの断絶を確認することからはじめられる。「はじまりとしてはちょうどよいでしょう」。

〈1〉

「書かれたものが読まれうるとはかぎりません」と述べたすぐあとで、「文

字は読まれます」とある。このように、書かれたものと文字は区別されるが、この区別がディスクールの観点から説明される。

　精神分析では、言われたことの向こう側で読まれることが重要である。そのため主体は、話すように、それも何であれベティーズ（bêtise）をためらうことなしに話すよう促される。「分析者であるみなさんは、主体に言うことを促しますが、その向こう側で読まれることのみが重要になります。肝要となるのは、すべてを言うのではなくて、ベティーズをためらうことなく言うことです」。ベティーズとは、第2講で、シニフィアンの特徴である運動を示すのに用いられていた。そこでは、何の共通項ももたない S_1 と S_2 がつなげられることがベティーズとされたが、日常のディスクール（discours courant）においてそれを取り立てて問題にすることはないだろう。むしろ、たとえば主人のディスクールでは、このベティーズによってディスクール自体が円滑に回転していると言える。

$$\text{主人のディスクール}$$
$$\frac{S_1}{\S} \rightarrow \frac{S_2}{a} \quad //$$

　上部の矢印は不可能を示すものとされるが、このディスクールでは S_1 と S_2 がこの不可能を超えて結びつけられる。象徴的なものとされるシニフィアンは、別のシニフィアンとの関係から規定されるものであるから、自分以外のシニフィアンへと関係づけられること、つまり他のシニフィアンへと移っていくという特徴をもっている。この運動が、主人のディスクールにおいてベティーズとして現れるのである。日常において、これが特別に取りあげられることはないだろうが、分析においては重要となる。結論を先取りすることになるが、分析者のディスクールにおいては、S_1 と S_2 は下部に位置づけられており、右下の S_1 は左下の S_2 へと移行するには無力である。「//」は、そのことを示している。つまり、分析者のディスクールにおいては S_1 と S_2 は切り離され、結合することはない。書かれたものとは、シニフィアンの特徴である運動から切り離されたこの S_1 と関係しているのである。

分析者のディスクール

$$\frac{a}{S_2} \xrightarrow{} // \frac{\cancel{S}}{S_1}$$

　語る存在が何かを口に出して言うとき、それは書かれたものから出発している。このとき、この書かれたものはディスクールの運動のなかに引き入れられずにはいない。ここでは、書かれたものから出発することが強調されているが、このように、書かれたものがディスクールの出発点におかれ、まさにそれが読まれようとするとき、それは文字となる。それゆえ、「文字は読まれます」と言われる。書かれたものは、それ自体では読まれるとはかぎらないが、ディスクールのなかへと引き入れられるとき文字となり、読まれるものとなりうる。このようにディスクールの観点から、書かれたものと文字は区別されるのである。

　次に、パロールの機能、ランガージュの機能が、書かれたものの機能を明らかにするために取りあげられる。それぞれが、S($\cancel{A}$)、a、Φ（ファルス）と関連づけられながら以下のように説明される。

　まず、パロールの機能と関連づけられたS($\cancel{A}$)であるが、そこに記されているAについて「私は大他者の場所と言いました」とある。つまり、シニフィアンの宝庫としての場所である。この場所に主体が出会うことがパロールの経験である。すなわちパロールとは、主体的な出来事を示す。しかし、そこには欠けたものがある。この欠如は、女性なるもの（la femme）を示すシニフィアンがないこと、それゆえ性関係を結びつけるシニフィアンがないこととかかわっているが、そのことについては後述する。しかし、このテーマは本講で十分に説明されているとは言えず、このセミネール全体をとおして、とくに性別化のマテームの扱われる第7講と享楽が中心的に取りあげられる第8講で重点的に扱われることになる。このような欠如をともなうパロールの機能を示すのに、シニフィアンを意味するSとAが組み合わされ、さらにAに斜線を入れて、S($\cancel{A}$)と表記される。これによって、「大他者のうちに裂け目が、穴が、喪失がある」というパロールの経験が示されるのである。

　次に、aであるが、これは対象とされる。しかし、それはもちろん実在す

るものと関連づけられるような対象ではなく、パロールをとおして経験された大他者の欠如を埋める役割を担いながら形成される対象である。「この喪失の観点から対象aがその役割をはたしにやってきます」。このaについて、「ランガージュの機能にまったくもって本質的なことです」と言われる。ラカンは、このセミネールにかぎらず初期の段階から、ランガージュとパロールを区別するよう促していた。要点だけを確認しておくなら、ランガージュとは純粋な法の次元であり、パロールとはその法にしたがう主体が問題となる次元である。だが、ここでaと結びつけて語られているランガージュの機能については、説明を要するだろう。ランガージュの法は言語活動において、主体にあらゆるものを読ませようとする。例えば、大地に残された動物の足跡や樹木の表面にある引っ掻き傷などをみても、語る存在はそれらを動物のいた痕跡として読むことになる。このように、ランガージュはその法と直接かかわりをもたない動物のなしたことに対しても、それを読むように働きかける。そのとき、動物の足跡や引っ掻き傷は文字となるわけだが、文字はそこに読まれるべきものを想定させ、それを読もうとする欲望を主体に引きおこさせる。ランガージュはたんに書かれたものにすぎないもの、何の意味も込められていないものに、意味を想定させるのである。これはまさに欲望の原因と定義された対象aの働きである。このようにランガージュの働きは、あらゆるものを文字とし、それを読もうとする欲望を引きおこす点で、ここではaと関係づけられているのである。

　最後に、Φであるが、これについては「たんにシニフィアンの機能から区別すべきものとして用いました」としか述べられていない。だが、ここから、Φがシニフィアンの運動から切り離されていると受け取ることは十分可能であり、そのためΦを、さきほど触れたS_1と関連づけて考えることができるだろう。さらに、「Φには独自なものが問題となっていますが、今日はこの点を、書かれたものとの関連からお示しします」とあるように、Φは書かれたものとかかわっているのである。この点については本講全体をとおして説明されることになる。

〈2〉

　〈1〉で見たように、本講では書かれたものがどのようなものであるかについて、シニフィアンと区別しながら検討される。そこで〈2〉では、シニフィアンの機能について、四つのディスクールを使い、シニフィアンがディスクール内でどのように機能しているかが具体的に取りあげられる。ここでは四つのディスクールのうち、ヒステリー者のディスクールと主人のディスクールがもちだされる。

　まずはヒステリー者のディスクールであるが、ラカンはそれを科学のディスクールとしてみていく。ここでは、かつてラカン自身がシニフィアン概念を練りあげるのに参照としたソシュール言語学について、科学のディスクールとの関連から問題とされる。

　「シニフィアンは言語学によって導入された次元ですが、言語学はパロールが生みだした領野のもとでは自明のものではありません」。ここで「自明ではない」と訳したもとのフランス語は"ne va pas de soi"であるが、ここには文字どおりの「それ自体であるわけではない」という意味も含まれていると捉えることができる。言語学が学としてあるのは科学のディスクールに支えられているからであり、「それ自体である」わけではないからである。しかし、言語学はたしかに科学のディスクールに支えられてはじまったが、そこに留まっておらず、主人のディスクールへと移行している。それは、「恣意性（arbitraire）」という概念が導入されたときおこっている。「言語学者は恣意性について話しますが、そこには別のディスクール、すなわち主人のディスクールへの滑り込みがあるのです」。いかなる点から、このように言えるのか。ここではこの点について、ヒステリー者のディスクールと主人のディスクールが取りあげられるのである。

　言語学は、シニフィアンとシニフィエの区別を基礎づけるような分離をパロールのなかに導入したわけだが、この分離をとおして、聴覚によって語を聞き取ることと、語が何かを意味することには何の関係もないことが明示さ

第3講　書かれたものの機能

れた。このシニフィアンの次元の切り離しこそ、科学のディスクールに支えられている。というのも、シニフィアンの次元は、それ自体存在するものとして自明のものではないからである。それは、何らかの知を導きだそうとする操作によって、日常のディスクールにおいては問題となることのない次元を、そこから切り離したものなのである。このようなことこそ、科学のディスクールの特徴である。

　このように科学のディスクールにおいては、日常のディスクールにおいては自明のこととされ別段取りあげられないようなことが、問題として切り離される。では、この点をラカンの四つのディスクールからどのように読みとることができるだろうか。ラカンは、ヒステリー者のディスクールによって科学のディスクールを説明する。

　ラカンが「科学的」と言うとき、それはアレクサンドル・コイレのテクストを参照にしたうえでの、ガリレオやデカルト、さらにはニュートンに代表されるような近代科学を指している。ここで取りあげられるのは、観察や実験によって万人を説得しようとする科学の側面ではなく、いわば観察や実験の前提となるような段階である。科学者はなぜ観察や実験をおこなうのか。それはみずからの仮説を証明するためである。一般に科学的と言われるときは、観察や実験による証明をとおして客観性が獲得された知に対して用いられることが多いが、ここではそうではなく、証明されるべき知、つまり仮説という知へと科学者が至ったプロセスがディスクールの運動から問題とされるのである。

　コイレによれば、近代以前のアリストテレス主義によって支配された科学と近代以降の科学には決定的な断絶がある。アリストテレス主義の科学では共通感覚、つまりここで自明のものと呼んできたものと結びつけられることで、科学の体系が形成された。つまり、コスモス的空間や物体の本性に関する信仰があったのである。このとき運動は、コスモス内を物体が、その本性にしたがって、物体本来の場所へと向かう形相と結びつけられた。

　だが、慣性の法則を知っているわれわれは、この考えは間違いだと言うことができる。しかしその慣性の法則は、われわれの共通感覚の所与から、つまり経験における自明のものからはけっして導きだせない。慣性の法則を導

57

きだすためには、まず無限の幾何学的空間を措定し、さらに完璧に滑らかな平面や完璧に硬い球など、じっさいに経験されることのない条件が仮定されなくてはならない。それらは経験されることはないが、思考のなかに書き込まれたものであり、それらが操作され、何らかの知へと至る。慣性の法則とは、このようなプロセスによって、演繹されたものなのである。

ラカンのヒステリー者のディスクールに、このプロセスをたどることができる。

ヒステリー者のディスクール

$$\frac{\displaystyle\not{S}}{a} \xrightarrow{} // \frac{S_1}{S_2}$$

科学者が仮説を導きだす最初の過程、つまり経験から切り離される過程が左うえの $\not{S}$ によって記されている。この経験から切り離された場所、こう言ってよければ科学者の思考のなかで、現実には経験されないさまざまな条件が書き込まれる。S_1 は、この思考のなかに書かれたものを示している。そして、それらが関係づけられることによって、たとえば慣性の法則のような知が導きだされたのである。これが、S_2 によって示されている。しかし、この S_2 は、ディスクール内において、a、すなわちアリストテレス主義における共通感覚による経験、さらにはわれわれが現実と呼ぶような場における経験へと到達することはない。このように、ヒステリー者のディスクールをとおして、科学者が経験から切り離された思考において仮説を導きだすプロセスを捉えることができる。

言語学の話に戻ろう。言語学は科学のディスクールに支えられているとされていたが、それは、言語記号に分離を導入することで、日常のディスクールにおいて経験される次元から、シニフィアンの次元を切り離すからである。それによって、ランガージュに関するさまざまな知を引きだすことが可能になった。

けれども、ディスクールは揺動的なもので、たやすく別のディスクールへと移っていく。恣意性の概念が導入されたとき、言語学は科学のディスクールに支えられたものから主人のディスクールへと移行していることが指摘さ

第3講　書かれたものの機能

れていた。「シニフィアンが恣意的であるということと、シニフィアンはシニフィエという効果と関係がないということは、同じ問題領域にありません」。これは、同じディスクール上にないことを意味する。そして、恣意性が導入されたさい、そこには指示という経験にかかわる領域が滑り込んでしまっているのである。

　たしかに、ソシュールは言語学の問題領域を画定(かくてい)するのにシニフィアンとシニフィエを区別したさい、指示に関する問題をひとまずわきへ置いた。なぜなら、そこには指示対象の存在という厄介な問題がかかわってくるからである。それを避けるため、言語記号がどのように成り立っているのかをひとつのラングという体系内で問題にしようとしたのであった。そのことから、シニフィアンが関係をもっているのは、指示対象ではなくシニフィエであることが強調された。そして、この関係性が恣意的と呼ばれたのであった。

　たとえばフランス語で「牡牛」というシニフィエがb-ö-f（bœuf）というシニフィアンと結びついていることには、自然的かつ論理的つながりがあるわけではない。それは偶然であり、そのことが恣意的と呼ばれた。しかし、ソシュールのこの恣意性の議論のなかに指示の問題が入り込んでいることが、バンヴェニストの指摘から確認される。ソシュールは恣意的なこの偶然性の側面を例示するのに、「牡牛」がフランスではb-ö-fと発音され、スイスではo-k-sと発音されることを取りあげる。しかし、このとき自身の画定した領域、つまりひとつのラングの体系のなかで言語記号を考えるということを逸脱してしまっている。二つのラングを比較し、「牡牛」がそれぞれ別に発音される記号に結びつけられる事実によって恣意性を示そうとするこの例には、「牡牛」という指示対象への参照があると言わざるをえない。これはまさに、ソシュールが言語学の学問領域を画定するときに退けたものであった。つまり、言語学が科学的であるために切り離された領域のものが、滑り込んでいるのである。それは、指示対象の存在の問題である。つまり、恣意性の概念には、指示対象の存在が暗黙のうちに入り込んでいるのである。四つのディスクールの観点から言うなら、ここにはディスクールの移行がある。経験から切り離される仕方で知を導きだすものであった科学のディスクールから、主人のディスクールへの移行が確認されるのである。主人のディスクールは、存在

59

の効果を引きだすことをその特徴のひとつとしているからである。では、この存在とのかかわりから、主人のディスクールはどのように説明されるだろうか。

　この点へと移っていく前に、ディスクールの移行についてもう少し説明しておこう。あるディスクールにいるとき、語る存在はいつでも別のディスクールへと移行することができる。三つの比較的安定したディスクール（主人、ヒステリー者、大学人のディスクール）ではそう頻繁におこることではないが、S_1を効果として生む分析者のディスクールは、ただちに別のディスクールへと移行することになる。それゆえ、分析者のディスクールの流れのなかを進んでいくだけで、世界観（conception du monde）という滑稽なものへの跳躍がおこるのである。

　世界観とはディルタイの用語だが、ここでラカンがこのタームをもちだしたのは、フロイトの考えを批判するためであろう。フロイトは、『精神分析入門（続）』の最後の講で、世界観を「われわれの一切の問題を、ある上位の一仮定から統一的に解決する知的構成物」であると定義したのち、宗教、芸術、哲学のそれぞれの世界観に対して、精神分析は科学の世界観に属するものだと主張した。しかし、四つのディスクールの観点からすると、たんに書かれたものにすぎず、S_2という知からは切り離されている S_1 を生みだす分析者のディスクールが、ひとつの世界観を形成することはないだろう。

　また、たとえばラカンによれば、マルクス主義もまたひとつの世界観としてみなすことはできない。マルクスが述べたのは、哲学のディスクール上でひとつの世界観が安らいでいるのを壊乱させるという意味で、歴史が別のディスクールの次元を打ち立てるということだからである。しかし、マルクス主義がひとつの世界観として捉えられてしまうのは、これが哲学のディスクールとかかわっているからである。このとき哲学のディスクールは、主人のディスクールと関連づけられている。

　哲学のディスクールは、ランガージュから完全に切り離してしまうことの困難な領野、つまり存在論と呼ばれる領野と関係している。この存在ということをめぐって、哲学のディスクールと主人のディスクールは関連しあっている。では、主人のディスクールは存在とどのようにかかわっているのだろ

第3講　書かれたものの機能

うか。

　この点に関して見ていくのに、be 動詞の文法的な働き――日本語がそうであるように、この用法があらゆるラングに普遍的に見られるわけではない――が取りあげられる。このとき、繋辞としての機能――目的補語をともない、"A is B"（A は B である）のように、主語と目的補語をつなぐ機能――と、「ある」、「存在する」という意味を担う機能の二つが区別して指摘される。ここから、be 動詞が繋辞として用いられるときでも、その主語にあたるものの存在が暗黙のうちに前提とされていることが指摘される。

　たとえば "He is healthy"（彼は健康である）と言うとき、そこには "He is"（彼が存在する）ということが含まれているが、それについてはとくに取りあげられることはない。「主人のディスクール（discours du maître）、こう言ってよければ私を存在させるディスクール（discours de m'être）が、「存在する」という意味の "être" 動詞を強調しなければ、繋辞の用法について何もみていないことになります」。この引用のなかで、「主人のディスクール」が「私を存在させるディスクール」と言いかえられているが、こう表現することで、存在が主人のディスクールの効果であることが示されているのである。では、この二つはどのように結びつけられるのか。

　存在と主人のディスクールの関係をみるために、『形而上学』のなかでアリストテレスが実体を取りあげるときのその言い方が注目される。アリストテレスにおいて、実体は文章の主語にくるものであり、存在の究極の原因、原理であるとされた。実体に関して彼はたびたび、"ousia kai to ti ēn einai"（実体、すなわちそれが何であったか）という言い方をする。ラカンはこの "to ti ēn einai" という表現に注目する。英訳では、"the-what-was-being" と訳されている。この過去時称は、一般に、時間的連続を表し、それが何であるかを示す何かがあらかじめ実在していたことを表すと、解釈されている。つまり、実体とはそれが何であるかを示したものであるが、それは過去から現在まで実在し続けていた何かとされているのである。ラカンはこの "to ti ēn einai" を、フランス語で自身の解釈を交えながら "ce qui se serait produit si était venu à être"（存在していたからには、生じていたであろう何か）と訳しなおしている。ここから汲み取れることは、"A is" と言われたときの「A

が存在する」という意味が、"A is B" と言われるときには前提とされてしまうこと、つまり存在の問題は、取りあげられることなく前提とされるようになるということである。そのうえで、「このアリストテレスの表現においては、存在のディスクールがどこからやってくるのかを位置づける支柱が保存されているかのようです」と述べられる。このように述べることで、存在を、存在について語られることから区別しようとしているのである。つまり、ここで重要なのは、実体や本質がどのようなものかということではなく、それらが主人のディスクールの流れにしたがってなくてはならないものとして語られてしまうことで、その存在が前提とされてしまっていることをあばき立てることである。「言われるままに存在すること、命令どおりに存在すること、命令されたことを理解するなら、そこに存在するはずのもの」は、主人のディスクールをとおして現れた効果なのである。

このようなことから、「存在のあらゆる次元は主人のディスクールの流れにおいて生みだされます」と述べられる。では、この点を、主人のディスクールからどのように導きだせるだろうか。

主人のディスクール

$$\frac{S_1}{\cancel{S}} \xrightarrow{} \frac{S_2}{a}$$ //

主人のディスクールは、「シニフィアンを口にするとき、なおざりにされない絆の効果のひとつを期待するひとのディスクールであり、その効果はシニフィアンが命令することにあります」と言われている。ここでは、「シニフィアンを口にするとき」、つまり何らかの文を語るときに、日常のディスクールのなかではまず取りあげられることのないことが「絆の効果」とされている。それは話題にあげられたことが存在しているということである。そこには、言われた以上、それがなくてはならないという命令が働いている。たとえば、"He is healthy" と言われたとき、"He" の存在について特別に取りあげられることはないだろう。それどころかこの "He" は、言われた以上存在していなければならないものとなる。つまり、"He" が S_1 として話題にあげられ、それが繋辞である "is" によって、"healty" という S_2 と結びつけられるとき、

第3講　書かれたものの機能

　この"He"の存在がS_1とS_2を結びつけて語ったことの効果（a）として生ずるのである。主人のディスクールには、まさにこの存在を効果として生むプロセスを確認することができる。また、「シニフィアンが命令的である」と言われるのは、この存在の効果が、言われた以上なくてはならないという命令によって生ずるからである。
　このような考えから、ラカンはランガージュと存在の関係に関して、ディスクールに先立つ現実らしさ（réalité）というものを認めない。「ディスクールに先立ついかなる現実らしさもありません。どのような現実らしさも、ひとつのディスクールによって基礎づけられ、定義されているのです」。このように、現実らしさ、その支えとなる存在がディスクールの効果であることが主張されるのである。
　このことを確認したのち、ラカンは分析者のディスクールがどこから生じたのかをみつけることこそ重要であると述べる。それは、ひとが思わず「ファック！」——フランス語では"foutre"だが、ラカン自身「英語では"fuck"と言います」と断っている——と言ってしまう場所である。現実らしさのなかで、何かうまくいかないことがあったときに、ひとは思わずそう言ってしまう。だが、現実らしさのなかには必ずうまくいかないことが含まれている。なぜなら、それは、主人のディスクールにおいて確認したように、本来つながる必然性のどこにもないものどうしをつなげたことから生じる効果、つまりaによって支えられているからである。そして、分析者のディスクールは、まさにこのaからはじめられるのである。
　ラカンはディスクールの回転のことを、"disque-ourcourant"（日常の-ディスクール）と呼ぶ。これは"discours"（ディスクール）と"courant"（日常の）を圧縮したものであるが、そこには"disque"（ディスク、レコード）や、フランス語で鳥の鳴き声を表したり赤ん坊をあやすときに使う"cou cou"が入り込んでおり、「たわいないことをしゃべり続ける」という意味を汲み取ることができる。このようにディスクールをマテームとして表すことで、話すことが回転運動として示される。分析者のディスクールも、この回転運動のひとつである。それは、a、つまりつなげる必然性のないものをつなげたことの効果からはじまる。

男たちと女たちのあらゆる関係には、うまくいかないことが含まれている。なぜなら、たがいを関係づけるように思われる享楽が、うまくいかないこととしてしか現れてこないからである。何かうまくいかないことがあるとき、「ファック！」と、性行為を示す言葉をもちいるのには、この享楽そのものに内在しているうまくいかなさが鳴り響いている。そして、aにおけるうまくいかなさがどうにもいかなくなると、分析者のディスクールへと移行するのである。

　では、なぜ享楽はうまくいかないこととしてしか現れてこないのか。それは、「ディスクールに先立ついかなる現実らしさもない」ことと関係している。このことが意味するのは、人間の集団を形成するもの、つまり男たち、女たち、子供たちと呼ばれるものが、そのように呼ばれることでしか現れてこないかぎりで、シニフィアンとしてしか存在しないからである。このことから次のようなことが生ずる。ひとりの男性（un homme）は一個のシニフィアン以外のものではけっしてなく、ディスクールに位置づけられながら、シニフィアンの資格で存在するひとりの女性（une femme）を探し求める。またひとりの女性（une femme）も、シニフィアンの資格でひとりの男性（un homme）を探し求める。ここにうまくいかなさが生じるというのだが、それは、男性なるもの（l'homme）がディスクールのなかで「すべて」（tout）として規定され、ディスクール内に収まるのに対し、女性なるもの（la femme）がすべてではなく（pas-toute）、そのため女性のうちにディスクールから逃れていく何かがあるからである。

〈3〉

　〈2〉では、ヒステリー者のディスクールとして捉えられた科学のディスクールの回転によって生ずる知が、経験や存在とは切り離されたものであること、また哲学のディスクールと関連づけられた主人のディスクールにおいて、その効果として現れるaが存在をともないながら現実らしさを生じさせることが、ディスクールの回転の観点から説明された。このことから、「ディスクールに先立ついかなる現実らしさもない」という立場が、表明されたのである。

第3講　書かれたものの機能

そして、この現実らしさを支える a がうまく機能しないとき、分析者のディスクールへと移っていく。そこで生ずるものこそ、書かれたものである。つまり書かれたものは、四つのディスクールにおいては、分析者のディスクールの右下に S_1 として記されている。この場所にある S_1 は、S_2 へと移行することに関して無力である。では、この書かれたものの機能とは、どのようなものだろうか。

「大事なのは、ディスクールのなかで、書かれたものの効果から何が生じるのかを知ることです」。ここではもう一度ソシュール言語学が取りあげられ、下記の有名なアルゴリズムに引かれている横棒によって、書かれたものの機能が説明される。

$$\frac{S}{s}$$

ソシュールは、このようなアルゴリズムを提出し、シニフィアンとシニフィエを区別した（大文字のSはシニフィアンを、小文字のsはシニフィエをそれぞれ示している。ソシュールの『一般言語学講義』では、シニフィアンが分母の位置に、シニフィエが分子の位置に表記されているが、ラカンはこのように示す）。しかし、このアルゴリズムの読み方に、すでにソシュールとラカンの違いがある。それは、"S" と "s" のあいだにある横棒をどのように読むかという問題である。ソシュールはそこに恣意性という関係性を読んだ。それは、ソシュールには、言語記号がコミュニケーションを可能にするという前提があり、そのためにはシニフィアンとシニフィエのあいだに関係性が想定されていなければならなかったからである。まさにそのために恣意性が導入されたのであったが、この概念は言語学が科学であるためにいったん脇においたはずの領域のもの、つまり指示対象の存在にかかわることを自明のものとして暗黙のうちに議論のなかへ引きいれる結果となった。このように、「諸事物を自明のことと捉えることで、ひとは、書かれたものに関して目の前にあるものを何も見なくなる」のである。では、ラカンは、書かれたものとして、この横棒をどのように読むのか。

ラカンはそれを、たんにシニフィアンとシニフィエを区別するものとして

65

読んだ。そう読むことで、シニフィアンで聞いたものの次元とシニフィエの次元をまったく別のものと捉えることができるのである。また、シニフィアンとシニフィエを以下のように、

$$S \quad s$$

こう、たんに間隔を開けて並置するだけであったなら、それはたんに並置されていること以外の何ものでもないだろう。しかし、このアルゴリズムには書かれたものとして横棒が引かれている。

$$\frac{S}{s}$$

このように、横棒が引かれているからこそ、シニフィアンとシニフィエがまったく別の次元にあるものであり、うえをシニフィアンが通り過ぎること、またシニフィエはシニフィアンの効果として生ずると読むことができるのである。横棒がなければ、シニフィアンとシニフィエがたんに置かれているだけで、そこに何も読みとられることはないだろう。だがこの書かれたものである横棒それ自体は、シニフィアンの領域にもシニフィエの領域にも属さない、余計なものである。それは、象徴的なものとしてのシニフィアンの運動からも切り離され、そのためシニフィアンの運動の効果であるシニフィエともかかわりをもたないため、ランガージュの法にしたがう語る存在にとって座りの悪いものとなる。この意味で、書かれたものは現実界に傾いていると言えるだろう。この点から、書かれたものは、四つのディスクールにおいては分析者のディスクールの右下に記されている S_1 に相当するものであることを見てとることができる。

分析者のディスクール
$$\frac{a}{S_2} \xrightarrow{} \frac{\cancel{S}}{S_1}$$

分析者のディスクールにおける S_1 は、シニフィアンの運動に関して無力な位置に置かれている。このように分析者のディスクールにおいて、S_1 は、シニフィアンの運動をおこなうことはなく、宙づりにされる。さきに分析者のディスクールは、うまくいかないことから生じると述べたが、このディスクールは、このうまくいかなさの標(しるし)を書かれたものとして記すことになる。逆に考えると、この分析者のディスクールがなければひとはムクドリのように日常の−ディスクール（disque-ourcourant）を歌い続け、レコードを回し続けることになるだろう。しかし、分析者のディスクールでは、S_2 から切り離されていることから、S_1 がシニフィアンの運動をおこなわず書かれたものとして宙づりにされ、日常の−ディスクールの回転に不具合を生じさせることになる。しかし、このようにディスクールそのものを揺動させ、安定させないことのうちに、精神分析において賭けられているものを認めることができるのである。

〈4〉

　ラカンは最後に、唐突に文字に話を移す。「文字は、徹底的に、ディスクールの効果です」。こう述べることで、書かれたものと文字の違いが示されている。つまり、書かれたものは、ディスクールに組み込まれるとき、文字となり、読まれうるものとなる。その根拠のひとつとして、イギリスのエジプト学者であるフリンダーズ・ピートリーの考えを取りあげる。フェニキアのアルファベット文字は、フェニキアの時代よりずっと前のエジプトの小さな壺の表面にすでにみられ、その文字は工房の標として使われていたとピートリーは考えた。このことから、ラカンは、「文字が最初に出てきたのは、典型的にディスクールの効果である市場からです」と述べる。
　このように、文字とはディスクールの効果であるのだが、文字は再読されるものでもあるため、フィードバックのような働きをし、ディスクールの構成要素になる。それゆえ、「ディスクールの効果は文字から構成される」とも言われる。そしてさきほどの世界観に関する批判を別の観点からおこなおう

とする。

　「世界は解体中です」とラカンは述べる。現代の科学では、ほんの小さな世界さえないことが明らかにされている。クォークと呼ばれる何かが扱われるようになり、従来世界として考えられたものとは別のものが問題となっている。世界のうちに存在の支えを見出すことはもはやできなくなっている。しかし、それでもわれわれの日常に何の支障もおきないのは、われわれの日常の現実らしさが、世界や存在を拠り所としていなかったからである。われわれの日常は、ディスクールによって支えられており、世界や存在に関しても、それらはディスクールにおける文字の効果として捉えられるのである。つまり、ディスクールの効果によって生じた文字が読まれることで、日常の−ディスクールは回転し、それによって、日々現実らしさが産出されているのである。

　分析もまたこのような文字とかかわっているわけだが、それがどのようなものであるかを感じとるためにフィリップ・ソレルスやジェイムズ・ジョイスの『フィネガンズ・ウェイク』を読むことが薦められる。そもそも、クォークとは、『フィネガンズ・ウェイク』の海鳥の泣き声から付けられた名称であった。彼らの小説のなかでは、シニフィアンがシニフィエに詰め物をしにやってきているようであり、シニフィアンは、はまり合い、混じり合い、陥入し合っており、シニフィエに関しては謎に満ちたものが生じることになる。しかし、これこそ分析の力を借りて読まねばならないものであると、ラカンは述べる。それが何かを意味するというのは、際限なく間違った読み方で読まれるということであり、言い間違いが生じることになるだろう。つまり、シニフィアンの次元のものを、ひとは別の次元において読むのであり、そこに区別を設けることこそ分析にとって重要となる。

　ラカンは、このようなことの例としてミツバチや鳥の例をあげる。ミツバチは花粉や蜜を運ぶために花から花へと移動しているのだと読まれる。また鳥が低く飛ぶとき、ひとはじきに嵐が来るということを読みとる。しかし、ミツバチや鳥がそのようなことを示しているだろうか。問題のすべてはここにある。ツバメが嵐を読むということを認めないことにはならないが、それは確実なことではない。

第3講　書かれたものの機能

　分析においても、無意識に関してこの混同が生じている。無意識の主体に関して、無意識を読むことのできるものだと考えられている。さらに、無意識について教えることもできるとされている。しかし、ラカンはそのような考えに与しない。この混同を指摘するために、書かれたものを導入したのである。ラカンの考えでは、「読み方を教えるということと、何かを書くということはまったく関係ない」。

　書かれたものに接するとき、語る存在はディスクールのなかでランガージュをとおしてそれを読もうとするだろう。しかし、そのようにして読まれたものはすでに、書かれたものとは別のものになっている。無意識に関して重要なことは、分析において無意識の読み方を知ることではなく、無意識を措定することで書かれたものの次元にありつづける何かとかかわり続けることなのである。

第4講　愛とシニフィアン

〈1〉

　ラカンは、冒頭に皮肉に満ちた挨拶をしたのち、ディスクールの硬直性に陥らないようにと気をつけつつ、「身体によって象徴される大他者の享楽は、愛の記号ではない」に注釈を加えることから始める。ここで主として扱われるのは、語るという行為のもとで位置づけ直される大他者である。
　ラカンは、第3講でもふれた「男性、女性というものは、……、シニフィアン以外のなにものでもありません」を絡ませて、「大他者とは、私のランガージュのなかでは、大他者なる性（l'Autre sexe）以外ではありえません」と言う。
　日本語では「男性、女性」と等質の表現とならざるをえないが、フランス語では、男性には定冠詞を、女性には不定冠詞がつけられている。このことは、男性と女性の非対称性を示しており、その非対称性ゆえに、性関係は存在せず、享楽は満たされないが、それがまさに人間を人間たらしめるランガージュ、すなわち言語活動によるということを如実に示している。
　この点は第7講で詳細に語られることになるが、ここでは、言うという行為が性差、および性差に基づく機能と結びついていることに注意しておきたい。言うという行為により、主体は否応なしに別の主体に相対するという状況に身をおく。この別の主体を他者と呼ぶわけだが、その他者が他者であるのは、二つの主体のあいだに亀裂として現れる異質性が介在するからである。古典的な言い回しをすれば、父の存在が母を一人の女性として数え、そのように措定させるとき、子に対し母と子の全的世界における亀裂が露わになる。それは「別の」、「他として」としか言いようのない領域で、この亀裂が「大他者なる性」として示されていると見ることができよう。すなわち、「大他者なる性」とは、ある語る主体が有しているのとは別の性という意味ではない。こ

の亀裂を前にしてどのような語り方をするのかが、その主体の性を決定するのであり、性別化ということになる。語る存在が男性か女性かに位置づけられるのは、語るという行為ゆえにであって、生物学的な身体的特徴によるのではないということを確認しておこう。

ラカンは、ランガージュに住まう人間においては実現を望めない性関係、享楽が実現すると想定し、回帰（retour）という言葉を用いる。回帰という語は、ディスクールの回転（tour）に通じ、あとで展開される天体運動と万有引力の話を誘導する働きも担っているが、当然、もとに戻るということを意味する。性関係が実現し、享楽が満たされるときに戻ることができる始原の状態があり、そこに回帰するために何かが欠けているということが想定されている。

分析はこの享楽を、ファルスの機能として、それもファルスが不在ということでしか示されないことから、そっくりそのまま謎のままに残されたものとしてのファルスの機能として、性急に固定化してしまったと、ラカンは指摘する。そのため、ファルスは不在のシニフィアンと、シニフィアンのうちに欠けているシニフィアンと、これもまた性急に読みかえられてしまったのである。以前、ラカンはファルスをそのように説明してもいるのだが、ここでは、ディスクールという観点から、ファルスの機能を四つのディスクールにおける横棒の機能と結びつけることで、その不連続、断絶をもたらす機能という側面でのファルスの再定義を提唱していると解すべきであろう。

それに続いて、ラカンは「大他者の享楽」を「〜ではない（n'est pas）」で「愛の記号」と結びつけ、愛にふれる。

ひとは長い間、愛についてばかり語ってきた。それは「分析の経験によって創設されたものすべての軸」であり、また「哲学のディスクールの中心にある」ものである。そこにはひとつ警戒を要する事柄がある。それが愛と存在の関係である。哲学のディスクールが主人のディスクールの派生態であること、また哲学のディスクールにとっては、「愛は存在をめざす」ということを述べたうえで、ラカンは存在について二つの指摘を行う。

ひとつは、存在の危うさ、曖昧さで、それが条件法半過去という形で表されることである。存在はそれとして捉えることができず、語られたかぎりでしか存在は現れない。それは「ランガージュのなかでもっとも隠れているも

の、もっと言えば、存在しようとしていたものであり、まさに存在しているとしたら、そのことによって驚きをもたらすもの」である。そこに「言う」という行為と「ある」という事象のあいだの関係が明瞭に現れている。

　もうひとつは、「存在は、私をあらしめる（m'être）シニフィアンのすぐそばにある」と考えられるということである。「私をあらしめるシニフィアン」は、フランス語で"signifiant m'être"と表記されるが、もちろんそれは主－シニフィアン（signifiant maître）と掛けてある。本来自動詞である être が他動詞として、「私」を目的補語としてとることで、主人からの命令として私を目的補語としてあらしめよ、そうすることで存在が現れるということになるのである。このように、言うことで私を存在するものとしてあらしめるというのが、この主－シニフィアンの働きである。しかし、「存在は、私をあらしめるシニフィアンのすぐそばにある」ので、存在とシニフィアンのあいだには明らかにずれがある。そのことから「ルアーのうちでもっとも奇妙なものがある」のであり、記号とシニフィアンの違いはそこに現れてくるのだが、その点についてはあとでふれられることになる。

　こうしてラカンは、享楽、大他者、記号、愛の四つの要素を取り出し、さらに、愛のディスクールが存在のディスクールであるとき、どのようなことになるのかを見ていく。

　ここで、存在が永遠と結びつけられる。フランス語で永遠は éternel、存在は être だが、ラカンはその二つの単語を合体させ、永遠－存在（l'êtrernel）と遊んでみせることで両者の結びつきを示す。それは、第3講でふれられたアリストテレスの存在についての論述や、旧約聖書・出エジプト記第3章14節で、神がみずからの名を「私はありてあるものである（je suis ce que je suis）」と告げたという、ユダヤ教により練り上げられてきた真理の一つの到達点で、このように反復することによって示される。

　「ある」を繋辞として徹底させ、また永遠という時間性のなかに取り込むことで、生成、変化の問題を排斥する。その結果、存在はある意味において姿を消し、存在するものがあるかのように語られる。こうした諸存在のあり方を、永遠であるかないか、それ自体としてあるかないか、という二つの項をもって分類したのがサン・ヴィクトルのリカルドゥスであった。彼の分類に

従えば、二つの要素が組み合わされるので、四つの存在様式があることになる。すなわち、永遠でそれ自体としてあるもの（神）、永遠であるがそれ自体としてはないもの（被造物でありながら永遠の存在とされる天使）、永遠でなく、それ自体としてはないもの（有限の生命を与えられている、被造物たる人間）、そして、永遠でないが、それ自体としてはあるものの四つである。しかし、サン・ヴィクトルのリカルドゥスはそのうちの三つしか論じていない。ラカンは第四の様式に当てはまるものとしてシニフィアンをあげる。なぜなら、シニフィアンは別のシニフィアンに次々と変転、変化していくので、永遠ではないが、それはそれとして、それ自体として存するからである。ラカンはこのように、存在とランガージュ、ディスクールとの結びつきをシニフィアンの水準からも示し、実在論に陥らないように用心するのである。

　ここで、「シニフィアンは別のシニフィアンに主体を代理表象する」というシニフィアンの定義を思い出しておこう。シニフィアンが変転するのはそのかぎりでである。このとき、主体はどう位置づけられるのかという問が生じるが、これもシニフィアンと記号という形で、後に取りあげられることになる。

　ラカンは、フェルディナン・ド・ソシュールがシニフィアンの恣意性という考えを偶然のカテゴリーに属するものとみなそうとしていたと指摘した後、無からの創造についてふれ、シニフィアンは、霊魂創造説における、完全に本来的なものは「無から (ex nihilo)」創られたという意味での無にかかわっていると言う。すなわち、そのような無からシニフィアンが生じ、そのシニフィアンからは何でも生み出される。創世記が物語っているのはそういうことで、それこそが世界観のコペルニクス的転回だと結論する。

〈2〉

　フロイトは、コペルニクスの地動説、ダーウィンの進化論、そしてみずからの無意識の発見を、科学上の革命的進展をもたらした発見とみなしているが、ラカンは、そのコペルニクス的転回という言葉に異議を唱える。
　フロイトの発見は、ヒステリーという経験から、すなわちヒステリー者の

ディスクールから、無意識が露わにされたことにある。

　周知のように、フロイトはもともと神経学者であり、医者であり、まさに科学のディスクールのなかに身をおいていると言ってよい人物である。じっさい、フロイトは無意識を科学の枠組みのなかに捉え直すことを夢み、いわば無意識を意識の水準に取り込もうとしていた。そして、多くの自然科学者が今もなお行っているように、際限なく、次々と現れる謎を追究し、解明し、知を増やしていく科学のディスクール（それはヒステリー者のディスクールでもある）に留まることもできたはずである。しかし、フロイトは「シニフィアンの効果を受け入れ」、その結果、ヒステリー者のディスクールの各要素が右に一つずつずれ、右に四分の一回転することで、分析者のディスクールへと至ることができた。

　フロイトはあきらかな意図をもってそうしたと言えるだろうか。おそらくそうではない。なぜなら、もしそうであれば、フロイトは自身の歩みをコペルニクスになぞらえなかったであろうからである。そのフロイトが精神分析のディスクールへとディスクールを変換させることができたのは、シニフィアンの効果を否応なしに受け入れざるを得なくなったからだと言える。そのことがラカンの問題提起であり、まさに無意識とはなにか、無意識が呈示することは何かということの説明にもなっている。無意識が無意識としてあるのは、フロイトが分析者のディスクールにまで到達したからに他ならない。

　いくらか皮肉なニュアンスをこめて、ラカンは、地動説という仮説にとって重要であったのは、それが、回るということから始まったということであり、そのためには、アリストテレスがそうしたように、不動の中心を想定しなければならなかったと説明する。この点においては、ひとはプトレマイオス以来同じ道筋にあり、中心が地球であろうと太陽であろうと、ひとつの中心があるということに変わりはなく、この点でコペルニクスはいささかも革命的ではない。

　問題は、中心というシニフィアンである。それは、中心があって、そこに主体が位置づけられ、そのまわりに世界が存在するということで、ヒステリー者のディスクールから出ていない。このシニフィアンがあるかぎり、「とりわけ完全に球状にとどまっている世界観を切り崩すことはできないでしょう。

シニフィエは自身の中心を見出し、みなさんはその中心においてシニフィエを捉えるのです」。

それでもコペルニクスに意味がないわけではない。コペルニクスの価値は、中心の移動ではなく、物事が回転するということを示した点にある。回転するおかげで、人間の営みは際限ないくり返しのなかに捉えられることになるが、じっさいには、そのくり返しがきりなくくり返されるだけということにはならない。「転覆は、それがじっさいにどこかに、いずれかの時点にあったというのであれば、それは（軌道を）回っているものの回転の中心を変えたということにではなく、「回転する」を「落下する」へと置き換えたことにあります」。それをもたらしたのがケプラーを経てニュートンに至る歩みである。

ケプラーはたしかに中心を二重化し、脱中心化という大きな展開を示したが、天体はそれでも、それが楕円軌道となったにせよ、回り続ける。ラカンは、「これはたしかに中心のイメージを矯正します。しかし「落下する」は何かに達しないかぎり転覆の重みをつかむことはありません」と述べ、決定的な転覆として、ニュートンの万有引力の公式を示す。

$$F = G\frac{Mm}{r^2}$$

この公式は力Fという概念を定義することで、二つの物体のあいだの関係を明らかにし、落ちるという新しい関係を示すものである。そして重要なことは、これが明らかに書かれたものであり、そこでこそ革命的転回が生じるということである。

「それは私たちを回転の想像的な、とはいえ、現実的なものの中に基礎づけられている機能から引き離すものなのです。分析的ディスクールとして現れるこの新しいディスクールの構成において生み出されるのは、出発がシニフィアンの機能によって捉えられるということです。それはシニフィアンがそのシニフィエとしての効果からもたらすものが、出来事自体を体験することを通して受け入れられるということとはまったく別のことなのです」。

最後の文から、ここで扱われていることが、シニフィアンと、言葉の意味として受けとられるようなシニフィエとの関係ではないのが分かるだろう。

そうであれば、その前の文は、シニフィアンが何かを（シニフィエとして）指し示すということなく、何かを捉えるということになる。それが書かれたもの、文字とシニフィアンの関係であり、文字はここでは何も意味しない。落ちていく先は何も意味しない文字へであり、しかし、文字に向かって落ち、文字に到達するということで、通常のディスクール (discours courant)、たんに回転するだけのレコードを止め、その切れ目において、シニフィアンがそこにおいて出会うとでも言うべきであろう。このように、文字はただ読まれるのである。文字には意味がないので、そこで出会うシニフィアンにはなんら制限はない。どのようなシニフィアンと遭遇するかは偶然に任されている。ソシュールがシニフィアンの恣意性を偶然のカテゴリーに置き換えるということには、そのような意味が含まれている。そして、そのように読まれることで、そのつど語る主体として、主体が表象されることになるのである。

　シニフィエの効果が、中心を想定した世界観とでも言うべき構造化を作りあげた。そこでは世界と存在は此岸と彼岸の関係にあり、ぴったりと対応し、世界は、いささかの亀裂も含まない、充実した十全の全体とみなすことができよう。ところが、この世界は「ひとつの考え方、……ひとつの見方、ひとつの眼差し、想像的なものに捕われたあるひとつの状態にとどまっています。奇妙なものが残されるのはこのためです。つまり、この世界の一員である何者かには始めからこのような世界の認識をもつ能力があると想定されているのです」。というのも、この何者かの Un、この一人の認識者、ここでは大文字で示された〈一〉が外在するものとしてあるのでなければ、世界を認識することはあり得ないからである。フロイトがベルネームのもとで、そっと独りごちた「クリストフはキリストを背負い、／キリストは全世界を背負った。／それでは言ってごらん。／クリストフはどこに足を据えたか。」という謎々のように、認識する主体は世界のどこにいるのだろうか。ひとつの十全たる世界というものを認めることの難点はそこにある。分析のディスクールは、そうした世界観を打破するものであり、他方、哲学のディスクールとしてのランガージュは、「存在の機能のしみ込んでいる、実体と想定したもののなかへとふたたび滑り込んでいくことしかできないのです」。後者から抜け落ちているのは語るものの存在、語るという行為であり、そのため主体が存在し、外

在して、それが語るのである。

〈3〉

　ラカンは、こうして自然科学の歩みを辿りながら、それをディスクールの変遷と捉え、その契機、その変遷にともなって現れる認識上の破れ、裂け目とでも呼ぶべきものを示してきた。そのような裂け目の存在を示しえたのが分析者のディスクールであり、このディスクールにおいて行われるのは、裂け目や不連続を作り出すものをいったん壊し、向きを変え、あらためて一つの固有な湾曲として捉え直すという作業である。この裂け目、不連続を作り出すものを直示的に示すことはできない。それは日常的なディスクールがあってはじめて描き出されるもので、磁場を磁力線で描写することを考えてみるとよいだろう。一定の磁場があって、そこに何らかの別の要素がかかわったとき、磁力線が描くイメージは歪められる。その歪みがそれまでの日常のディスクールにとっての裂け目を示すことになり、そのような歪みのあることが、磁場そのものを変化させる何かがあるということを示している。ディスクールにおいては、歪んだ磁力線がララングであり、その歪みをもたらしたものが文字ということになる。文字は、想像的な要素をおびた現実らしさの意味はまったくない、たんに純然たる書かれたものとして示される。何の意味もない文字が、読まれることで、あたかも現実的な意味を表しているような効果をもつようになることに、同時にそのような意味をもたないものがあるのを示すことに、ディスクールにおいて文字のもつ意味がある。「数学による文字の用い方以上に、分析者のディスクールの地平をよりよく構成するものはないように思われます」。
　さらに文法についてふれ、「文字はディスクールにおいて……文法と呼ばれるものを露わに」するが、それは「書かれたものにおいてしか、ランガージュから現れてこない」のであり、「ランガージュを越えたところに生まれる、文字のこの効果、それはエクリチュールにのみ支えられていることから生じているのです」と言う。

第2講で、「ディスクールという考えは社会的絆と捉えられるべきもので、ランガージュのもとに基礎づけられるもの」と説明されているので、この「ランガージュを越えたところ」は、ここでは、ディスクールとは別のところ、話される言葉とは別のところ、という意味に理解できる。つまり、語られるシニフィアンと書かれたものはそれぞれ別の領域に、前者は象徴界に、後者は現実界に位置づけられると見てよいだろう。
　書かれたものは、ディスクールと違って、その発信者とそれが向かう相手との関係が曖昧である。いったん書かれたものは、それが誰から誰に対して発せられたのかが、それ自体としては分からない。読み手は、それがもともと書かれた状況、意図、その文脈、関係性等とは無関係に読むことになる。したがって、例えば直接目的補語の性別に合わせて過去分詞に〈e〉をつけるか、つけないかなどの文法規則は、そうした状況などをある程度反映させるものと言えよう。文字はそれが誰にも向けられない（あるいは誰にでも向けられている）がゆえに、そこに文法が現れると考えられるのである。
　他方、ディスクールはつねに他者に向けられている（四つのディスクールの右上の場所は「（大）他者」である）。むしろ、他者がいなければディスクールは成立しないというべきであろう。ディスクールとは、他者に語ることで、社会的な絆というもののなかで、語る主体がみずからのあり方、語り方を定めていく、そのような行為である。書かれたものは読まれる。しかし、ディスクールとして他者に語られるのでなければ、この書かれたものは読む主体にとってなんら意味をなすこともなく、それでは読まれたということにならないだろう。この読まれるときに主体に読み方を課してくるもの、それが文法であり、そのとき読む主体は、突きつめていえば、自分が男であるか、女であるかによって読み方を選ばざるをえなくなる。書かれたものは、そのように現れる。
　書かれたものを梃子(てこ)にして、主体はランガージュの効果のもとで、自分を分節する (s'articuler)。この「自分を分節する」は、ここでは、自分自身をそれとして、他のものとの関係のなかではっきりと言い表し、示すという意味と捉えておこう。つまり、「自分は〜である」と言うこと、みずからをそれとして何ものかに対して言い、示すことである。そうすることで、語る主体と、

そのように呈示されたものとが、こちら側とあちら側という形で示されることになる。ここで気をつけなければならないのは、ある主体があって、それが語ることで分裂するのではなく、言い示すこと自体でこの二つが、以前の言い回しを使えば、言表の主体と言表行為の主体が分裂しているという様態で現れるということである。ただし、主体の「存在」は、やはりそれとしては捉えられることはない。「ランガージュは私たちに存在を課してくる」のであり、こうして、ラカンは言葉と存在の関係、語るという行為と存在のあいだの問題へと進んでいく。

　先に、条件法における半過去の形で、存在しようとしていた、したがって存在したのかどうか分からないという、存在の捉えどころのなさが取りあげられていた。われわれは存在をそれ自体として捉えることができず、その代わりに par-être で捉えるのだとラカンは言う。par-être は、言うまでもなくラカンの造語だが、それを言いかえて、補助的存在（l'être para）、脇の存在（l'être à côté）と説明している。もちろん音的には、外観（paraître）と通じているが、この点については、「外観とは言っていません」と、わざわざ断っている。

　なぜなら、「外観は、ずっと以前から言われてきたように、現象（phénomène）、その向こう側にもの（chose）、ヌーメノンがあるかもしれないもの」で、翻って、感覚的、認識的に理性によって経験的に把握できるものとして現れるのが現象であり、外観だからである。カントは、大雑把に言ってしまえば、物自体を感覚によってはけっして経験できないものとして認識の埒外におくことで、世界を経験的に関知できない層と関知できる層に二重化した。それによって大陸合理論と経験論の対立点を吸収する、ないし、ずらすことで、両者を統合しようとしたのである。それは、いわば、見えないものは見えないと主張することで論点を隠しただけの「混濁化」と言うべきもので、この点においては、ラカンはカントと一線を画している。

　ラカンは存在をランガージュと結びつけ、存在（l'être）という語が、そもそも動詞の「ある（être）」から発したものだという点に論拠をおく。この「ある」は何らかの行為を示す一般動詞とは異なり、繋辞と呼ばれる。繋辞とは、論理学で命題の主語（主辞）と述語（賓辞）とを文字通りつなぎ、両者の関係

を示すだけの語に過ぎない。それが述語が省略されることで、主語自体が「ある」と使われるようになった。

ラカンがそれにわざわざ par- をつけているのは、もちろん前述のようにカントとの差異化もあろうが、フランス語の前置詞である par が、「〜によって」、「〜を通して」という意味をもつことから、「être によって」、「être を通して」、「繋辞によって」の意味を込めてのことであろう。それを活用させることで、「je は suis によって表され」、「tu は es によって表される」。存在がそれとして示されることがない以上、何かを媒介としてその何かが示されることで、その何かの存在が現れる。その何かはたしかに「存在する」ので、補助的な、あるいは脇の存在と呼ぶことができるだろう。しかし、それは、その何かが存在して、それが現れてくるというのではない。それは、書かれたものがその効果を示す形でしか、語る行為としてのランガージュにかかわれないが、書かれたものがなければ、ランガージュはその効果を示しようがないというのと同じ関係である。「存在が提示されるのは、それはいつでも par-être から提示されるのですが、書かれたものの効果として述べられるに至るもの全体の諸矛盾が吹き出してくるのと同じ点においてなのです」。

こうして現れてくる何かをシニフィアンとするならば、それを現してくる par-être はシニフィアンの向こう側にあり、こちら側には存在が想定される。ラカンはシニフィアンを介在させることで、存在の現れとしての par-être の次元を切り開き、その影とでもいう形で存在の次元を確保する。しかし、それは m'être として私をあらしめる主人のディスクールとは異なり、S としての主体を設立するディスクールである。そこでは存在の境域が逆転した関係になっており、主人のディスクールが、ディスクールの効果として存在を示し、それがあたかも、存在があってそこから現象が生じるかのようにふるまうようになるのに対し、後者では、存在はせいぜい、他者の場所に私を S として設立したときに見かけの位置を占めるだけで、主人のディスクールにおけるような固定化を免れ続ける。

このような par-être との関係から見たときに、存在しないかぎりでの性関係を補填するものは何か。ラカンは、「性関係を補填するもの、それこそが愛です」と言う。そこには、存在の水準における愛と par-être の水準における

愛という、二通りのあり様がある。

　ラカンは、はじめに存在の水準における愛について、神という言葉から説明する。しかし、神に存在の根拠のような意味を求めていないとは言えないまでも、単純にそのようなものとしての神を愛の根拠におくことはしない。真理の場所としての大他者を、その唯一の場所として取りあげ、それに神という名前をあてることで、「神」を「まさしく場所であり、……言うこと (le dire) が生じる場所」として示すのである。

　この「唯一の」という形容詞は、「そうとしか言いようがない」の意と補足されているが、それは論理的、演繹的に説明ができないという意味と解釈できる。ひとの「言う」という行為が、他者に向かってなされるのであれば、その他者はそこに「ある」のでなければならない。何であれ、それがいかにつまらぬことであろうと、言われる以上、それは「神」を生むことになる。「言うことは神を作り出します。それで、何かが語られているかぎり、神という仮定はそこにあることになります」。

　しかしそれは、ひとが神以外のことを言う場合に限られる。なぜなら、神について言うとき、その言う行為は神以外の他者に向けられことになり、つまりはそのひとが神の存在を信じていないということになるからである。「そういうわけで、詰まるところ、神学者、すなわち神について語る人々以外に、真実無神論的であるものはあり得ないということになります」。さらに言えば、神について語るということは、神を対象化することで、このとき、神は他の諸々の存在物と同列に扱われるようになり、存在の根拠としては力を失う。　このとき、神学者たちは神に取って代わろうとしているのである。

　存在の根拠としての神は、ひとが語るかぎりにおいて現れるが、その神は語られることがなく、ひとは神を対象として直接的に捉えることはできない。ただ存在について語られたことについて語る以外にはないのである。「あたかも、かつてこの神がじっさいに何らかの現れを示したかのように、何ともしれない恐怖という名のもとに腕で頭を抱え込んでしまうのでなければ、存在については他にどうしようもありません。反対に、直ちに神を大他者という形で存続させるということなしには、何であれ言うことはできません」。

　言葉を介して世界に接し、また世界を構成する人間は、その世界を支える

存在に対して、その唯一の道具たる言葉を捨て、ただひたすらに沈黙を守ってひれ伏すか、その存在そのものを具現する存在者である神以外のことについて語り続けるしかない。そのいずれを選ぼうとも、存在における愛が、存在そのものとの、あるいは神との一致、合一であるとするならば、愛には必ず、言葉と存在とのあいだの不一致として示される亀裂が残されるのである。

引き続いて、ラカンは「歴史 Histoire」を取りあげる。この「歴史」は、「何であれ意味があるという考えを、私たちにもたらすべく作られています」。つまり、出来事を生きた個々の主体にとっての体験の集積としてではなく、ある歴史が示そうとしている何らかの意味として捉えるのである。それは発達や発展という概念に沿ったものかもしれないが、そのような何らかの方向性に沿って布置された、脱主体化された出来事、物語としての出来事とでも言うべきものの連なりである。

精神分析は、ある他者の言うことに耳を傾けることから始まる。それは意味が満たされたことを聞くのではなく、その他者が「ベティーズ、困惑、妨げ、動揺を私たちに語る」のに耳を傾け、そこに何かを、「言うことの効果」を聞きとるのである。その効果は、語る存在が揺り動かされることに他ならず、くるくると回り続ける日常のディスクールが回ることをやめて、何かしらに向かって落ちていき、そこで文字に出会い、それを読むことで、他者のなかに、愛の感情に、ある空隙を見いだす。そこに「ちょっとした命の影」を与え、補うことで、一瞬口を開いた意味の断絶を閉ざし、しかし、それはけっして十全に満たされ続けるものではないので、再び同じように口が開き、くり返される、そういうことがつねに、昔も今もなお続いているのである。したがって、西欧的な意味での過去から未来へと一方向に進む時間軸に沿って築かれる歴史とはまったく相容れようのない考え方となる。

しかし、同時に、じっさいの人間の営みにおいては、上述のような「歴史」が形作られているわけで、そのためには、ひとの何らかの行為はそのつど何かに到達し、それが何かの「役に立つ」必要がある。つまり、ひとは意味の断絶に、無意味に直面し、それを前にして、それゆえに何事かを言わざるを得ず、それゆえに揺り動かされるものの、それがなんらかの、さしあたっての帰結に到達することで、何かの役に立っていることが必要となるのである。そ

第4講　愛とシニフィアン

れは最終的には語る存在であるわれわれが、「不器用にぎごちなくですが、いわゆる愛の感情にちょっとした命の影を与えにやってくることに、役立つ」こととなり、「それは、この感情を媒介として、ついには——こうしたことのすべてにかんして、教会の建前に従って用心深く身を処してきたひとたちが大変よくおわかりになったように——身体の繁殖に至るのです」。

　カトリックでは、新しい生命の誕生に貢献することにより「神の父性」にあずかるとされる。この教会の教義を動因の場所においた主人のディスクールにおいて、S_2 として紡ぎ出されたものから逃れいく a がある。それは生産物として生じてくることになるが、それを具現化したものとして身体の再生産に至ると考えることはできよう。しかし、われわれに身体として捉えられるのは、ランガージュの洗礼を受けた、par-être を介したものとしての身体である。存在と par-être の関係はすでに示したとおりで、そのかぎりにおいて、存在の水準で捉えようとしては逃げていく身体がある。a が生産物の場で生み出されるというのは、S_2 から逃れ行くものがあるということに他ならないが、その捉ええないものを存在と考えるように仕向けるのである。このように身体と存在は、ラカンにおいて密接に関係し合っているように思われるが、ここではランガージュと身体、ランガージュと存在の関係を指摘していることを確認するにとどめておく。

　ところで、ランガージュは、このように身体の再生産へと人間を導くだけではない。a として生産物の場で生み出されるのは、S_2 から逃れ行くものがあるということを意味し、そうであるならば、a を生産物の場所に生み出し続けるために、歴史であれ、身体であれ、現れとして生み出されるということは理解できる。それでは、生産物の場所を S_2 が占めるヒステリー者のディスクールとの違いはどこに認められるのだろうか。それは、ひとつのディスクールの限界において、あるディスクールが別のディスクールに移り変わっていくという運動のなかに示される。それゆえ、この二つのディスクールの違いに、ランガージュの別の効果が認められる。それが書かれたもの (l'écrit) であり、ラカンの話は、そこから文字と〈一〉をめぐって展開していく。

83

〈4〉

「書かれたものについては、ランガージュが実在して以来、私たちはさまざまに違った風に見てきました。書かれるもの、それは文字です。そして文字はいつでも同じやり方で作られているわけではありません」。

ラカンはこのように言う。書かれたもの（l'écrit）と書かれるもの（ce qui s'écrit）、この二つのあいだに違いがあるのだろうか。最初の一文は、書かれたものがランガージュが実在する以前にあると言っているようにも解釈できる。文字は、ce qui s'écrit と、わざわざ再帰形をとって言い表されている。つまり、受身的に訳せば「書かれるもの」となるが、「みずからを書き込むもの」という意味である。書かれたものがランガージュに先立ってあるとすれば、それはラカンがいつも主張していることに反してはいないだろうか。

ここでは、書かれたものはランガージュに先立って存在する。しかし、あえて言うならば、それは文字ではない。文字と書かれたものの違いを、文字がみずからを書き込むのに対し、書かれたものは誰かが書いたものである、と解釈しておこう。この場合、誰かが書いたものは、あるランガージュを行使する主体にとって、ランガージュがじっさいに用いられる（それが「実在する」の意味である）ときにはじめて、その主体に対し現れる。そうであれば、ランガージュによってその書かれたものが読まれないかぎり、それはないのと変わりはない。それは、ある人が山を見て、人の顔に喩えたにせよ、その山はこの人物の登場以前からそこにあったということと同じである。主体にとって、山がそのように存在していようといまいとどうでもよいことで、書かれたものが主体に対して現れるのは、いつでも文字としてであると言うことができよう。そのように考えれば、両者を区別することはあまり意味がない。しかし、文字がみずからを書き込むということは、ランガージュの能動性を保ち、文字のもつ、ディスクールの効果という側面をより直接的に示すものと言えるのではないだろうか。

そうであればこそ、ラカンは、マヤやアステカの絵文字、さらに遡ってマス・ダジールの礫（フランス、ピレネー地方の旧石器時代の遺跡で発見された細石器。赤色顔料で模様が描かれている）がどのように使われてきたのか

第4講　愛とシニフィアン

を、歴史的に探究しないようにと注意を促す。先に歴史について批判的にふれていることが、ここでもくり返されている。これらの文字が「歴史的に」取り扱えるのは、文字の背後にものが存在し、それらがある意味をもって連なってきたという想定がなされていればこそである。文字はそのように扱うべきではなく、数学的に、集合論的に扱わねばならない。

　ここで、ある集合を成り立たせるには、何かひとつの要素を排除する必要があるということを思いおこそう。ラカンは、文字Aについて、聖書（Bible）はBという文字から始まることで、わざわざそれを自分に残しておいてくれたと言って、真理の場所としてのAについて語り、そうすることで〈一〉を議論のなかに引き入れる。それも〈一〉にまつわる直観、融合、そしてこのセミネールの中心的な主題のひとつでもある愛、そういったものからいったん切り離して、集合論の観点から〈一〉を捉え直す。

　「私たちは一でしかありません（Nous ne sommes qu'un.）」。ラカンは、この「私たち（nous）」を、心、精神、知性等を意味するギリシャ語のヌース（νοῦς）に掛けて、「ヌースは一に他ならない」という意味を重ねている。このとき、ラカンの念頭にあるのはパルメニデスであろう。パルメニデスは、思考することと存在することは同じだと考えた。

　じっさいに「私たち」を構成する二人の人間が一つになるということはない。しかし、それでも一つであると言うことで、実はそこに不一致が生じ、それを補完することができるかのように、愛の観念が現れてくる。それが、あたかも性関係が成立するかのようにひとを誘うのである。この点において、思考することと存在することが一致することを想定しているヌースは、じっさいにはつねに不調和を伴いつつしか現れない。「老フロイトが道を開いたのがそういうことにおいてであると気づき始める、それが叡智の始まりというものでしょう」。ラカンはそこから始めるが、もし愛が〈一〉にかかわるのであれば、愛はつまるところ、フロイトが自己愛として示したものに帰着する。しかし、それではどのようにして他者に対する愛が生ずるのか。そこにパルメニデスとラカンの違いがある。

　〈一〉が論じられるとき、〈一〉は、まず論じている自分が〈一〉として存在していると思っていることから始まる。その自分という〈一〉は、それぞれ論

じているひとの分だけあることになり、その各々は少しも似ていないことでお互いを特徴づける。パルメニデスの最初の仮定「もし一つであるなら、その一なるものは多ではありえないのではないか」が問題になる。

ここでラカンはブルバキの集合概念を援用する。ラカン自身の説明によれば、集合として取り扱うということは「お互いのあいだに厳密な意味で何ら関係がないものの代わりに〈一〉について語るようにする。思惟の対象を、よく言われるように、世界の対象を、ひとまとめに扱い、各々を〈一〉とする。絶対的に不調和なものを取りまとめ（assembler）、この取りまとめたものを一つの文字で指し示すようにする」ということである。ラカンは、ここで「取りまとめたものを文字で指し示す」という点に異議を申し立て、文字は集合論でいうアサンブラージュそのもののように働いていると注意を促す。

アサンブラージュは、個々の要素をそれぞれに個別なものとなし、一つの要素を取りだし、それではないものとして他の要素を取りまとめることで、ひとつの集合を構成することである。それを文字に当てはめると、aという文字は、それが取りだされること自体で、a以外の文字の集合を生じる。このときaという文字は集合の要素からは除外されているが、その集合を示す文字として現れている。その全体を見れば、〈一〉− a + a =〈一〉となる。したがって、文字aは全体としての〈一〉であり、他の文字、bもcも同様であるので、多数の〈一〉があることになる。アサンブラージュは、このような「含まれつつ出ている」としか言いようのないひとつの要素とその全体との、構造的関係を指し示しているものと見ることができよう。主体は、それ自身が全体から抜け出しつつ、その全体のなかに含まれるという不安定なあり方を示すのである。

そして、このような構造として、「のように（comme）」の意味に注意を促しつつ、「無意識はランガージュのように構造化されている」では隠れていた、無意識と主体との関係をより明確に表そうとする。「無意識は、集合論で取り扱われるアサンブラージュが文字のようであるように、構造化されています」。

精神分析家にとって、ランガージュとは、書かれることのない性関係、その不在を補填するものである。この不在、断絶に直面するとき、語る主体は文字しか読まないということが、数学的な意味での文字の働きに忠実である

ことが求められる。そうすることが、分析者のディスクールが他の三つのディスクールを支え、補うに足るだけの効果をもつということに通じているのである。

例えば、大学人のディスクールを見てみよう。これは、知が「見かけ（semblant）の専制的な状況のなかで示される」ディスクールである。見かけとは、ディスクールの説明における左上の場所で、最初の説明では動因とされていた。大学人のディスクールはそこに知である S_2 がおかれることから始まる。このとき、知は存在とぴたりと対応し、一致するかのように、すなわち性関係が不在という亀裂の存在を隠すように働く。「このディスクールが 性教育を広めることになっている以上、uni-vers-Cythère（シテール島に向けて一つに結ばれた）と書かれなければなりません」。これは、「大学人の」に当たる universitaire という語の音を利用した言葉遊びで、シテール島とは、男性が求める対象であるヴィーナスの誕生の地である。そこに向かってひとつに結ばれるというこのディスクールは、性関係が成立するかのような幻想を作りだし、性教育を広めるディスクールとなるのである。しかし、このディスクールには限界があり、知によっては拾いつくされなかった最後の問いへの応答として、生産物としての主体（$\cancel{S}$）が生み出される。「結局のところ誰が知っているのでしょう」。

知と存在が、言葉とものとが一致する範囲を超えたところに生じる主体、それはどのようなものなのか。それを問うことになるのが分析者のディスクールであり、そのとき、見かけであり、動因である場を占めにくるのが、今度は a となる。

ここでラカンは、『エクリ』のなかの論文「論理的時間と予期される確実性の断言」についてふれる。これは、三人の囚人が一定の条件下で、自分の背中につけられた円盤が白黒のいずれであるかを、推論し、当てなければならないという一種のゲームについての論文である。形式論理的には、三すくみになって結論を出せない状況のなか、この三人は間主観性という状況において、三人同時にという形で、みごとに自分の円盤の色を言い当てる。そのさい、性急さという契機が大きな役割をはたすのだが、この性急さを基礎づけているのが対象 a であると、ラカンは言う。

この三人の主体は等価ではなく、ある主体にとって、自身は「他の主体のなかの一人であるということではなく、他の二人に対して、その二人の思考の賭け金である一人の主体」である。もし、個々の主体がそれぞれ十全な存在である〈一〉としているのであれば、そもそも間主観的な状況は成立しない。お互いにとって他者なる存在者はいないからである。ここでは、自分自身のうちに、自分が何色なのか分からないという不可知な部分があるため、それぞれの主体は〈一〉ではない。その不可知な、みずからに欠けた部分を埋めてくれるものが対象aであり、それが自分の手元にない以上、それがあるのは他者のもとにということになる。主体は、残りの二人が自分と同じように欲望する主体であると、つまり自分の背中の円盤の色を知りたがっている主体であると想定して、みずからをその対象aとして位置づける。この三つ組みにおいて、各々の主体は、他者の眼差しのもとで主体がそれである対象aとしてしかかかわらず、その結果、「彼らは三人いますが、じっさいのところ、彼らは二人プラスa」となる。

　他方、いま他の主体を見ている主体（かりに主体Aとしておく）にとって、残り二つの主体は等価ではない。もしそうであれば、それは二人とも自分が何色かを知っているか、もしくは二人とも（したがって、三人とも）自分が何色か知らないかの二通りとなる。前者であれば、主体Aにとっては、自分を対象aとおくこと自体が成立していない状況になっており、そもそもこのゲームが成立していない。後者であれば、三人が三人とも同じように欠けているという、これもまた三すくみになって身動きできない状況となってしまう。そこで、主体Aは自分に対峙している他の二人の主体を不均衡なペアに、一方を他の主体にとっての自分と同じく、自身にとっての対象aとして見出すと同時に、他方を、じっさいにそうであるかどうかは別として、自分が何色かを知っている存在として位置づける。こうして本来二つの〈一〉であってもよかった二人の主体は、「ひとつの〈一〉プラスaに帰されます」。

　あえてこのように位置づけることで、主体は、もうひとつの対象aとしての主体が、この間主観的状況のなかでどのようにふるまうのかを見て、自分が残った一人、主体Aがその色を見てとることができる主体と同じであると結論づけることができるのである。とはいえ、直接に自分の色を知るという

第4講　愛とシニフィアン

わけではなく、「黒でなければ白」という、より厳密に言えば「白でないものでなければ白」という形で断言することをよぎなくされている、そのような性急さのなかで知ることができるのである。性急さのなかで出口に達することができるものが働くのは、小文字の a によって、他の二つの主体が〈一〉プラス a として捉えられるかぎりにおいてである。

　主体はみずからを対象 a としたのだが、この a をラカンは黄金数として示す。それは、みずから知る対象である自分自身（a）が、他のふたり（$1+a$）に対してそれとして（1として）現れているという状況を、$a=1/1+a$ という方程式として表したときの正の解が黄金数だからである。この黄金数という無理数で示された対象 a である主体Aは、他に自分が何でありうるのかを知らないので、自分の眼前にある〈一〉なる白としてしか、整数としてしか自己規定することができない。この点に注目すると、性急さというのは、早く結論を出さざるを得ないという時間的な要素とともに、無理やり整数化するという意味も含めてのことと理解しなければならない。

　「この同一化は三人組となることで生じますが、それはいかなる場合でも、二つの主体はそのまま支えと見なされることがないということに基づいています」。二者関係は、いつでも一方と他方とに分極化され、同じ二つの主体とはならない。何かを一つ数えれば、それ自体でないものは「別の」何かと言わなければならず、そのあいだには、何かが取り残されている。一方（l'un）と他方（l'autre）と対置できること自体、「〈一〉と大他者の関係の不適合」を露わにし、そこにはけっして消し去れない何かがあることを示している。〈一〉と小文字の a があり、大他者が「他」である以上、「大他者は、いかなる場合にでも、ひとつの〈一〉と見なされることにはならないでしょう」。この小文字の a の存在が措定されるとき、三つ組みの同一化の関係が成立するが、そのとき〈一〉に向かう道はある意味において閉ざされる。「書かれたものにおいて、なにか荒々しいものが働いて、望まれるだけの一人ひとりが（それぞれ）一人と見なされるかぎりで、そのことで現れてくる（それぞれの）袋小路はそれ自体で、私たちにとって、存在に近づける道であり、この存在の機能を愛におけるものと限定しているのです」。

　書かれたもの、文字の水準で、主体は個別のものとして、数えられる〈一〉

89

として、それも複数の〈一〉として措定される。それは同時に対象 a の介在をよぎなくするものでもある。〈一〉になろうとしつつ、それが果たせず、また、個々の主体が、同じでありながら個別であるという形で、みずからを引き受けようとしつつ、それを引き受けきることはできないという、愛と存在のジレンマを言い表したものと理解できる。

　ラカンは、最後に記号とシニフィアンの関係にふれる。シニフィアンは、ラカンによって「主体を別のシニフィアンに表象する」と定義された。そのシニフィアンから記号がどのように分かれてくるのだろうか。

　「火のないところに煙は立たない」は、慣用的には因果関係の存在を示唆する言い回しだが、それは火が燃えていれば煙が出るという前提のうえで、煙が火そのものに代わって火の存在を表す記号となっていることに基づいている。しかし、同じように考えて、煙を喫煙者の記号と主張することもできるだろう。あるものが別の何かを表すものという記号の定義では、そういうことになる。

　ラカンは一歩先に進める。無人島の煙を見ると、そこに火がある、火が燃えているという意味にとる代わりに、そこに「誰かがいる」と口にするということを引き合いに出し、記号は何かに替わるものではなく、「それ自体シニフィアンの働きだと想定されているものであるものの記号」であり、この効果を認めることが分析の始まり、すなわち主体であるとする。

　この主体（S）はシニフィアンの連鎖のなかに滑り込んでいく。それはシニフィアンの連鎖が連鎖として、それぞれ別々の要素の関係として作りあげられるために不可欠の効果であるが、結びつけていくというよりも、むしろ連鎖の一つ一つの要素として切り離している働きの方が重要である。それは同時に、性急さを梃子に、世界のなかに主体として足場を築くこと、一個の存在としてみずからを措定する働きにかかわることであり、その結果、主体は数を数えることができるようになり、無理数の主体たる対象 a を、ひとつと数えるようになることで、〈一〉が導入されるのである。「それとしてのシニフィアン、すなわちシニフィアンがその効果であるシニフィエとは分けて考えられる以外に、私たちは〈一〉が世界に導入されるような支えを知りません」。

〈一〉が導入されることで愛が生じ、「愛において目指されているもの、それがそのような主体、言明された文において、何か生涯を通して整序される、あるいは整序されうるものにおいて想定されている主体」、すなわち整数として、〈一〉としての主体である。そのため、「主体は、そのような主体であれば、それが享楽とかかわることはたいしてありません。そうではなく、欲望を引き起こしうるのはその記号です。そこに愛の原動力があります」。〈一〉であるかぎりで、主体が何かを享楽する必要はない。記号とは象徴的なものと現実的なものが離接的に結びつけられていることであれば、主体が記号として示されることは、対象 a が介在するということであり、〈一〉プラス a という形で示される領域が、しかし〈一〉にとっては a があることで〈一〉の完全性は損なわれるので、愛と享楽の場となる。愛と性的享楽がどのように結びつくのかを、この先見ていくことになる。

第5講　アリストテレスとフロイト

　「語る存在のすべての欲求は、それに別の満足がともなっているという事実によって汚染されている。欲求には、別の満足を実現させるのに欠けたところがある」。ラカンは、この日の朝、目覚めたとき、上の文を聴講生にメモしてもらおうとノートに書き記しておきましたと言って、講義をはじめた。
　欲求（besoins, needs）は、通常、呼吸する、食べる、排泄する、性交するなど、生物が個体の生命維持と種の保存に必要なものを求める状態で、それが満たされると、そのつど満足感として体験されるものである。しかし、その欲求は、別の満足とは区別されなくてはならない。語る存在には、ランガージュによって、別の満足感が必然的にともなうからである。それゆえ、「無意識はランガージュのように構造化されている」のであれば、別の満足は、当然ながら、無意識の水準における満足である。ラカンが、そのように言うことで取りあげようとしているのは、ここでも享楽であるが、別の満足は、他でもなく享楽に依存しているのであり、享楽も別の満足も、ともにランガージュに支えられているのである。

〈1〉

　ラカンは、ずっと以前のセミネール「精神分析の倫理」（1959-60）で、はじめに、アリストテレスの『ニコマコス倫理学』について話した。この日もふたたび、そこに戻る。
　彼は、ギリシャ語の原文はフランス語に翻訳できないとしながらも、ともかく、それは読めると言う。しかし、ギリシャ語なしに読めば、そこからさまざまの考えをめぐらすことができなくなり、結局、何も理解できないままになってしまう。

第5講　アリストテレスとフロイト

　とはいえ、第一巻、第一章のはじめの一節をフランス語に訳して聴かせる。「どのような術（1）も、どのような論究（2）も、行為（3）も選択（4）もみな同じように、或るひとつの善いものを目ざしていると考えられる」（岩波版、全集13）。そして、文中の（1）から（4）までの用語の相互関係に注意するよう促す。さらに、「それゆえ、或るひとびとが「善」を定義して、「ものみなの目ざすもの」と言い表したのは当っている」と続ける。「しかし」と、ここで出しぬけに、まるで思いがけない文句がやってくるのだが、それについては今までのところ議論がされていない。すなわち、「目的の間には明らかに或るひとつの差別がある」。
　引用文中の、（1）はテクネー、（2）はメトドス、（3）はプラクシス、（4）はプロアイレシスである。アリストテレスの邦訳者は、「論究は、術を生む端初として、術に付与され、選択は、行為を生む端初として、行為に付加される」とし、さらに、「そのようにして、人間の、人間としての行為にかかわるかぎりの四つのものが、すべて何らかの善いものに向かうことを述べて、この冒頭の一句は、善が人間の行為を人間の行為として成立させる、行為に内在する超越根拠であることを予示する」と注している。ちなみに、「善（アガトン）とは、ものみなの目ざすものである」という定義は、邦訳者によると、クニドスのエウドクソスから出て、そこでは「（こういう）万物の善への志向は人間のみならず、動物にも、植物にも、およそ生きとし生けるものに見られる根本志向として、宇宙論的な規模で語られている」と言う。
　しかし、そのあと「目的の間には明らかに或るひとつの差別がある」という文句が、まるで場違いに、思いがけずやってくるとは、どういう意味だろう。「目的」はテロス、それについては同じ注に、「必ずしも、意識的に定立された「目的」を言わない。何事であれ、それがそこで終わりに達する終極がテロスである」とある。その文句に続く、アリストテレスの邦訳文は、こうである、「すなわち、或る目的は活動（エネルゲイア）そのものであり、或る目的は活動とは別にある所産（成果）としての何ものかである。そして、目的が行為とは別の何ものかである場合には、所産（成果）は、本性上、活動よりも善いものである」。カッコ内の（成果）は、他の邦訳書（岩波文庫版）からの訳語である。目的、あるいは終極（テロス）は、活動そのものと活動の成果とに分かれ

る。終極に照らして、活動は、活動そのものと活動の成果とに分かれるが、そこに終極について、何か思いがけない差別が生まれる。

　ところで、ラカンが書きとめた冒頭の一節からすると、欲求は、アリストテレスの思想に由来し、別の満足は、精神分析の享楽につながるとされそうである。ところが、ラカンがここでアリストテレスに言及するのは、満足には別の満足がともない、享楽には別の享楽がともなうのを、すでにアリストテレスが見通していたからである。一見、アリストテレスの思想は、善と悪、正と不正、財と窮乏、幸と不幸などによって、快と不快として体験される人の欲求に対応しながら、善と幸福を終極の目標にした快の倫理学のモデルのようだが、それではテクストが書かれた言語と時代と文化の背景を無視することになり、ひいては人間と文化のかかわりそのものを考えないことになる。

　アリストテレスによれば、あらゆる技術や学問は、その外部に、それぞれの目的をもっているが、それらを実現しようとする行為は、それ自体のうちに目的をもっている。ラカンは、その行為、あるいは実践が倫理の前提として問われるべき中心の話題だと言うのである。そして、その前提は、すでにアリストテレスによってはっきり記されている。ただ、その後の人々が、善と悪、幸と不幸、それらの語を隔てているバーを乗り越えられないだけである。そのために、注釈者たちが「多くの苦労をするとしても、それはもっともです」。しかし、「アリストテレスには、思考を絶するものがあるなどと考える必要はまったくありません。ですから、私は、またそこに戻るつもりです」。

　活動そのものとか、それ自体のうちに目的をもつ行為などは、すべての活動やすべての行為、すなわち普遍的な活動や行為を表している。そして、ラカンは、その普遍的な活動と別の満足、そして享楽とを結びつけ、倫理の根本においている。すると、ランガージュにおいては、とくにアリストテレスの時代のギリシャ語においては、快と不快の二語を隔てるいまのバーが出現するのはもっともなように思われ、それがカントの普遍的法によって、バーが乗り越えられるまで、西欧の倫理思想では支配的だった。たんにその意味で、カントは、反アリストテレス的、反幸福主義的である。西欧では、それに享楽の普遍性を夢想するサドが続く。別の活動や享楽をランガージュと区

第5講　アリストテレスとフロイト

別するのは、ランガージュから文化と社会に目を向けるためである。文化と社会のなかで、話すひとを生みだすランガージュは、そうではあっても、普遍的な活動や行為そのものをカヴァーしていない。

「文化は、社会と区別されたものとしては存在しません。文化こそ、まさしくわれわれをしっかりつかんでいるのです」。精神分析は、分析者のディスクールと、個々のある時代の文化の背景が、その実践そのものを生みだすと主張する。だが、ラカンは文化についてまとまった話をすることはあまりない。しかし、ここでは平易に、文化について語っている。「われわれにとって、文化は、もはや背中についたノミやシラミのようなものでしかありません。ですから、われわれには、ただそれを駆除するより他に何もできないのです。私としては、皆さんがそれをそのままにしておくのをお勧めします。というのも、文化はちくちくと、むず痒くさせますし、眠りを覚ませてくれますから。文化は、皆さんのあとからくるひとたちが皆さんの文化と呼ぶような周りの環境のせいで、少々風通しの悪くなった皆さんの感情を目覚めさせてくれます。皆さんは、ずっと長いあいだ、その文化のもとで生きているでしょうから、あとからくるひとには、それが文化となるでしょうし、皆さんとともに、すべてが社会的絆（le lien social）となっているからです。つまるところ、あるのは、ただ社会的絆だけで、私としては、それをディスクールという用語で呼びます。ランガージュが、うようよと群がっているもの、すなわち話す存在に刻みこまれ、根を下ろすには、社会的絆がしっかりと確立しなくてはならないのに気がつけば、それをディスクールと呼んで区別するより仕方がありません」。

語る存在は、以前に語られたことと無関係ではいられない。別の満足も、アリストテレスから現れてくる。「われわれは、アリストテレスからはじめるのですが、そのディスクールも、また分かりにくいものです」。アリストテレスの時代に、彼が何を取りあげ、何を問題にし、何を追究していたか。彼の言ったことが人々を満足させたのだとしたら、それはこう言うより仕方がない。享楽には、何か足りないものがあるが、それはどこにあるのだろう。どうして、それほど気を揉ませるのだろう。「すると、皆さんは、もうお分かりでしょう。足りないもの、欠けているもの、何かうまくいかないものだ。そして、こん

なふうに始まるのです、善だ、幸福だ、Du bi, du bien, du benet（ア、ヨシャ、ヨシャ）」。善は、どうしても実現しない。幸福はどうしても手が届かない。それらは、何かうまくいかないもの、何かのしくじりをとおして言われており、そこで言われているのは、必ず失敗をもたらすバーであり、そのバーは、アリストテレスにとって、それまでの知の径路には書き込まれていなかったのである。

〈2〉

「現実は、享楽という装置によって切り開かれます」。ラカンは、これを聴講生に与える公式の一つだと言う。その装置とは、ランガージュであり、それによって話す存在に享楽が準備されるのである。

ラカンは、フロイトが快感原則について語ったことを、その公式によって訂正すると言い、すでにフロイトの死の欲動、快感原則の彼岸、ラカンの別の享楽、そして、とくに「無意識はランガージュのように構造化されている」、などによって訂正されていると言う。フロイトがこれまで誤解されてきたのは、彼が「発達」という観念の旧弊に陥ったからである。その内容は、maîtrise（習得、抑制、自己支配）という仮定された観念である。それが時間とともに生まれる。ここで、同じようにだいじなのは「現実」であるが、フロイトは、現実－自我の前に快感－自我があると言っている。幼児は、現実について何の観念ももたない、現実－自我を欠いた生きものであり、成長するにしたがって、しだいにそれをもつようになると言う。一方、フロイトは、面白いことに、大人になると夢から現実に目ざめることはけっしてないとも言っている。すなわち、大人たちは夢のなかで現実に近づく危険があるようなものに出会うと、それがあまりにも彼らを脅かすので、ただちに目覚めるようにうながされる。言いかえると、それ以上現実に近づかないために、はっと目ざめて、それから、ふたたび眠りにつく前の夢を見続けるのである。

精神分析で、ある過程について一次的とか、二次的とか言われるときも、やはりどちらが先かという考えに陥りやすいが、一次的だからといって、それ

が最初に現れるわけではない。「私については、赤ん坊を見たとき、赤ん坊にとって外界が存在しないなどという感想をもったことは、いちどもありません。赤ん坊は、外界しか見ていませんし、外界こそが赤ん坊を刺激していること、そして、まさにそれを、まだ話さない段階にふさわしいやり方でしていること、そういうことは、まったくもって明らかです」。幼児は、外界に少しずつ適応しながら、しだいに快感原則から現実原則に移っていくなどと考える必要はない。幼児は、ただちに、むしろ大人より全身的に、現実と向きあうのである。ラカンは、「発達は、maîtrise の発達と混同されています」と言って、時間が支配するという素朴な発達論的観点をしりぞけようとしている。

ラカンにとって、フロイトの現実はあくまで外界であるが、それをランガージュのゆきわたる人間の世界や、人間の生活する日常の現実、さらには慣習に支配された、いわゆる社会的現実に短絡させてしまったことが、理論の根底を蝕む結果になった。しかし、フロイトの所説にも、その理由の一端がある。彼が言う外界と現実には、話すひとのいる世界と、そこから峻別される現実とのあいだに、短絡と混同を許す曖昧さが残っている。

ところで、ラカンは、maîtrise（習得）を、その音声から、彼の造語した m'être（私を存在させる）と、さらには maître（主人）に近づけて話を進める。「私は、私を存在させる者である (m'être)。私は習得 (m'êtrise) によって向上する。私は、宇宙によってするように、私によって私を存在させる者である (m'être)」。「宇宙」は、コルネイユの四大悲劇中の「シンナ」からとった言葉で、最後の m'être は、そのせりふ「私は宇宙の支配者であるように、私の支配者 (maître) である」をもじって、「私を存在させる者 (m'être)」に、「私の支配者、主人 (maître)」をかけている。ラカンは、その宇宙を「修辞の花 (fleur de rhétorique)、美辞麗句」として、「古典の文学的響きは、自我 (moi) もまた、修辞の花でありうるのを分からせてくれるでしょう」と言う。すなわち、自我とは、「フロイトが快感原則と呼んだ植木鉢から育って、私が blablabla（くだらないおしゃべり）で満足しているものと定義したものです」。

そこにこそ、「無意識はランガージュのように構造化されている」とするゆえんがある。ラカンは、ここで「すべて」と「すべてではない」をとりあげ、そ

れらが二つの性において違った使われ方をするにつけても、つくづく、宇宙とは、そこで言うことが、何でも成功してしまう場所であると言う。とはいえ、いったい何が成功するのだろうか。「存在する」と「すべて」によって修辞の花を咲かせようとする男性のやり方が、性関係を実現させ損ねるのに成功するのである。

他方、女性についてはどうだろうか。修辞の花が咲いた、くだらないおしゃべりでは何でも成功するので、女性のやり方でも失敗は避けられない。つまり、性関係を実現させ損ねるには、「すべて」と「すべてではない」の二つのやり方があって、どちらも失敗するのに成功するわけだ。ラカンは、女性の「すべてではない」について、このときはミラノの集会のさいの体験を語っているが、あまり詳しくふれていないので、少し補ってみよう。男性と女性では、ものの言い方がちがう。ラカンは、そのちがいを、古典論理学のいわゆる「命題の対応関係」に照らして、その訂正をとおして語る。

「すべてのＳは、Ｐである」は、Ｓを定義する全称命題だが、それを否定するのは「すべてのＳはＰでない」である。一方、特称命題と言われる「あるＳは、Ｐである」は、日本語ではまわりくどい表現になるが、「ＰであるようなＳがある」という意味の、「Ｓがある」という存在にかかわる命題になり、それは定義ではない。そこで、命題は、全称的な普遍命題と特称的な存在命題に分けることができる。

ところで、アリストテレスの論理学では、全称の肯定命題を否定するのは、「すべてのＳは、Ｐでない」である。つまり、否定は属性を表す述語にかかわり、主語は全称のまま、変化しない。「ＰであるようなＳは、Ｓのすべてではない」とは、論理的に言えないとされるのである。しかし、全称のＳは、定義にかかわる命題を作るのだから、そこには、定義の問題である全称判断が、そのまま、それを有効にする存在が必然的にあるということが、何の検証もなく前提されていることになる。ラカンは、それに異議をとなえる。すなわち、何かを定義する普遍命題の主語Ｓは、何かがあることを示す存在命題のすべてに有効なわけではない。その結果として、全称肯定を否定する表現は「ＰであるのはＳのすべてではない」になる。

定義の問題は、また法の問題であるとも言える。男性は、それを「すべて

のひとは去勢の法に服さなくてはならない」と言う。ところが、その法を口にするひとは、どこにいるのか。定義も法も語られるものである。語られることと、語るひとを分けるのが、精神分析のはじまりである。男性は、その普遍命題としての法を語るひとを、父親の姿形をたよりに、あくまでも探そうとする。しかし、その普遍的な法は、存在命題のすべてに有効なわけではない。それは、女性の側のものの言い方によって明らかになるが、同時に、そのことは性関係がないのを示している。

　女性も、語るひととして、むろん去勢の法に服さなくてはならない。しかし、普遍命題を語るひととの関係は、男性と同じではない。定義や法は、ランガージュの問題であり、ひいては文化の問題である。しかし、目の前の他人から生まれる想像的な姿形をこえて、そのかなたにいるラカンの大他者は、とくに去勢の法を普遍命題として命じているわけではない。男性は、その大他者を、言うなれば性関係を実現する相手として何とかして探そうとしているが、女性はそうではない。一方で、去勢の法を受け入れながら、他方で、それを語るひとが例外的な存在であるのを認める必要もない。ここで「認める」と言うのは、想像する、あるいは幻想すると言いかえてもよいだろう。女性には、去勢されていない例外者を想像して、それに同一化する必然性がない。そこで、女性の側の特称肯定は、これも「あるＳは、Ｐである」というアリストテレスの対応関係に反して、「ＰでないようなＳはない」すなわち「去勢されてない人はいない」になるのである。

　こうしてみると、男性にとって、女性は性関係の相手として、とても手の届かない存在であり、それは十全性を示す母親の、性徴を欠いた「丸ごとの身体」であると同時に、裂け目と切断を示す対象 a でもある。女性にとっても、もちろん性関係は実現しない。しかし、女性は、ファルスの方へと向かい、その働きによって去勢されながらも、他方で、目の前の相手のかなたにいる大他者と直接に向き合っている。したがって、女性は、男性の現実的な身体に付着したペニスが、ファルスではないことを、すなわちファルスの享楽さえ実現させないことを知っているか、それを知る近くの場所にいる。だから、女性にとって、男性は数の問題ではないのである。

　ところが、ラカンは、ミラノで意外な経験をした。そこの人たちは、非常

に知的で、彼の話をよく理解しすぎたために、新聞のタイトルには、「ラカン博士にとって、婦人たちは存在しない！」と書かれたというのである。「じっさい、そうですね。もし性関係が存在しないなら、ご婦人たちはいませんね」。これは冗談ではなく、ラカンにとって、女性というものは存在しない。しかし、なかに非常に激高して、怒った女性がいた。その人は、当地の女性解放運動（ＭＬＦ）のメンバーだったが、その折は、この女性に「明日の朝、いらして下さいませんか。何が問題なのか、ご説明しましょう」と答えたらしい。

　どんな「すべて」も、「ある」をつくすことはない。快感原則の植木鉢で育った修辞の花は、どんな花であれ、無意識を生むランガージュには目を向けずに、blablablaで満足し、宇宙の支配者を夢みている。「すべて」は、男性が語り、男性はその幻想で生きているので、書かれることもやまないが、「すべてではない」は、女性から語られることが少ない、あるいは、まったくない。それには、これまでもふれてはきたが、十分な理由があろう。女性の精神分析家たちは、女性の性について、すべてを語らない。それはまったく驚くべきことだが、じっさいに、彼女たちは女性の性の問題を少しも前進させなかったのである。そこには、享楽の装置の構造につながる、何らかの内的な理由があるにちがいない。

〈3〉

　ラカンは、ミラノの体験から、彼が自分自身に対して提起した異議に戻る。すなわち、男性の側で性関係をしくじるのとは別の、もう一つのしくじり方があるということである。女性の側の「すべてではない」から、男性の「すっかり成功した」は、「すっかりは成功しなかった」と言うのを妨げはしない。全称肯定は、すっかり失敗するのに成功したのだが、全称否定は、失敗はしたが、その失敗はすっかり成功したわけではないと言う。どちらも性関係をしくじったのだが、「すべて」から「すべてではない」にいたるしくじりがどのようなものであるかを明らかにしなくてはならない。それには、「どうしてしくじるのかを、とことんくり返す」のがだいじである。

第5講　アリストテレスとフロイト

「それはしくじります。それは objectif です」。この objectif からは、そとにある何かにかかわる、客観的である、じっさいに知覚できるなどが浮かぶが、ここでは対象（objet）にかかわるとしよう。対象は、対象 a として、特別の意味をもっている。それは、そとにある具体的なものではないが、しくじることによって書き込まれるものであり、そういう意味でひとつの文字であって、分析者のディスクールにおいて、書かれたものの働きが中心的な役割をはたしているのを表している。「対象、それはしくじられたものです。対象の本質、それはしくじりです」。ラカンは、ここで「本質（essence）」という言葉を使うが、それはアリストテレスに倣ったと言い、ウーシアを念頭においている。ウーシアは、ひとがそれについて何かを語りはするが、それ自体はそとの条件に左右されることなく、それ自体としてあり続ける性質を指している。アリストテレスにおいてそうした性質をもつ対象は、善であり、それを目ざしたのが幸福主義（eudémonisme）である。

　古い言葉が重要なのは、「それがまったく有用で、使用価値がある（utilisable）」からである。ラカンは、その「使用価値がある」という言葉から、アリストテレスのウーシアに風穴をあけて、広い展望を開いてくれた功利主義（utilitarisme）を、とくに「フィクションの理論」によってランガージュに批判の目を向けたベンサムのそれに言及する。古い言葉は、すでに役に立っているが、それが何の役に立っているか。功利主義は、それを考えなくてはならないと教えている。すなわち、それは「必要な享楽がある」という、そのことに役立っている。ただし、「必要である（falloir）」と「失敗する（faillir）」は、三人称、単数、現在形ではどちらも il faut で、その語呂合わせから、「必要な享楽」は、同時に「必要でない（あってはならない）享楽」とされるのである。

　「私が言っているのは、何か肯定的なものです。ただし、それは否定形で表現されています」。肯定的なものとは、特称否定で表現される男性の側の「存在」、すなわち、「去勢されていない x が存在する」である（$\exists x \, \overline{\Phi x}$）。ラカンは、その表現を論理学の様相に結びつけて、「必然的なもの」と言う。「必然的なもの、私がこの様相によって皆さんに強調しようとしているのは、やめないものです。何をやめないのでしょう？　書かれることです」。つまり、男性の側にあって否定形で表現される存在の肯定は、様相においては必然的であ

り、書かれることにおいてはやめることがない。

　論理学の命題では、何かが「ある」「ない」を言う場合と、何かの「あり方」を言う場合があり、後者を様相と呼ぶ。それには、必然、偶然、可能、不可能の四つの「あり方」があって、ラカンは、それらを「書かれること」について考えるのが、様相のカテゴリーを分類する良い方法だと言う。それは全称、特称、肯定、否定の表現形式に加えて、語るものを語られたもののなかに巻き込んだ表現形式である。「書かれることをやめない」のが「必然」であるとはどういうことか。それは、この講義の冒頭の「語る存在のすべての欲求は、それに別の満足がともなっているという事実によって汚染されている。欲求には、別の満足を実現させるのに欠けたところがある」という文句に関連している。それは、「享楽せよ」という命令とともに差しだされる、別の享楽についての根本的な問いを表している。

　語る存在は、欲求の満足だけで生きることはできない。人間についてはごく当たり前のようだが、そこから別の満足が生まれ、別の享楽へのしくじりの歩みが始まる。その歩みとは、語る存在が書くことであり、対象 a が文字として書き込まれることである。しくじりはするが、それは必然的である。では、「書かれない」とはどういうことか、「書かれないのをやめない」のは、不可能の様相に分類される。それは書いてしくじるのではなく、書かずにしくじる、失敗それ自体であり、話す存在にとっては不可能であるが、性関係そのものでもある。女性の側に分類される、もう一つの偶然の様相は、「書かれないことをやめる」ことである。それは、当然、書くことをはじめることであるが、これは語る存在にとって、ファルスの機能に服する手前で起こる偶然のことである。最後に、男性の側の可能の様相は、書かれるのが当然のこととして予想されていながら、なおかつ、ありうることとしての「書かれることをやめる」可能性である。

　ラカンによる様相の分類では、必然は偶然とではなく、不可能と結ばれている。それは、「書かれる」「書かれない」をめぐる存在命題によって表される（$\exists x \, \overline{\Phi x}, \, \overline{\exists x} \, \overline{\Phi x}$）。女性の側の「書かれないのをやめない」が、必然を不可能に結びつけるのである。「そこに生まれているのは、必要ないであろう（あってはならないかもしれない）享楽です。また、それは性関係が存在しな

いことに対応するもので、ファルスの機能を実体化したものです」。実体化（substantiel）は、ここでは、ある単語——それは実詞（名詞）であるが——を、述語として使い、それによって何かの内容が固定的に表現されていることだと解される。そして、それを生もうとしているのが、「書かれることをやめない」という必然の様相である。だが、ラカンは、上の文で「享楽」を形容する「必要ないであろう」が条件法（ne faudrait pas）であることに注意を促す。それは、ものごとの前提と、その帰結を知らせてくれる。

　ところで、すべての享楽はファルス的である。話すひとにとって、ファルス的享楽より他に享楽はない。そこで、上の文において前提されているのは、「もしファルス的享楽とは異なる享楽があるとするならば」であり、帰結するのは、「その享楽は、必要ないであろう」である。「必要ないであろう」という、「必要である」の条件法は、ここでは否定形をとっている。つまり、ファルス的享楽とは別の享楽があるとするのは、現実的ではないと表現されている。ラカンは、「たいへん結構ですね。使わなくてはなりません。こういう古い言い方を、とことんまで。それが功利主義というものです」と言う。そのねらいは、はっきりしている、「そうすることで、プラトンやアリストテレス以来、西欧の世界が縛られてきた普遍的なものたちの古い歴史から脱けだすための大きな一歩が可能になるのです」。普遍的なものたちとは、ファルスの機能を実体化しようとしてひねり出されてきた、述語としての名詞たちである。

　さらに、享楽について、「別の享楽があるとするなら、そうである必要はないかもしれない」。ラカンは、ここの「そうである（celle-là）とは、何を指しているのでしょう」と自問する。「別の享楽でしょうか？」、しかし、「別の享楽があるとすれば、と言いますが、ファルス的享楽とは別の享楽はありません」。彼は、ここで、論理学において重要なのは形式含意と実質含意で、とくにここでは実質含意であり、ストア派が、すでにそのことに気づいていたと言う。ここの形式と実質は、条件文にある「ならば」という言葉のさまざまな使い方からきた区別で、実質含意は、実質的条件法と呼んだ方が分かりやすい。それによると、「もしAならばBである」と言うとき、もしAが偽であれば、Bの真偽にかかわらず、その文は真になる。例えば、「もしポチが茶色の子犬ならば、（A）」と「2の4倍は9である（B）」について、（A）が真であ

るなら、(B)は偽であるが、(A)が偽であれば、2の4倍は8であっても、9であってもよく、(B)は真になる。この例を享楽についてみると、「もし別の享楽があるならば」が偽であれば、「ファルス的享楽はあっても、なくてもよい」。そこで、去勢されていることは、曖昧な状態のまま、どちらも真になる。

　その状態を明らかにしてくれるのが、女性の側の偶然の様態、すなわちラカンによる全称否定の書きかえ、「PであるようなSは、Sのすべてではない」である。それは女性の側からの存在命題ではないが、享楽についての表現であり、そこから、これまで捉われてきた普遍的なものたちとは異なった、新しく、同時に偶然的な実質的含意が生まれるだろう。「別の享楽があるというのは、誤りですが、そこから帰結する「そうである必要はないかもしれない」が真であるのを妨げることはしません」。生まれるものが偶然であることは、ファルス的享楽は実体化されるようなものではなく、存在と書かれたものには必然的な関係はなく、そのあいだには裂け目があり、書かれたものの実在性によって存在を正当化することはできないということで、偽を出発点とする享楽があってこそ、実質的含意を生む運動が始まるのである。存在と書かれたものとの関係は、「語るものと」と「語られるもの」のそれに、また「書くもの」と「書かれたもの」とのそれにつながる。

　「別の享楽があるというのは、誤りです」。この前提の帰結として、前の「そうである（celle-là）」は、そうであっても、そうでなくても真である。ラカンは、そのような「そうである」は、「過ち、欠けたもの（faute）」を表すと言う。そして、それがフロイト以来の「罪悪感」につながると考えられる。話すひとには、別の享楽を享楽しなかったことから罪悪感が生じる、あるいは、それが欠けていることから、もっと享楽しなかった、いま享楽していない、そこから、つねに罪悪感が生じるのである。

　ところで、存在しない別の享楽、すなわちその非-在、「ない」ということ、ラカンは、「それは、パロールによってもたらされることを忘れないで下さい」と言う。ここで、パロールは、ランガージュと区別されるのを思い起こそう。ランガージュは、法の領域をカヴァーしているが、パロールは、ディスクールのなかで、欲望の原因である対象 a に狙いをつけている。すなわち、「ない」

ものを、必ず的をはずすものについて言おうとしている。ところが、ひとは話さなくてはならず、ディスクールのなかで、ひとはパロールをとおしてはじめて主体として登場するのである。しかし、ひとは、非-在がパロールによってもたらされるのを、じっさいには忘れている。

ラカンは、自分の経験から、「書かれたもの」を出版する（publier）のは、それをごみ箱（poubelle）に捨てることであるのをすっかり忘れて（tout-blier）しまうことがあるし、ミラノで起きたのも同じようなことだったと言う。そんなとき、ひとは「我を忘れて」いるが、それは対象 a の非-在と「書かれたもの」の実在が、想像の領域で融合しているのである。「（出版の件で）私は、人々の語っているのが私についてであり、私の本についてではまったくなかったのを受け入れるべきでした。（ミラノでも）私にとって女性は存在しないと言ったとき、語られていたのは、まったく私についてということではなかったのでしょうが、私が話したことについてでもなかったのです」。そこに、「私」と「私によって語られたこと」のあいだの曖昧な領域がある。パロールによって生まれる、そのどちらとも言えない領域のせいで、「私」は、語られたことの「非-在」を忘れるのである。

別の享楽とファルス的享楽を内包する享楽のメカニズムには、断絶と失敗（しくじり）がある。享楽には、それ自体のなかに、それにとって他のものである性質が、それ自体とは異なる性質がある。その他性から生まれるのが一次的抑圧であり、それによって断絶が明らかになるものである。話すひとには、そのことがパロールによって、性関係の不在としてはっきり気づかれるはずであるが、じつは、そこに二次的抑圧が生まれる。話すひとは、まさしく話すひととして、パロールの主体として存在しているからである。「ひとは別の享楽を抑圧しますが、それは語られるのにふさわしくないからで、享楽としては、その享楽はふさわしくないからです」。それなのに、ひとはその享楽について語る。そこで、性関係は存在しないことになる。それゆえ享楽については、むしろ「黙っていたほうがよい」のである。

黙っているのは、じっさいに、女性の側の「書かれないことをやめない」立場である。しかし、それは不可能の様相であり、話すひとにとっては、性関係の不在をますます重苦しく、耐えがたいものにする。ひとは、結局、話さ

なくてはならない。そして、「書かれないことをやめる」という偶然の様相に移る。だから、「享楽は、つまるところ黙っていることはなく、そのことで、抑圧の最初の効果は、享楽が別のことを話すということになり、それが隠喩の原動力になっているのです」。抑圧の最初は、論理的に先立ちはしても、時間的に以前ということではなく、それにともなって二次的な抑圧が生まれるのである。

　男性の側の「書かれることをやめない」という必然の様相からは、その原動力から、善と悪、幸と不幸、財と窮乏など、次つぎと反対概念をめぐる隠喩が生まれる。しかし、享楽のメカニズムが内包している断絶と失敗は、そういう二項対立とは何の関係もなく、述語を実体化しようとする普遍概念の抑圧とも関係がない。けれども、そのようにして別のことを話すことの全体が、功利主義にかかわっているのを忘れるわけにはいかない。ひとは、ランガージュのもつ法の普遍性から出発して、つまるところパロールの偶然性によってどうでもよいことを話しはじめ、何も話さないことになるにしても、そのことが有用性によって何かに従事するのを可能にしている。その意味で、功利主義は二次的抑圧の産物であろう。それが、「享楽されたり、騙されたりするのとは違った仕方で、享楽するのを知らない話すひとの生き方」である。

〈4〉

　アリストテレスは、『ニコマコス倫理学』の第七巻と第十巻で、快楽についてふれている。快楽は、欲求ではない。快楽は二つの面で欲求と区別されているのが注目される。一つは、生成（ゲネシス）、もう一つは運動（キネシス）である。「快楽は、何かが生成する過程において結果するものではなく、むしろ、何かを使用する過程において結果するものである」（岩波版、全集、241頁）。「快楽は、一つの全体であり、いかなる時間を取ってみても、それが長引けば快楽の形相が完成されるだろうと考えられるような、いかなる快楽も存在しない。それゆえ、快楽は運動ではない。なぜなら、運動はすべて或る長さの時間のうちにあり、或るひとつの目的に向かうからである」（同上、330

頁）。ラカンは、この説明をフロイトの快感原則と比較して、問題点を指摘する。「フロイトによれば、快感原則は、もっぱら興奮（刺激）から生じて、この興奮から逃れるための運動（すなわち、苦痛を軽減すること）として説明されます」。そこに疑わしいところがある。

ラカンは、「アリストテレスは、快楽によって何を問題にしたのか。それをひと言でいえば、エネルゲイア（activité）です」と言う。エネルゲイアは、現実態、現勢態、現実性、実現、ときには活動などと訳され、デュナミス（可能態）とともに、アリストテレスの所説の主要概念であるが、英仏訳ともactivity、activitéとしており、ここではたんに現実性としておこう。通常の意味からすると、少し奇異な感じがするかもしれないが、ラカンは、それをつねに書かれるもの、書かれることをやめないものという享楽の定義に結びつける。欲求には、刺激とともに生じる興奮によって、やがてそれを満たしたり、和らげたりする、はじめと終わりがある。それは時間のなかに生まれ、目的をもっている。しかし、享楽に必須の一面である別の享楽は、欲求が目的に達しても、おさまらない。それは欲求より広く、また必要なものである。そのことを、欲求は書かれることをやめるが、享楽は書かれることをやめないと言うのである。アリストテレスの快楽には、そういう享楽と通じるところがあり、ともに絶えずじっさいに活動している状態で、もっとも現実的なものと考えられるのである。

生成でもなく、運動でもない快楽は、最後にただ一つの善、最高善になる。たしかに、善い快楽があるのはもちろんだが、なかには劣悪な快楽もある。しかし、「或る快楽が劣悪であるにしても、最高善が或る種の快楽であることには何の差支えもない」（同上、243頁）。その理由は、次のようなことである、「或るものの本性が単一であれば、同じひとつの行為がいつももっとも快いものであろう。神が唯一の、単一な快楽をいつも楽しんでいるのはこのゆえである。すなわち、運動の現実状態があるばかりではなく、不動の現実状態もある。そして、快楽は運動のうちよりは、静止のうちにいっそう多く含まれるのである」（同上、248頁）。静止とは、善い快楽と悪い快楽の中央にあって、動かない状態であり、それは快楽の本性に由来する現実状態である。

以上のようなアリストテレスの快楽を、享楽の面から眺めると、「それは、

われわれに分析経験が対象として位置づけるのを、少なくとも性的な同一化を、一方の男性の側から位置づけるのを許してくれるものを浮かび上がらせています」。その対象は、むろん対象 a であり、「それは、そもそものはじまりから、それだけで、男性の側で、相手の欠けている場所を、どこかで対象 a として知らせています」。このように、アリストテレスの快楽は男性の側にあり、対象 a からみた享楽も男性の側にある。そこから、話すひとの存在にとって、書かれるのをやめないのは必然であるのが明らかとなり、同時に、性関係と別の享楽とはないのが明らかになる。性関係がないのは、話すひとにとって、「享楽せよ！」という命令と、それに従って実現することのあいだに、けっして確実な一致がないためで、そこに裂け目と切断があるからである。「享楽は、その問題の中心において、性関係があるためには不必要な（あってはならない）、また不必要であろうような享楽にかかわっています」。それゆえ、享楽は、全体として実現せず、あっても、それは性関係のない享楽であり、ファルスの享楽である。すなわち、法が男性の側から告げる、すべてが去勢されているものたちの享楽である。

　では、女性の側から以上のような享楽をみると、どういうことになるだろうか。次回は、それについて考えることになる。

第6講 「神」と女性（La femme）の享楽

　この講義は、もう少し学生の出席が少なければ、今までとは違ったやり方で行えたのに、その満足は得られそうにないという、相変わらず皮肉な切り出しから始まる。
　ラカンはその満足が自分に拒まれたことから、ただちに「別の満足」、パロールの満足の話に入る。この満足は、なんとかかろうじてあるかもしれない享楽（la jouissance qu'il fallait juste）、ファルス享楽に呼応する満足である。
　ここでラカンは、juste という語について注意を促す。もちろんさまざまに用いられる単語だが、ここでは、わざわざ juste は tout juste réussi ということで、「しくじることと背中合わせで、かろうじて、すんでのところで成功する」ということを意味している。さらに、tout juste と、tout（すべて、すっかり、まったく）という単語を用いることで、「何人かのひとたちは、プロスディオリスム（prosdiorisme）という語を避けるためのある種の回避をしたということがお分かりになったでしょう」と続ける。
　プロスディオリスムはアリストテレスの用語で、量化子として、「すべて」と「いくつかの」を同時に指し示すと共に、Pros は「そのうえ、つけくわえると」を、diorizo は「定められた境界によって切り離すこと、定義すること」をそれぞれ示しており、そこから「それによって補足的な何かがつけくわえられるような定義」とされる。ここでの tout がプロスディオリスムであれば、この tout が、「ときに我々をアリストテレスの正義（justice）から適切さ（justesse）へ、すんでのところでうまくいくこと（réussite de justesse）へと横滑りさせていく」ものとして働くことになる。つまり、中庸というアリストテレスの正義概念を、通常そう理解されているような「両極のあいだのほどほどのところ」という意味ではなく、「ある境界を挟んであちらかこちらのかろうじてこちら側」というほどの意味で理解することへと導いていくものなのである。

先取りして言ってしまえば、このプロスディオリスムは、あとで普遍命題と特殊命題の関係をめぐる、また、そうした関係を支える論理構造への議論へと続いており、わざわざ避けたかのような物言いだが、その実、この講の中心的論理に他ならない。それは語る主体が自分自身をも含む系を構築することに伴う困難、また精神分析という実践における困難に対する論理でもある。
　しかし、ここではそれ以上に掘り下げられることはなく、「もし、アリストテレスを理解することが、私たちと彼とを隔てる距離によって、それほど簡単ではないというのであれば、それは、私にとって、読むことは理解することをいささかも強いるものではないと、みなさんに言ってきたことを裏づけてくれることです。何はともあれ、読まなければなりません」と、読む行為に焦点が当てられる。

〈1〉

　こうして、ラカンは一冊の本を読むことを薦める。それは、フィリップ・ラクー=ラバルトとジャン=リュック・ナンシーの共著『文字のタイトル』という、明らかにラカンに対し批判的な立場から書かれたものであった。ラカンはその著者たちの読み方を絶賛し、「読むということを問題とするのであれば、私はかつてこれほど、大きな愛をもって、よく読まれたことはない」と同時に、「(その愛は) その裏地となるものが喚起されずにはいないような愛」、すなわち、この本を書かせたのは憎しみであると言い添える。しかしすぐに「それは言い過ぎでしょう。おそらく、それについて多くを語って、……彼らを (分析) 主体として認め、彼らの感情を喚起するところまでするのは、やり過ぎです」と続ける。
　こうしてラカンは、読解と読み手を分けて示し、この著者たちが、「私が示した行き止まりへと至り」、そこで「何か、最終的に、このたぐいまれな仕事をみずからに課した人々から逃れ落ちているものがある」ことでしか、「この本を評価できない」と指摘する。この何かが逃れ落ちることで、彼らがラカンのディスクールから解放されたと思った地点で、彼らは無知に遭遇し、「彼

ら自身を当惑したものとして宣言するかのように」ことは進むのである。
　ここで示されているのは、読む行為と読む主体との関係であり、読む主体と書いた主体との関係、書かれたものと書いた主体との関係である。第5講における、語られたことと語る主体の関係と同じく、書いた主体と書かれたものが、読む主体によって同一視されることが問題なのである。書かれたものと書いた主体のあいだに連続性はなく、そこには亀裂がある。それが両者を同一視することで塞がれる。読み手はその亀裂において立ち現れ、そこにおいて、愛、憎しみ、無知が示されるのである。
　そうしたことを前提に、聴講生たちを挑発しながら、ラカンは本題へと入る。

〈2〉

　それは、「話す存在における二つの性のあいだに関係が成立しないということ、そして、そこから出発してのみ、その関係を補完するものを語りうるという結論から先に進むということ」である。それこそプロスディオリスムとして示される一つの論理で、これによってラカンは、従来のアリストテレス論理学、その対当関係として示されてきたものによって何が隠されてきたかのかを示し、そのことから、ラカン論理学と呼ばれるその書きかえへと続いていく。
　「〈一〉のようなものがある（Y a d'l'Un）」が、ふたたび出発点として取りあげられる。フロイトにおいては、〈一〉という概念はエロスと結びつけられており、二つのものが融合し、一つになることとされていた。それは次第に、二つのものから拡張され、多数からなる集団が一つになる傾向と見なされるようになる。しかし、じっさいには、そのようなことはないので、「フロイトは普遍的なエロスを疎外する別の要素を、タナトスという形で、塵に返すこととして生じさせなければなりませんでした」。つまり集団の個々の要素を、それぞれ独立した存在者としてあらしめるために、タナトスの概念が求められたと言うのである。

フロイトは、このエロスとタナトスという対概念を生殖細胞のメタファーで説明しようとする。二種類の生殖細胞が融合することで、新たな一個の個体が誕生する（エロス）が、そのためには、減数分裂という段階を経ることで、それぞれの生殖細胞の母胎となる細胞の染色体が半減していなければならない、つまり半分は捨てられる（タナトス）というわけである。こうして生命現象にエロスとタナトスの二面があることを示そうとする。
　このメタファーに説得力があるとはとても言えない。ラカンはさらに推し進め、「無意識はランガージュのように構造化されている」という定式と、〈一〉というものが問われてきたのは、言葉（langue）においてであるということを踏まえて、この事態を言語を絡ませて捉え直そうとする。最初に取りあげるのは、この〈一〉をめぐって、イデア論からキリスト教への架け橋となった、プロティノスに代表される新プラトン主義である。
　プロティノスは『パルメニデス』の第一の仮説「〈一〉があるとするなら、それ自体でそれは何であろうか」の三つの下位の仮説を検討し、〈一〉、知性、霊魂の三つの本質について練りあげる。この三つの本質のあいだに、プロティノスはロゴスと愛というふたつの運動を公準として要請する。ロゴスは〈一〉から霊魂への運動であり、愛は霊魂から知性へ向けての、さらには〈一〉へ向けての運動とされる。プロティノスは、愛とロゴスは互いに逆向きのもので、ロゴスが〈一〉から拡散的に広がっていくのに対し、愛は個別の事象から、〈一〉に収斂的に向かって行く運動として示した。先に述べたエロスとタナトスとの関係では、愛がエロスであり、ロゴスをタナトスと言うことができよう。そして、「〈一〉のようなもの」とは愛とロゴスを併せもつ無数の〈一〉、全体としての、欠けることのない〈一〉ではなく、様々な文字がひとつひとつ数えられるという意味での部分的な〈一〉と考えられる。
　そこでラカンは、「〈一〉のようなものがある」は「〈一〉のようなものが、ただそれだけがある（il y a de l'Un tout seul）」と理解することから始めなければならないと注意を喚起する。そうしてこそ、愛というものの核心が捉えられるからである。分析は愛にばかりかかわっているというのも、分析において、転移が愛と違わないかぎりにおいて、ラカンが「知っているはずの主体（le sujet supposé savoir）」という定式で支えなければならないと信じていた

ものを取りだすことを可能にしてくれるからである。

　愛において、転移において、知が新たな響きをもって示される。「私が知を想定している人物、私はその人物を愛しています」。ラカンは『文字のタイトル』の著者たちを念頭に話を進める。

　ラカンは、聴講生たちの前でこの本を読むようにかなり強く言っているが、このとき、自分が愛と憎しみのどちら側に傾斜していくのか迷い、尻込みしていたことを認める。迷った末、ただラカンの知に魅惑され、師の言葉に聞き惚れて、思考停止しているひとたちの「ショック状態を抜けださせることについてしか語らず、またそれ以外の何ものも狙わないひと」が尻込みできるようなものではないと、結局は、この本を薦めることを選んだのであった。ラカンの知に見とれることなく、みずからラカンが書いたものに迫り、無知に向き合おうとするようになることは、ラカンが教育を行う目的の一つであるが、それは同時に、ラカンを知と想定することをやめ、ラカンから知を剥奪するということに通ずる。「私が、彼らは私を憎んでいると言ったとすれば、それは彼らが私に知を想定していないということなのです」。

　このように、ラカンにおける知は、たんに主体を離れた事実や定理の集積として蓄積され、伝達されていくものではなく、主体間の愛と憎しみが反転し合い、織りなされる営みの場である。書く主体とその知を一つのものとして、さらに、それに魅惑されることで全体が一つとなっているところに、無知の亀裂が入り、そこに愛の逆位相として憎しみが三者を引き離すように現れるのである。それは書かれたものとその著者の距離が近ければ近いほど、読む側においては、より強い情熱をもって読むことになるのだが、それはそのまま、誤読と言ってよい性格をより伴うようになる。「アリストテレスが知っていたことについて、私は何を考えることができるのでしょう。おそらく私は、この知をアリストテレスに想定することをより少なくするのに応じて、ますますよく読むことができることでしょう」。

　本来、読むということが、書かれたものにおいて行われる純粋な記号の演算的な行為であれば、そこに愛という要素が絡んでくる余地はない。しかし、書かれたものが読まれるとき、その行為が読む主体を呼びだし、書いた主体が想定されるという状況を作る以上、そこには愛がかかわらざるをえなくな

る。語る存在として、〈一〉のようなものがあるということから、真理というものをめぐって営まれてきた人間の行為のなかで、「哲学に関しては、神の愛がある一定の場所を占めていた」ということは認めざるをえない。精神分析も、人間にかかわる以上、「少なくとも側面的には」その問題を避けて通るわけにはいかない。こうして話は、神と大他者をめぐる検討へと移っていく。

　ラカンは、自身のサン・タンヌからの排斥についてふれる。それは、国際精神分析協会（I.P.A.）が、ラカンが精神分析の教育に携わることを禁じ、それを受け入れないのであれば、フランス精神分析協会を国際精神分析協会から排除するという決定を下したときのことである。じっさいにはラカンはみずから退いたので排斥とは言えないのだが、おそらくはそのとき自分が用いた「破門」という言葉を思い浮かべながらであろう、例外のポジションを占めるものについて話を進める。

　彼は、唯物論者たちが、「ラカンは男と女のあいだに古き良き神のように大他者をおいた」という噂を広めたことを取りあげる。ラカンが言うには、唯物論は純粋な哲学的伝統のうちにあり、「唯物論以上に哲学的なものはない」。そう言えるのは、唯物論は、そこに何らかの変化を持ち込もうとすると、アリストテレスが「不動の動者」を想定せざるを得なかったのと同じ困難に遭遇し、したがって同じ哲学のディスクールのなかにあるからである。それにもかかわらず、哲学における愛についての議論全般を支配してきた神に対して、反感を抱かねばならないと思い込んでいるのが唯物論なのである。

　大他者について、ラカンは、「パロールの場として「文字の審級」（論文）の時期に提唱された大他者が、ひとつの手段であったということは、私にははっきりしているように思わ」れ、「私は古き良き神を世俗化するとは言えませんが、それを祓うと言うことはできます」と述べている。ここでは、神を大他者におき換え、男と女のあいだにおくことでその神性を剥奪し、神を世俗化しようとしていたが、うまくいかなかったので、世界から神を祓い、排斥したと言っているのだろうか。少なくとも、彼の理論を神は実在しないということを示したものと理解し、ラカンを賞賛した人々がいたことは事実であった。

　ここでラカンは自身の立場をはっきり示し、すでに第4講でふれた神学者の話を再度取りあげる。そこでは、神学者とは、神の実在を信じず、みず

第 6 講　「神」と女性（*La* femme）の享楽

からを例外者として神の代わりにおこうとする人々のことであった。ラカンは「神を世俗化することはできないにせよ」、すなわち、他の存在者たちと同列におくということはできないにせよ、「祓う」、すなわち、世界の外部へと排斥する。そうすることで、例外者としての神の実在を、まさに外−在する（ex-sister）ものとして確保するのである。ここで驚くべきことは、むしろ、哲学の伝統を生きる唯物論者たちが、神が祓われたということで、神が実在しなくなったと思い込もうとしたことであろう。祓うことで神を外在化し、思考の対象から除外すれば、先に述べたとおり、アリストテレスのディスクール、古典的哲学のディスクールとなってしまうが、排斥された神として大他者と置き換えられる神を考えることは、大他者のなんたるかはさておき、思考の対象として、他の存在者と同じ水準で神を認めることになる。したがって、唯物論者こそ、神を他の存在者と同列においているのであり、神の存在を信じていると言えるのである。

　ラカンはどうかというと、「私は大他者にかかわっているので、完全に同じ立場に立つことはありません」と、大他者を神と対比する形で示す。「大他者は、それがただ一人だけでいるとしても、別の性から現れてくるものと何らかの関係をもっているに違いありません」。この「別の性（autre sexe）」は、ここで問題になっているのがファルスの享楽であることが前提となっており、パロールの場と位置づけられた大他者は、すでに性別化されたパロールの主体とは別の性として、男性にとっては女性として、女性にとっては男性として現れる。すなわち、自分ではない性を示す他者として、欠如をもつ大他者として、大他者の欠如のシニフィアン（S($\bcancel{A}$)）として現れるということを示している。この点で、大他者は不動の動者たる神、欠如のない存在者である神とは異なるのである。

　性別化と性関係を問題にしたとき、性関係の不在に対するひとつの答えとして、ラカンは宮廷恋愛を取りあげた。宮廷恋愛とは、封建時代の騎士が、身分の高い既婚の貴婦人を愛の対象として、みずからに試練を課し、精神を高めていく行為と説明される。ラカンは、それが「性関係の不在を、それを邪魔しているのは私たちであるというふりをすることで補填するという、とことん洗練された方法」であると説明する。つまり、本来は成立する性関係を、

あえて自分たちが邪魔しているのだというふうに振るまっているというのである。忘れてはならないのは、それがあくまでも「ふり」である点であろう。

封建時代の「人物に対する忠義、誠実のディスクール」は、その人物という点において主人のディスクール以外の何ものでもない。主従の契約の下、騎士は身命を賭して主人に仕える。他方、この時代、女性は完全に男性に服従する存在で、実務奴隷のうちに数えられるものであった。宮廷恋愛では、この男性と女性の関係が主人のディスクールのなかで反転し、女性が主人の位置におかれ、男性は従者の位置にあり、ひたすらに奉仕することになる。それは封建制の主従関係と同じ形で、男性は相変わらず主人のディスクールのなかに留まっている。男性はこうして性関係の不在を、そのディスクールを変えることなく、「優雅に乗り切る」ことができたのである。

女性の側はどうかと言えば、一見例外者としての主人の位置を占め、男性はそれに隷属しているかのように見えるが、その実、宮廷恋愛の対象の婦人は、主人のディスクールのなかにそっくり取り込まれたままであり、男性の側の論理から一歩も外に出ていない。その観点から見ると、女性は相変わらず「もっとも従属的な意味で、完全に臣下」のまま留まっている。こうして男性の側も女性の側も、ディスクールを変更することなく、愛はディスクールの変更の記号であるというのであれば、愛の不在のままに、男性の論理の枠内で性関係の不在という亀裂から身をかわしていられることになる。

このように、宮廷恋愛はディスクールを変更することなく性関係の不在を回避する方法であったが、ディスクールの変更に直面するとき、そこに愛が現れる。なぜなら、あるディスクールにおいて行き詰まったとき、それは、ディスクールの四つの場所を隔てるものが障害として機能しているからに他ならない。ディスクールの式に示されているように、ディスクールの不可能性は、動因と他者のあいだ、その後変更された呼び方では見かけと享楽のあいだに現れる。その不可能性をあえて乗り越えていこうとすることが愛であるが、それはいつも障害をともない、その不可能な状況に押されてディスクールが変わる。それが、愛はディスクールの変更の記号ということである。

ラカンは、この障害という観点からアリストテレスのエンスタシス（ενστασιϚ）を取りあげる。アリストテレスは、「弁論術」のなかで異論のふたつのタイプ

第6講　「神」と女性(La femme)の享楽

のひとつにエンスタシスという用語を用いている。フランス語では instance であり、『文字のタイトル』の著者たちが対象にしているラカンの論文「文字の審級」の審級のことである。この二人の著者は、「審級」という言葉を、1956年に言語学者のバンヴェニストが、「離散的でつねに一度きりの行為を通して、ラングは話し手によるパロールにおいて実現される」ということを示すために呈示した「ディスクールの審級」から検討する。そして、「審級」が元来しつこいまでの請願を表す単語であったこと、insistance（執拗さ、しつこくくり返し主張すること）と文字の並びや音が似通っているという、機知とでも言えるような関係を指摘できることなどから、ラカンの文字の審級は、文字からの執拗なまでの訴えかけ——意味の中断としての何か——のことだと結論づけている。そのさい、彼らはアリストテレスのエンスタシスにもふれる。アリストテレスにおいては、それはひとが対抗者の論理によって対立するような障害とされているが、とりわけ、一般論に対する障害としてあり、それがあくまでも例外であるかぎりで、エンスタシスは一般論を支えるものだと言っている。

　要するに、審級という語は、なんらかの申し立ての機能を指し示しており、それはあるひとつの立論に対する障害であるがゆえに、しつこくくり返しなされる。ここで問題になっているのは、ひとつの命題を言い表すとき必然的に出てくる、その命題に関する内部と外部の関係である。それが、「すべての存在は去勢されている」に対する、「少なくともひとり、去勢されていないものが存在する」であり、存在に関する神の外在であり、宮廷恋愛における婦人のそれである。さらには、「ひとが言うことは、聞かれることにおいて、言われることの背後に隠されたままである」において示される、話者の行為であると言うこともできよう。こうして、ラカンはエンスタシスの概念を梃子に、ひとつの論理に対する外部という観点から、いわゆるアリストテレス論理学を書きかえ、そうすることで、従来のアリストテレス論理学の対当関係から抜け落ちているものが何かということを明らかにしていく。

　しかし、ここではもう一度、第三項としての神の問題に戻る。「どうして唯物論者は、……私が、人間の愛の事象のなかに、第三項として神をおくことに……憤慨するのでしょうか」。たとえ、そこに神をおかなかったとしても、

いずれにせよ三角関係は生じているではないかというのが、ラカンの指摘である。もし、唯物論が、人間も他の存在物と同じであるとするならば、愛、あるいは憎しみと呼ばれる現象は生じえないからである。「論理的時間」の議論を思い出せば、ラカンがそのように言うのは容易に理解できる。つまり、三者のうちのある主体にとって、残りの二者が同じ対象 a と（もしくは〈一〉と）見なされると、そのとき何も動けなくなってしまい、そこに何らかの運動が生じるには、その二者が〈一〉と対象 a と見なされなければならなかった。そのようにみなしうるためにも、三という数が必要になるのである。付言すれば、この第三項としての存在は、必ずしも具体的存在者である必要はない。そのように考えれば、唯物論者がそれを神と目すか目さないかは別として、第三項としての〈一〉という存在がなければならないことは明らかであろう。

　こうしてラカンは、第三項としての〈一〉としての神の問題にけりをつけ、唯物論者たちとのこうした食い違いがどこに端を発するのかということに言及する。「この本（『文字のタイトル』）の最初から、ある食い違いを生じさせるものがあり、……それは、この本が私に……ある存在論を、あるいは同じところに戻ってくるもの、あるシステムを想定しているからです」。

　著者たちは『文字のタイトル』のなかで円形のシステム図を示し、そこに主要な哲学者の名前と共に、「文字の審級」でラカンが主張していることを配置した。すなわち、ラカンのディスクールを哲学のなかに割りつけたのである（初版、112頁）。しかし、ラカンは、哲学の伝統における存在が、存在の相関物と見なされてきた思考それ自体のなかに位置づけられていることに対し、みずからの立場の違いを明示しないわけにはいかない。「私は、（このような存在に対し）私たちは享楽に弄ばれているということをはっきりと対置させます」。

　存在自体が語られることはなく、存在について語られたことしかないという、前提的限界がある。ディスクールという観点から見れば、存在は主人のディスクールの効果として生じてくるものであり、主－シニフィアンから始まり、そこから知に展開するなかで、知にすくい取られないものとして生じるものを存在とみなすと言えるだろう。それは例外者を外在させることで全称性の基礎とし、系として閉じることを可能にするディスクールとなるが、存

第6講　「神」と女性(*La* femme)の享楽

在についてこのような語り方をするものは、みずからを存在に対し外部に位置することになるのである。思考、考えられたもののうちに存在を位置づけるということは、このようにしてなされる。

　それに対し、ラカンはみずからの立場をそれとは異なるものとして示し、「思考は享楽」であるが、分析者のディスクールがもたらしたのは、そのような享楽とは別の「存在の享楽がある」ということだとする。

　ラカンが『ニコマコス倫理学』を参照するのは、そこに存在の享楽の痕跡を見いだすからである。ラカンによれば、アリストテレスが追求していたのは、存在の享楽とは何かということであった。ラカンは、前回の講義の終わりでアリストテレスをフロイトと対比し、後者が快楽を興奮の低減、苦痛の低減として定義しているのに対し、前者ではエネルゲイア（活動）そのものを快楽とし、またそれが感覚によって支えられていると説明している。アリストテレスは、活動を善との関係で捉え、活動が妨げられることが不快であると考えることで、生成とは無関係な地平に純粋な「至高の快楽」を想定する。トマス・アクィナスのような神学者であれば、存在と至高の快楽を結びつけることで、そこに至高の存在の享楽、すなわち神の享楽を想定することになるだろう。この場合、「神を愛すことで、私たちが愛しているのは自分たち自身」であり、「まず第一に私たち自身を愛すことで、……私たちは神に対してふさわしい敬意を表する」ことになる。それは、神の位置を占め、かつ神と同一化することによる、主人のディスクールのなかでの存在の享楽と言ってよいかもしれない。

　それに対し、ラカンは「シニフィアンスの存在 (l'être de la signifiance)」を立てることになる。例によって、ラカンは唐突にこの言葉を持ちだしており、なんら説明をしていない。シニフィアンスとは、シニフィアン同士の関係を作りだす働きとでも理解しておけばよいが、ここではその作用的で、動的な側面により力点がおかれている。さらに、「身体の享楽におけるシニフィアンスの存在」とも言っているので、外部にいる神を介さずに、みずからのシニフィアンスという作用によって存在を享楽すると考えることになるだろう。そうであれば、シニフィアンスの存在は、もっとも直接的に感じとることができるものとしての自己の存在、自己の身体をいかに享楽するのかというこ

119

とに、かかわっていることになる。それを簡単に言いあらわすとすれば、みずからを語ろうとする主体であり、言うという、主体の行為となるだろう。

そこで、ラカンは、「どうして、シニフィアンスの存在の根拠を身体の享楽に認めることが、唯物主義の理想に——「理想に」と言いましたが、それは、唯物主義の枠組みを超えているからです——もとることになるのか分かりません」と疑問を呈しているのである。唯物主義の理想は、世界がその内部に動因をも含んだ閉じた系として構成されることにあるが、先に見たように、唯物主義はその動因を世界の外部におかざるをえない。今、動因としてのシニフィアンスの存在が世界のなかにあるというのであれば、それはまさに唯物主義の理想ということになると考えられても当然に思われる。だが、ラカンはそれをはっきり否定している。そこに、シニフィアンスの存在がランガージュを抜きにしてはありえず、シニフィアンスの存在や享楽が世界のなかにあるあり方が、唯物論とは相いれないものであることが現れているのである。

そして、当然ここで問題になるのは身体である。身体はデモクリトス以来、十分に唯物的であるとは見なされてこなかった。それは「アトムを、何でも構わない名前も分らないものを、それから視覚、嗅覚、それ以外の感覚などを見つけなければなりません。そうしたもののすべてが完全に関連しあっている」ものである。アリストテレスはデモクリトスに否定的であるが、にもかかわらず、わざわざデモクリトスを引用している以上、そこに理由がないわけではない。じっさい、「アトムはたんに漂うシニフィアンスの要素、ストイケイオン（στοιχειον）に過ぎない」という点で「アリストテレスはデモクリトスに依拠している」とラカンは言う。

人間の現象を捉えていくさいに、身体が、物質、存在と、表象、心的現実性との接点にあり、そこでさまざまな現象が結ばれているというのは間違いないことであろう。そのとき、人間を種として、ある特徴をもつ類として見ていくという自然科学的なあり方はもちろんある。しかし、他方で、それぞれの身体がそれぞれ別個なものとして現れていることにおいて、その身体の個別性を支える何らかの根拠が求められなければならなくなったところに、アリストテレスの困難がある。ラカンは、アリストテレスがそのもっとも根本的な部分をデモクリトスのアトム論に求めていると言っている。そのこと

第6講 「神」と女性(La femme)の享楽

にどのような意味があるのかを、男性の論理と女性の論理の関係から見ていくことで、性関係がないことと身体の享楽はどのように関係しているのかが問われることとなる。ここからはその問題に向かう。

〈3〉

ラカンは、こう続ける、「ものごとをすべての x が Φx の関数であるという側から、すなわち、男性が与する側から取りあげましょう」。

男性が与する側というのは、第7講の性別化の式で、その左側のことである。ひとはそこに身をおくことを、みずから選択することで行う。「選択することで」というのは、女性は女性で、そこに身をおく自由があり、そうした場合、ファルス的女性として現れることになり、その一方でファルス関数は男性が同性愛的であることを妨げないからである。しかし、同時に「男性を男性として、また男性が女性に近づけるように助けてくれるのもファルス関数です」。つまり、ファルス関数は、倒錯的なあり方を含めて、男性なるものを定義している。男性なるものとは、ファルス関数に服している、ファルスの効果／結果をそのうちに刻印されているという意味にとってよいだろう。そのかぎりで、すべての存在者は、それが男性として性格づけられうるという意味で、まずは全称肯定の式として現れてくる。ところが、それに続けて、ラカンは「男性にとっては、去勢がないかぎり、すなわち、何かファルス関数に対し否というものがなければ、男性が女性の身体を享楽する、言いかえれば、性交する（愛をなす）機会はまったくなくなります」と言う。

ファルス関数は、その内容はともかく、ファルスを x に付与する作用であるとしよう。しかし、それだけでは、先の唯物論者の世界と同じく、ある主体（ここでは男性）が別の主体に向けて何らかの行為に及ぶことはない。そこに働くのが去勢である。去勢とは、何かが欠けているということを受け入れることと言ってよいが、そのとき欠けていないものとしての全体、〈一〉としての全体が想定され、そのため、全体性を回復しようとする運動、ディスクールが現れると考えられる（プロティノスにおける愛）。注意すべきは、ファル

スがあって、それが去勢されるというものではなく、主体がみずからを、何かが欠けているものとして、$\cancel{S}$として象徴的な世界のなかに身をおくこと、それが去勢、より厳密には象徴的去勢であるということになろう。このようにファルスはつねに失われたものとしてでしかありえず、いつも去勢と対になって捉えられるべき機能的なもの、すなわちファルス関数として理解されなければならない。それゆえ、Φx は「去勢されている」と読まれるのである。

　ファルスは、欠けているなにかをこれとして明示するものではないが、欠けたものがあると想像させ、その欠如を対象化することで、無秩序にその欠如が現れてくるのを防いでいる。いわば、欠如を欠如として取りまとめる機能をもっている。このように主体は自身をなにかが欠けているものとして措定するので、主体が欠如のなかった状態に戻るということはありえない。それゆえ、主体は、失われたはずの対象の代わりとして、「別の」ものを求めるよりない。しかも、このとき男性は男性としてすでに性別化されているため、大他者を自分とは異なる別の性として、女性として求めるが、欠如を対象化することで、女性をその身体において丸ごと享楽することができず、愛は達成されない。代わりに、男性は、女性の身体から切り離された、身体性を失った対象に向かうことになる。「女性の身体」の「身体」から「女性」へとアクセントが移ったと見ればよいだろう。その対象が欲望の原因とされる対象 a である（したがって対象 a とは男性の欲望の対象に限られる）。主体は、直接にこの対象 a そのものに出会うことはありえず、そのようなものがあるという幻想としてしかかかわれない。こうして、男性は対象 a との関係のなかで、次々と新たな言葉を紡ぎだし、無数のシニフィアン、表象が産みだされる。「男性は……女性に対し、ありとあらゆる種類の、驚くほど愛に似たものを作りだします」。

　そこに愛の行為が見出される。しかし愛の行為、愛をなす（faire amour）ことは、このセミネールの第1講で説明しているように、amur を、壁を作る（faire amur）ことにしかならない。「愛をなすこと（性交すること）はその名が示すとおり、詩のようなものです。けれども、詩と行為のあいだに世界があります。愛の行為、それは雄の多型倒錯であり、語る存在におけるそれなのです」。

第6講 「神」と女性(*La* femme)の享楽

　このような男性側の論理に対して、女性側においてはどのようになるのであろうか。

　ラカンは量化子の否定「$\overline{\forall}$（すべてではない）」を取りあげ、自分が書いたものがまったくの無意味か、さもなければ、「何かを語る存在が女性の旗印——ここから、すべてがファルス関数のもと位置づけられるように存在しているわけではないということが基礎づけられます——のもと秩序づけられるということを意味するようになるかのどちらかです」と挑発的な言い方で、『文字のタイトル』の著者たちが、ラカンを旧来の存在論のなかに封じ込めようとしたことを皮肉っている。ラカンは、彼らの主張とは異なり、「すべてではない」によって、それまでの存在論、哲学のディスクールがそこから出てきた主人のディスクール、「すべて」、「全体」というものを基礎においたディスクールに対し、異議を申し立てたのである。

　ラカンは、語る主体はどのように女性の側に位置づけられるのか、女性の旗印 のもと秩序づけられるとはどういうことかを考えていくに当たって、まず「女性なるもの（La femme）」の定義についてふれる。

　女性も語るからには、またファルス関数が語ることにかかわるからには、女性もファルス関数と無関係ではない。したがって la は、女性（la femme）を定義することになるのだが、ただ、それは「女性なるもの（La femme）が *La* femme としか書かれないということを別にして」のことである。

　ラカンは、前回の講義の終わりにすでにふれていたことだが、La と大文字で示した女性定冠詞を、わざわざ斜線で消している。この La が定義として普遍性、全称性を示すためには、外部に例外者（この場合は定義者）の存在を前提にしているが、女性はそのようには定義されない。それが *La* femme である。もし、男性を定義するように女性を定義するのであれば、世界のなかに男性でも女性でもないものが、そのあいだに生まれることになるので、ファルス関数との関係で、それを位置づけることとなり、そしてまたそのあいだに……と際限なく定義が続いていくことになるだろう。しかるに、世のなかには男性と女性しかいないと言われているとおりで、他者が他の性として現れるとき、それは男性にとっては女性、女性にとって男性を指すことになる。もし、男性と女性しかいないとして、両者を同じように定義することができ

るとしたら、それはお互いがお互いの否定ということでしか表わせなくなり、それでは結局先に述べたのと同じ形式に陥ってしまうか、さもなければ男性のみを定義しているということに他ならない。したがって、ファルス関数に関して、男性と女性は異なる定義のされ方、非対称な定義でなければならず、男性の定義の仕方の全体に対して、それを前提にしながら、さらに推し進めた形での女性の定義が問題になる。ラカンは大文字の La と小文字の la を使い分け、さらに La に斜線を引き *La̸* と表記することで、女性なるものを定義しようとするさいの問題を示し、またそのことによって新たな論理的地平を呈示した。そこに、冒頭でふれたプロスディオリスムがかかわってくるのである。

　プロスディオリスムは「それによって補足的な何かがつけ加えられるような定義」という意味であった。男性の定義に補足的に、それとは違う形での定義によって、「すべての」という形ではなく示されるのが、あえて言うならば、女性の定義であり、それが *La̸* femme なのである。他方、小文字で示される la は、これはじっさいひとつのシニフィアンであるが、それは女性が象徴化され、世界のなかにその場を確保するものであり、この「すべてでない」ということのうちに、その具体的なあり様を打ち立て、支えるシニフィアンである。このように、「すべてではない」という形でしか女性なるものを定義できないということは、ファルス関数との関係において、女性のあり方が限定されず、男性的な意味での定義を免れることである。ラカンは、「la」と「La」を使い分けることで、個別に存在する女性と、定義としての「女性なるもの」を区別する。「la」はシニフィアンとして、「すべてではない」のなかに女性のステータスを打ち立てるが、そのために「女性なるもの」について語ることができなくなるのである。

　それゆえ、語るということにおいては、「女性はもっぱら閉めだされています」。女性がそのことで不平を述べたところで、自分が何を言っているのか知らないままに語ることになる。それが男性と女性の違いであり、女性のディスクールが男性のディスクールを揺るがせにくるのは、それが語られないからに他ならない。このことから二つの問いが出てくる。一つは、そのようなあり方の女性において、享楽はどのようでありうるのかということであり、も

う一つは、そのような女性のディスクールが、男性のディスクールにどのようにかかわるのかということである。

　ラカンは、まず享楽について、「女性がすべてではないということから、ファルス関数が享楽を指し示すものとの関連では、女性は余分な享楽（jouissance supplémentaire）をもっています」と言う。この「余分な」について、「補足的な」とは言っていないと注意を促す。「補足的」では、欠けているものを補ってという意味になるので、「ふたたび全体のなかに」陥ってしまうことになるからである。

　ともあれ、「女性たちは満足しているものの、すべてではないということにではなく、この余分な享楽に満足して」いる。ラカンは、そのひとつの形態として、女性が男性を所有していることを挙げる。それは「かみさん（la bourgeoise）」（字義通りには、一般市民の女性）という呼ばれ方のなかに現れており、そこに示されているのは、ふつうにそう思われているのとは反対に、夫が妻の言いなりになっているという事態である。すべてではないという形であれ、女性もファルス関数と無関係に存在しているわけではない。「ただ、すべての問題はそこにあるのですが、女性はファルスに近づき、それを保持するのに、さまざまなやり方をもっているのです」。女性は享楽し、「女性はそこで満たされています。けれども、さらなる（en plus）何かがあるのです」。この「さらなる」は、暫定的にふれただけなので、その意味を性急に捉えないようにと注意しながら、「私たちが享楽に満足している以上、ひとつの享楽、すなわち身体の享楽があり」、それをファルスの彼岸の享楽と位置づける。

　「かみさん」にせよ、宮廷恋愛にせよ、ここまでラカンが取りあげてきた男性の見かけは、女性が下す命令に服さざるを得ない男性、女性に支配されている男性という見かけである。このとき、女性が占めているのは、男性がその命令に服さざるをえない存在、すなわち去勢されていない例外者としての神、外在者の場所である。それは女性の側からのファルス享楽の一型と言えるが、しかし、「さらなる」享楽があり、それで「二つの戸口のあいだで女性たちを揺さぶる、あるいは女性たちを救う何かがあります」。

　ラカンは、この揺さぶる（secouer）と、救う（secourir）が語源的に見て関

連があるということにふれて、「女性に属するような一つの享楽があります」が、「実在せず、何も意味することがない」女性は、この享楽を「それを体験するのでなければ、なんら知ることはない」、そのようなものとして知っていると言う。しかし、このような享楽は、すべての女性に訪れるわけではない。

　そこから、いわゆる不感症が否定的に話題として取りあげられる。ラカンは不感症自体を取り扱いたいわけではなく、男性と女性の関係へのかかわり方について考えていかねばならないと釘を刺す。フロイトのディスクールでは、それが男性の論理に留まったため、女性の享楽を、クリトリスの享楽や膣の享楽などと、近接・類似によりさまざまに呼び習わしており、ただたんに理論の混乱を引き起こすに留まっていた。しかし、ラカンは、すべての女性に訪れるとはかぎらない「別の享楽を問題にしている」のである。

　ラカンは、この別の享楽を、「論理の道筋を通して」、すなわちファルス関数の存在を前提として、しかし男性の論理との対比において、説明しようとする。なぜなら、「この別の享楽について、女性は何も知らない」ということが正しいとされるのは、長いあいだ、女性たちは、そのことを沈黙において言ってみるようにと懇願されてきたからである。それは女性分析家でも同じで、女性がみずからのセクシャリテについてすべてを語ることがないのも、享楽の構造に関連することだからであり、その観点から事態を見ていかねばならないというのが、ラカンの主張するところである。よしんば、女性はそれを体験することができるにせよ、それについて何も知らない、ゆえに何も言えないというのであれば、これまで女性の問題とされていた不感症についても異なる理解がなされよう。すなわち、男性が、女性の享楽について理解できないままに女性を非難するために作りあげたもの、それが不感症なのであり、不感症は男性によって求められているのである。

　そこには自然の愛（l'amour physique）と法悦の愛（l'amour extatique）の対立をめぐるテーマがあって、自然な現世的な愛と、神との関係から生じる法悦の愛を、愛の二つの極と捉える考えがある一方で、例えばエティエンヌ・ジルソンのように、対立しているのは問題の一部に過ぎず、愛はその本性上法悦的だと主張する考えがある。それはちょうど、ファルスの享楽と大他者の享楽の関係をめぐる議論と同様になっている。異なるのは、もともと語り

第6講 「神」と女性（La femme）の享楽

えないはずの「法悦の愛をめぐって、文学がありあまるほど生みだされている」という点であろう。その結果、法悦の愛を語ることから、キリスト教において、最終的にみずからが享楽するような神が作りだされたのは当然の帰結だと、ドニ・ド・ルージュモン『愛と西欧』、『エロスとアガペー』などの書名を挙げながら、ラカンは指摘する。

　ラカンが手掛かりにするのは、「たまたま女性のようである、いく人かの真面目な（セリュー）ひとたち」である。ラカンにとって神秘主義とは、「セリューな何か」で、多くは女性たちがそれについて教えてくれるものだが、必ずしも女性に限ったことではない。男性でも、例えば十字架の聖ヨハネのような人たちは、神秘主義を生きることができる。なぜなら、「オスの性をもっていても、その人たちは、$\forall x\, \Phi x$ の側にみずからをおくよう強要されないからです」。みずからを「すべてではない」の側におくことで、女性のあり方を選択し、それによって「彼岸にある享楽があるに違いないという観念をかいま見たり、抱く」ことができる、それが神秘主義者と呼ばれる人たちである。

　ラカンは、一見神秘主義的であるように見えるが、あくまでもファルス関数の側に、男性の側にいるひとの例として アンゲルス・シレジウスを取りあげる。彼は対象 a として神の眼差しを求め続け、眼差しがあることから神の眼を想定し、それをみずからの眼と混同することで身体化する。そうすることで、神を身体として享楽するのか、自身を神の立場におき、そのうえで自己の身体を享楽するのかはともかく、相互的、自体愛的な構造のなかで神との一体化を図る。しかし、それはあくまで対象希求的であり、此岸的である。ラカンは、そのことを「最終的には倒錯的享楽に至ろうとしている」とする。それに対し、アントワープのベグイン派修道女ハデヴィークを、ベルニーニが彫像に表した聖テレサと同じであると位置づける。すなわち、彼女は享楽を経験していながら、それについては何も知らず、彼方だけを見つめる。ファルスがなければ享楽はなく、しかしファルスがあることで、ファルスから始めることで初めて、それとは「別の」享楽があるということを神秘主義者は知っている。しかし、それが何であるかは、対象を、部分的対象を介さないがゆえに、語れず、知りえないのである。

　こうした神秘主義者の熱狂は、「よりよく読むことができるもの」で、読む

という点では、みずからの『エクリ』も同じ次元にあり、「そうすれば、……みなさんはおのずと、私が神の存在を信じているということを納得されるでしょう」と述べる。ラカンは「女性の享楽がさらなる（en plus）ものであるかぎりで、それを信じて」いるのだが、この享楽は、「さらなる」という形で、男性のディスクールの外部としての女性のディスクールが捉えられるかぎりで、初めて露わになる。女性の享楽は、$\mathcal{S}$ から対象 a に向かうファルスの享楽がなければ、さらなる享楽として体験されることはない。それはファルスの享楽とは別の享楽、ファルスの享楽をかくあらしめ、それに付帯する以外にない享楽とでも言うべきもので、ファルスの享楽から独立して、それとは別にある享楽ということではない（これもプロスディオリスムの構造をとっている）。ひとは、男性のディスクールに留まるかぎりで、この別の享楽を覆い隠し、ファルスの享楽に留まろうとしていたのである。「みなさんは、それを覆い隠していたのです」。

19世紀の終わり、催眠術を駆使して行おうとしていたのは、うまくいかないことを神秘主義で穴埋めし、主人のディスクールで万事をつつがなく収めようという試みだった。精神分析は、逆に女性の享楽を位置づけることにより、世界のなかに欠如を認め、その欠如をも含みうる論理構造を明らかにすることになるのである。

シニフィアンスの存在が大他者の場所を占めることで、こうしたことが生じる。しかし、ひとはその一方しか見ない。それは斜視のひとが、複視を避けるためにそれぞれの眼球が別個に描きだした映像の一方を見なくなるのと同じである。そのため、神は二つの眼球に映しだされても二人の神となることはなく、同時に、もはや唯一の神と言うこともできないのである。

キルケゴールは S_1 としての実存を発見したが、それは彼がみずから去勢することによって、愛を、レギーネを断念することによってであった。しかし、ラカンは指摘する。「レギーネもまた実存していたのではないでしょうか。対象 a に拠らない、露わに現れてこない善に向かう欲望、キルケゴールがその次元を得たのは、おそらくレギーネを媒介にしてのことです」。

ファルス関数にしたがってひとは言葉を発するが、言葉を媒介にする以上、すべてを真理として露わにできるということは、けっしてない。一つの観念

第6講　「神」と女性(*La* femme)の享楽

を定義することはその外部を生じさせ、同じように定義された別の観念でそれを捉えようとしても、そのまた外部が生じる。このたえず生みだされる外部をそのつど別の概念で捉えようとし続け、それを時間として展開すれば、ヘーゲルの弁証法ということになるであろう。それを平面的に展開すれば、つまるところ、論理的時間で示されたゲームを形式論理的に解決しようとしたときに陥る、三すくみの構造になる。論理的時間では、この三すくみの状況を揺り動かし、何らかの結論に至らせたのは、主体によってそこに持ちこまれた非対称性であった。

　弁証法や形式論理学が、あくまでも同格の概念の運動として記述され、その結果として男性の論理に留まるのに対し、非対称の関係のなかで、定義されたものと、それと同じ水準では定義されないもの、その外部との関係を示し、全体を原理化するのが、プロスディオリスムである。これは、人間が語るという行為の内部にいながら、みずからについて語るさい、そこで自身の存在を対象化し、外化しなければならないという状況ゆえに生じてきた論理であり、語る存在たる人間のおかれている状況そのものの構造となっている。世界に属しつつ、その世界を認識するという難問は、それを男性のディスクールのうちで語り尽くそうとすることから生じている。精神分析は、みずからは語らぬ女性の論理、女性の存在を明らかにし、この難問に対するひとつの解決を示した。次の講義ではこのふたつの論理の関係なき関係が取りあげられる。

第7講　ラブレター（愛の文字）

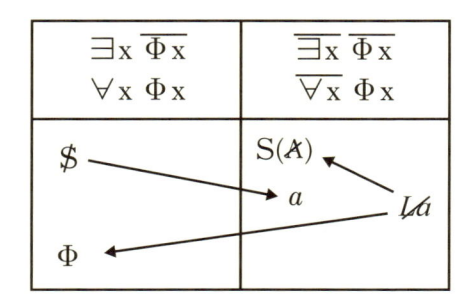

$$
\begin{array}{|c|c|}
\hline
\exists x \, \overline{\Phi x} & \overline{\exists x} \, \overline{\Phi x} \\
\forall x \, \Phi x & \overline{\forall x} \, \Phi x \\
\hline
\$ & S(\bcancel{A}) \\
& \rightarrow a \quad \bcancel{La} \\
\Phi & \\
\hline
\end{array}
$$

　本講の大きな主題は、上に示されるような「性別化（セクシュアシオン）」と呼ばれるシェーマの内実を明らかにすることにある。ラカンは黒板にこの図を描いた後、しかし、この図によって「すべて」が示されると性急に了解してしまうことを嗜（たしな）める。ラカンは、「今日お話しようとすることは知についてです」と言いながら、その「知」が、性急に「すべて」を理解してしまうことへの警戒を促すのである。

　「この知は、四つのディスクールにおいて、S_2 としてシンボル化されたものです。この「2」というのは、S_1 と書かれる純粋なシニフィアンに対して二次的なものということ以上のものを意味することがお分かりになるでしょう」。すでに、これまでの講の概要においても触れられているように、ラカンにおいて、けっして重なり合わないものをあえて接合する「ベティーズ（＝愚かさ）」を最初のシニフィアン（S_1）として、「セリュー（＝真面目、系列）」に言葉をつないで構成される知の体系が、S_2 としてシンボル化されるのであった。「知」とは、シニフィアンの連鎖が体系化し「存在」と一致すると見なされるに至ったものとされていたのである。ここでラカンは、その S_2 の添字として記される「2」が、「二次的なものということ以上のもの」を示すと語っているわけだが、その事柄の内実は必ずしも明らかではない。ラカンがここでみずから「主題」として提示する「知」も、少なくとも言葉のレベルでは、こ

第7講　ラブレター（愛の文字）

の講の最後に、必ずしも全体とのかかわりが明示されないかたちで取りあげ直されるだけで、これ以後説明されることはない。それゆえ、冒頭に描かれた性別化のシェーマが「知」という主題とどのようにかかわるのかについては、最後にもう一度立ち返って検討することにして、ここではさしあたり、「知」の問題を、この図の右に割り与えられ、この講で新しく示される「女性」の定式の問題にかかわるものとして理解しておくことにしよう。というのも、すぐ後に見るように、「女性」の定式のうちのひとつは、「すべてではない（pas tout：$(\overline{\forall x}\, \Phi x)$）」というかたちで、「知」の体系の外部を指し示すものであったからである。「女性」とは、ラカンにおいて、「知」の体系のうちに「すべて」を理解する構造の外側におかれるものとされていたのである。

〈1〉

「女性」を定式化したシェーマは、けっして了解されてはならない。ラカンは、冒頭に注意を喚起した「知」の問題を、意味の了解の問題として取りあげる。「最後の決定的な言葉があるとしたら、それは、言葉（mot）とは「しっ、黙れ（motus）」ということ以外にないでしょう」と言いながら、ラカンは、「言葉」が聴き取られることのただなかに否応なく介入する夾雑物の存在を指し示す。「意味について言えば、私があなた方に伝えられるのは、あなた方が吸収しようとしているものだけであるということは明らかです」。「言葉」が「意味」として了解されるとき、「言葉」によって伝えられようとしていた事柄は、雑音のなかに掻き消されるのである。

こうして、ラカンは、くり返して了解することへの注意を与えたうえで、まずこのシェーマの左側に位置づけられる男性の「論理」を説明する。

言わずもがなの事柄ではあるが、ここで語られる「男性／女性」とは、生物学的な性差を意味するものではなく、たんなるひとつのシニフィアンとしての「男性／女性」であることをもう一度確認しておく必要があるだろう。第1講にも示されたように、「リビドーは男性的なものでしかない」と述べたのはフロイトであったが、これはしばしばフェミニズムが批判の的としてきたよ

うな男性中心主義を示すものであるよりも、むしろ反対に、「リビドー」という概念が生物学的性差とは無関係に規定されることを意味する。フロイトの定式によれば、生物学的に女性と分類される者の「リビドー」もまた等しく「男性的」なものとされるのである。ラカンがここで「男性」に分類するものもまた、まさにこのフロイトの定式を受けたものだと言えよう。ラカンにおいて「男性」とは、次に見るような定式によって定義されるような存在を示すのであり、同じ定義に当てはまるものはすべて、「男性」と見なされるのだ。

ラカンは、任意の存在（x）をファルスの機能のもとにある（＝ファルス関数によって規定される）と見なすことを「男性」の論理のひとつに数える。「$\forall x \, \Phi x$は、ファルスの機能（＝関数）によって、人間もまた他の「すべて」と同じように（l'homme comme tout）登録されることを示します」と言われるように、その「男性」の論理において、「すべて」は、おしなべてファルス関数によって規定されるものとみなされる。このような論理構造は、初期から晩年に至るまでのラカンにおいて何度もくり返し語られ、この講では、むしろ前提とされるものと言えるが、ごく簡単にふり返っておくことにしよう。すなわち、この論理は、この講でこれまでわずかに与えられた概念で示すとすれば、「言葉」に「意味」が与えられ、様々な「存在」が同定される構造と言いかえることができる。世界における「すべて」の存在は、言語によって分節化された構造のなかに位置づけられるが、ある「語」がひとつの存在を規定する方法は、恣意的なものにすぎない。構造主義的言語学が示したように、「犬」として認識される存在は、「犬」という語に依存してその内実を規定されるが、その語は、例えば、「猫でもなく、狼でもなく、山犬でもなく、……」といったかたちで、みずからが属する言語構造のなかでの他の語との否定的な関係によってしか規定されないのだ。だがなぜ、指示対象との直接的な関係を持たず、言語の体系においてのみ規定される「犬」という語が、ある存在の「本質」を示すものとして認識されるのだろうか。恣意的なはずの「言葉」と「意味」とのあいだを接合するものとして、かつてのラカンは「クッションの綴じ目」という概念を創案し、やがてそれを「ファルス」概念へと収斂させていった。「すべて」の存在は、言語的に規定されるかぎりにおいて、ファルスの機能によって規定されるものとされたのである。

だが、まさにそのように、「すべて」の存在がファルス関数において示される構造が維持されるために、そのような構造を外部において支える存在が要請される。「それ（「すべて」がファルス関数によって登録されること）は、Φが否定されるような、ひとつのxが存在すること、すなわち、$\exists x \overline{\Phi x}$ を例外として持ちます。そこにこそ、父の機能と呼ばれるものがあることになりますが、それは、いかなる方法によっても、それ自身は書き込まれないものであるかぎりなのです」。「すべて」の存在者を存在させるような存在は、存在者のうちのひとつではありえず、存在者間の関係を超越したものでなければならない。「男性」の側の論理が十全に機能するために、ファルス関数の例外を示す定式が要請されるのである。そのような論理で例外者を要請する構造は、古くはアリストテレスにおける「不動の動者」としての「神」の存在証明に見られるが、それは例えば、アリストテレスを「素朴存在論」と批判する立場の哲学においても不可欠となっている。じっさいカントは、『純粋理性批判』において、最終的にヒューム的な懐疑論を退けるために、そうした例外を「統制的」な機能として要請した。カントによれば、「すべての実存在するものは全般的に規定されてい」なければならないが、ある存在の規定は、「すべての可能的な述語」のなかから、他の可能な述語を排除するかたちで規定される。例えば「犬」と呼ばれるべき存在は、「猫でもなく、狼でもなく、山犬でもなく、……」とすべての可能な述語を否定することで、はじめて「全般的に規定される」ことになる。だが、そのような「他のすべての可能な述語の否定」はいかにして可能になるのか。カントはその規定が「恣意的」なものに陥らないために、「純粋理性」の統制使用を要請したのである。

　こうして、ラカンは「すべて」の存在がそこに書き込まれるような「男性」の論理として、$\forall x\, \Phi x$ と $\exists x\, \overline{\Phi x}$ という二つの定式を示すことになる。「男性」とは、すなわち、「例外」の存在によって規定される存在者の構造を「すべて」と見なしてみずからをそこに位置づける者として定義されることになる。「男性」は、そうしてファルスによって支えられる「知の体系」のなかに「自己」を確立することにおいて、その構造への参入以前にそうであったはずの欲望の主体としての地位の廃棄を要求されることになる。「男性」が「男性」であるためには、ファルスによって規定された存在にみずからを同一化しな

ければならず、まさにそのことによって彼の無意識の主体（$\mathcal{S}$）が、斜線を引かれて排除される。「男性の側に私は、$\mathcal{S}$ と Φ を書き込みました」と言われるように、ファルスと斜線を引かれた無意識の主体は、ともに「男性をシニフィアンとして支えるもの」として位置づけられるのである。

だが、そうして「男性」の無意識の主体が斜線を引かれて排除されることが、ふたたび「もっと（encore）」と彼が「愛」を発動する契機となる。「男性」の無意識の主体（$\mathcal{S}$）は、言語によって規定される存在の構造の外側に「剰余（a）」をみとめて「幻想（$\mathcal{S} \diamondsuit a$）」を構築することになるのだ。「$\mathcal{S}$ にとって、その性的パートナー、すなわち、大他者ですが、その性的パートナーへ達することは、欲望を引き起こすもの（すなわち、対象 a）の媒介によってでしかないのです。そうして、私のグラフのなかでの $\mathcal{S}$ と a とのあいだの先のとがった結合（すなわち、$\mathcal{S} \diamondsuit a$）が示されるわけですが、それは幻想以外の何ものでもありません」。ファルスによって支えられる存在の体系に「自己」を同一化する「男性」は、しかし、そのことで排除される彼の無意識の欲望の前に、剰余（a）を認めることで、かの「愛」を横溢させるのである。

このようなかたちで定義される「男性」の「愛」の対象となるのは、それゆえ、「すべて」がそこに存在するはずの知の体系から逃れ出る存在、すなわち、「女性」であることになる。「女性」とは、ラカンにおいて、「すべてではない」という論理によって定義される存在とみなされる。生物学的な実体ではなく論理的に規定される存在を示すために、ここでいきおい「定義される」と述べたが、それはしかし、厳密に言えば不正確な記述といわざるをえない。もし「定義する」という行為が、言語的な体系のなかでの位置を確定することであるとすれば、「女性」とは本性的に、「定義される」ことから不断に逃れ出るものとしてのみ示されるからである。「人はその（無いとは言えない領域にある）存在のことを不適切にも女性なるもの（la femme）と呼んでいます。不適切だというのは、……女性なるものの「なるもの」というのが、すべてではないということが表明されるや否や、書かれることができないものだからです。ここでは、「なるもの」は斜線を引かれてのみ存在します」。こうしてラカンは、「女性」を一般的な言語によって語ることの不可能性を示し、「女性」を $L\!\!\!/a$ と記述することになる。「~~女性なるもの~~」とは、それゆえまず、「すべてではない

($\overline{\forall x}\ \Phi x$)」として、言語によって規定される存在の体系の外部に身を置くものとして示されるのである。

　だが、言語によって規定される存在の外部に身をおく「女性」は、しかし、「男性」の論理における「例外」のように、ファルス関数の規定を逃れる者ではない。「すべてではない」という論理は、ファルス関数の外部の可能性を指し示すだけで、「女性」自身とその規定の外におくものではないのである。「女性」はむしろ、「ファルス関数によって規定されないものは存在しない（$\overline{\exists x}\ \overline{\Phi x}$）」という二重否定の論理によって「知の体系」の内部に「存在」を与えられる。「女性」は、そうして、「すべて」を「知の体系」の内部に位置づけられるものと見る「男性」の論理との共約可能性を保つことになるのである。だが、この「ファルス関数によって規定されない存在はない（$\overline{\exists x}\ \overline{\Phi x}$）」という「女性」の論理が、「すべてはファルス関数によって規定される（$\forall x\ \Phi x$）」という論理に寄り添い、「男性」と相即する可能性を示すものでありながら、なお「存在しない」というあり方において、ファルス関数の外部にとどまる可能性を示していることに注意する必要がある。その論理は、「存在」の地平から排除されるという仕方で、ファルス関数の規定から逃れでる可能性を示しているのである。「ファルス関数によって規定されない存在はない（$\overline{\exists x}\ \overline{\Phi x}$）」という論理は、そのかぎりにおいて、「すべてではない（$\overline{\forall x}\ \Phi x$）」を補い、「女性」のあり方を規定するものとなっているのだ。

　ラカンは、こうした特異な論理によって規定される「女性なるもの」が、その欲望の宛先を二つに分化させると言う（図の右下の領域）。すなわち、「男性」の「愛」に答えるかたちでファルス関数（Φ）を志向する方向と、「女性」に固有の享楽を目指して「大他者のシニフィアン（$S(\cancel{A})$）」にかかわる方向へと分かれるのである。この二つの方向の差異については、本講の〈3〉以下において詳細に語られることになるが、この段階でごく簡単に言えば、前者は、「ヒステリー」として、「男性」の「愛」を裏側から支える役割を積極的に担う方向、後者は、「男性」の論理とは無関係に固有の「享楽」を見出す方向と言うことができる。だが、この段階でのラカンの言葉はとくに、言語によって規定される「すべて」から排除される領域で完結する後者の欲望の道行きを示すために費やされている。「女性は、この大他者のシニフィアンとかかわります

が、それは大他者（Autre）として、いつでもけっして同じではありえない（＝大他者でしかない）かぎりにおいてです。みなさんは、大他者の大他者は存在しないといった私の言葉を思い出してくれると思います。大他者、すなわち、シニフィアンによって分節化されるすべてのものがそこへ登録されにやってくるような場所（lieu）は、その根底において、根源的に大他者なのです。そういったわけで、その（女性がそこへかかわる大他者の）シニフィアンが、括弧のなかに、斜線を引いた大他者を記すことになるのです。──S（$\cancel{A}$）」。

ここで、ラカンはいくつもの重要な事柄を同時的に語っているが、まずは「大他者（l'Autre）」という概念の内実が、比較的明示的に示されていることに注意しておく必要がある。「大他者」とは、ここで「シニフィアンによって分節化されるすべてのものがそこへ登録されにやってくるような場所」とされている。別のところでは「真理の場所としての大他者」とも語られているが、それは、この講の文脈で与えられている概念で示すならば、次のようなことと言いかえることができるだろう。すなわち、「大他者」とは、「男性」の「愛」がそこへと向かい、「すべて」をそこに言語的な分節によって見出そうとする場所であると考えられる。「男性」は、いわば、みずからの「愛」によって紡がれる「知の体系」が「真理」と合致することを欲望する。だが、ラカンがここで言うように、「大他者」は、「つねにまったく異なる（toujours Autre）」位置を保ち続けるものだと言わなければならない。「真理」を目指して「すべて」を語り出そうとする「男性」の欲望は、「大他者」をそれとして語ることにつねに失敗しつづけるのである。

「Aはもちろん私たちによって斜線を引かれています。それは、しかし、Aについては、何も実在しないから、斜線を引いて満足するということを意味するのではないのです」。斜線を引かれた大他者のシニフィアン（S（$\cancel{A}$））は、大他者の端的な不在を示すものではなく、大他者と呼ばれる「真理の場所」が、けっして「すべて」と重なり合わないことを示している。ひとは、大他者と見なされていたものに対する失望を埋めるために、その「大他者」自体も含めた「すべて」の存在を規定するような新たな大他者をさらに探し求めるかもしれない。しかし、ラカンがいうように、「大他者の大他者は存在しない」。ひとが、それを支えに「すべて」が語られると見なしていたものに失望するのは、

「大他者の場所」を「知の体系」に重ね合わせていたことによるのであり、大他者と呼ばれる真理の場所は、「男性」の論理によって確信された「知の体系」の外部に斜線をひかれている。「女性なるもの」が固有の享楽を目指して求めるものは、このような、つねに「すべて」の外部に止まるような「大他者」を指し示すシニフィアンなのである。

　では、「大他者のシニフィアン」を目指す「女性の享楽」とは、一体どのようなものなのだろうか。そのことを立ち入って示す前に、ラカンはまず、それとは本性的に異なる「男性」の「ファルス的享楽」について語る。「ファルス的享楽とは何なのでしょうか。それは、われわれの（分析という）実践におけるマスターベーションの重要性が示しているように、白痴（idiot: 公共から切り離された者）の享楽にほかなりません」。「ファルス的享楽（jouissance phallique）」とは、別な文脈で「性的享楽（jouissance sexuelle）」と言いかえられるものであるが、それは、「大他者としての大他者にかかわらないもの」とされていた。「ファルス的享楽」は、ここでラカンが言うように、大他者へと向かいながらも、しかしけっして大他者を大他者として捉えることはなく、つねに「マスターベーション」をするものとされるのである。みずからの欲望を「幻想」において享楽する「男性」の享楽は、その語源的な文脈を含んだ意味での「白痴（idiot）」の享楽にほかならない。彼は、大他者の場所から切り離されたところに、みずからに固有の享楽を享受するのである。

〈2〉

　こうして、まずは冒頭に示されたシェーマを一通り概観した後に、ラカンは「愛」について語りはじめる。「さて、この後、みなさんの気晴らしのために残っているのは、愛についてのお話だけです。すぐに取りかかりましょう」と言いながら、ラカンは、性別化のシェーマによって示された事柄を、『アンコール』全体を貫く大きなテーマのひとつの「愛」との関連において語り始める。「愛」について語りはじめるラカンの行為自体が、ここでひとつの「ラブレター（＝愛の文字：lettre d'amour）」となっていることに注意しておく必要

がある。この後、「私は結局みなさんに何を書いたのでしょう。いささかでもセリュー（＝真面目、系列）になすことができる唯一のもの、すなわち、ラブレターです」と言われるように、ラカンによって語られること自体が、ひとつの「ラブレター」として位置づけられているのである。じっさい確かに、冒頭に示されたシェーマもまた、「男性」と「女性」のあいだの論理を示している点において、「愛」という主題についての数々の「文字」であった。性別化の論理式や、$\mathcal{S}$ や Φ、S (A) や a、La などは、「愛」と呼ばれる営みにかかわる「文字」であったと言えるのである。だが、そうした「愛の文字」についての語りは、それ自身、「ラブレター」として読まれるべき契機をもっている。新しく示されたシェーマについて「セリュー」に紡がれる言葉の数々は、それ自体が、それを受け取るもののうちに、何らかの「愛」を生み出すことを期待されているのである。

「愛についてのお話」といってラカンが語りはじめるのは、しかし、一見するところ「愛」とは無関係なものに思われる「科学的ディスクール」についてである。そこでの論点は二つ。ひとつは「科学的ディスクール」が様々な「ガジェット」を生み出すということ、もう一つは第３講でも問題にされたことであるが、アレクサンドル・コイレの『ガリレオ研究』の図式に則りながら、ガリレオにおけるアリストテレス主義的な「科学」から近代科学への移行にさいして認識の枠組みの転倒があったこと、である。ラカン自身が言うように、後者の科学的ディスクールにおける認識の枠組みの転倒と「科学的ディスクールがガジェットを生み出すということとの繋がりはすぐには出てきません」と言わざるをえない。だが、そこでラカンの強調する論点は、認識の枠組みの転倒の前後において、等しく「愛」が主題としてかかわっているということであると思われる。「顕微鏡からラジオ、テレビに至るまで、みなさん方の実存のエレメントとなっている」、近代科学の「ガジェット」は、おそらくは先に見た「白痴の享楽」と関係する問題を提起するものと見なされる。だが、近代科学が生み出した「享楽」については、さしあたりここで語られず、ラカンのパロールはただちに、アリストテレス主義的な「科学」における「愛」の問題を語ることへと向けられる。「例えば、能動的、受動的という言葉を考えてみましょう。この言葉は、形相と質料の関係について考えられてきたこと

のすべてを支配しています。……彼ら（プラトンやアリストテレス）のそうした発話が、ひとつの幻想によってのみ支えられていることは見やすいことですし、（身体的に）触ることさえできます。その幻想を介して、彼らはどのような方法によっても語られないもの、すなわち、性関係を補おうとしたのです」。アリストテレスにおける形相と質料との関係が、「愛」と「幻想」によって支えられているというラカンの言辞は、哲学の文脈だけで考えるかぎり、奇妙に思われるかもしれない。だが、これまで見てきたように、ラカンにおいて「愛」と「幻想」と呼ばれるものが、その言葉の連なりによって「存在」の秩序を語りだそうとすることであるのを踏まえるなら、理解はそれほど困難ではない。アリストテレスにおいて「形相」は、あるものの存在の本質を指し示す「言葉」の位置をもつものと見なしうるが、それがじっさいに「質料」を伴って存在するためには、すなわち、「形相」と「質料」という本性を異にする二つのもののあいだの恣意的な接合がはたされるためには、「愛」と「幻想」が不可欠なものとされたのである。先に簡単に触れたように、アリストテレスにおいてそのような存在者の存在を最終的に支える根拠となるのは、「不動の動者」としての「神」であった。「こうした、まったくもって神話的なアリストテレスの至高の存在が座するのは、大他者の享楽の場所なのです」と言われるように、「大他者」という「真理の場所」を目指して展開されるアリストテレスの「愛」と「幻想」が、アリストテレス主義的な「科学」を支えているのである。だが、このようなかたちで展開される「愛」は、「すべて」を「知の体系」のうちに綴じ込むことにおいて、つねにけっして同じではない「大他者（A）」を「幻想」のパートナーとなる a と取り違える危険をもつことになる。「女性が神とかかわるのは、その享楽が、根源的に〈他〉であるかぎりにおいてである」が、「大他者」を含めた「すべて」を知の体系のうちに綴じ込むファルス的享楽は、a とAを「癒着（coalescence）」させ、けっして重なり合うことのないはずの「大他者」との合致を「幻想」において補完することになるのである。

　ラカンによれば、精神分析の「教育」とは、このような a とAとの癒着を解離させることを目的としているとされる。「私たちの教育の目的は、…… a とAを分離することです。それは前者を想像的なものであるものに、そして後者を象徴的なものであるものに帰すことで行われます。象徴的なものが神

へと仕立て上げられたものの支えであること、それは疑う余地がありません。（また）想像的なものが、見かけに対する見かけの反映によって支持されることも、確かであると言えるでしょう。にもかかわらず、a は、存在の機能＝関数を媒介として、図において上に書かれる S($\bcancel{A}$)と混同されるのです」。「愛」と「幻想」によって「存在」を語りだすことが、異なる領域にある二つのものを重なり合わせ、それらを「癒着」させる。精神分析が担う役割とは、ラカンによれば、そのような「癒着」を解除することであるとされる。

〈3〉

　a と S($\bcancel{A}$)の「癒着」という現象は、じっさい、様々な議論において発生しているとされる。「快感原則は、じっさい、a と S($\bcancel{A}$)の癒着によってのみ、基礎づけられます」と言われるように、本質的に「男性的」と見なされる「リビドー」の道行きのそこここに、a と S($\bcancel{A}$)の「癒着」の現象が立ち現れるとされるのである。

　例えば、「心理学（psychologie）」は、ラカンが批判の対象とするものであるが、それは「心（âme=psyché）がある」ことを前提することにおいてすでに、この「癒着」を示しているとされる。「心なるものの実在……それは愛の結果＝効果」として見出されると言われるのである。ここから、ラカンは「心」という言葉を用いて、a と S($\bcancel{A}$)の「癒着」をはじめに前提とし、その「愛」を語ることを、âmer（「心（âme）」をそのまま動詞化したもの（以下この語を「心から愛する」と訳すことにする）という「ララング」を造語して示す（「ララング」については第11講を参照）。これは、「J'âme, tu âme, il âme. Jamais, j'âmais.（私は心から愛する、あなたは心から愛する、彼は心から愛する。かつて私は心から愛していた）」などと通常の動詞と同じように活用可能なものとされ、「l'âme âme l'âme（心が、心を、心から愛する）」などと目的語をとることも可能な動詞と見なされる。a と S($\bcancel{A}$)との癒着の上に成立する「愛」が、こうして、新たな動詞として語られることになるのである。

　そして、とりわけ「心が、心を、心から愛する（l'âme âme l'âme）」という

語用可能性が示すのは、「この出来事＝情事（l'affaire）に性別はない」という事態であると言われる。aとS($\cancel{A}$)とを癒着させ「心から愛すること」は、生物学的な意味での男性と女性の違いなく、つねに「同性愛的（hommosexuelle）」なものと見なされるのである。「至高の存在への耐え難い関係を支えるための勇気によって、友人たち、つまり、フィロイ（友愛、フィリアをもって結びつく同朋たち）は、互いを認め合い、互いに選び合います」。「心から愛すること」は、本質的に「性－外（hors-sexe）」なことである。そのときの「外」とは、ちょうど、モーパッサンの『オルラ（Horla）』に登場する不可視の幻影が、主人公によってかりそめに「オルラ（Horla）」と名付けられたのとまったく同じ意味において、「外（hors）」にあるものと見なされる。

　だが、このような「愛」は、生物学的な男／女を越えた「男性」の論理によってのみ語られるものなのだろうか。「しかし、女性たちもまた同様に「心からの愛に満ちている（âmoureuse）」ように見えます」と言いながら、ラカンは、「心から愛する（âmer）」ことに「女性」の側から荷担する理路を示している。「性－外」を特徴とする「同性愛的（hommosexuelle）」な「愛」は、「すべて」を同じ「性」のもとに語ることにおいて、「男性（homme）」の側にある。すべての「リビドー」が「男性的」なものであるように、そこでの「愛」は、「男性愛的（hommosexuelle）」なものと見なされるのである。だが、「すべてではない」と、いったんはその構造から逃れ出る「女性」もまた、異なる仕方でその「愛」に荷担することになると、ラカンは言う。本講〈1〉で概観したさいに示された女性の欲望の二つの方向のうち、「男性」の「愛」に応えて「ファルス関数」にみずから進んでいくあり方の詳細が、ここで語られることになる。そのように、「男性」の「愛」の構造を裏側から支えるような「女性」のあり方は、しかし、「女性たちをヒステリーに導くことができるだけ」だと言わなければなるまい。「ヒステリーとは、お話ししたように、男性を作ることであるわけですが、その結果として、女性たちもまた、同性愛（hommosexuelles）、あるいは性外（horsexe）に属することになります。そのようにして、女性たちは、大他者においてみずからを同じくする（se mêmer）ような袋小路に陥らざるをえないことになるのです」。その欲望によって「不能の父」を「男性」として機能させるヒステリー者は、ファルス的享楽を裏側から支える存在として、

「男性」の同性愛的構造のうちにみずからを位置づけるのである。

　ラカンは、このような構造がひとつのディスクールとして機能した例を中世の「宮廷愛」に見る。宮廷愛とは、ある時期以降の騎士道文学のなかでの「愛」の典型とされるものであるが、そこでは例えば「ミンネ」と呼ばれる超越的な原理によって「騎士」の存在が確立するとみなされた。騎士は「女性」に「ミンネ」を捧げ、「ミンネ」を賭けて決闘し、そうして「騎士」として名声を上げることで、「ミンネ」を獲得するに至るとみなされた。そこではすなわち、「女性」へと向けられた純粋な「愛」が、「男性」としての存在を確立するための必要条件とされていたのである。「男性」を「男性」として確立するための「愛」の論理を、美しい詩によって謳う、そうした「宮廷愛は、同性愛の楽しみ（amusement）が、究極の退廃へと、封建制度に固有のものと言われる、あり得ない悪夢の類へと、転落したときに現れます」と、ラカンは言う。そこでは、理想化された「女性」が「ファルス」としての機能をはたしながら、「男性」の論理における「愛」を補完する存在として位置づけられているのである。

　このようなかたちで、「心から愛し合う」男性と女性の論理に合致しないような「女性」のあり方は、それゆえ、「すべて」をそこに語りだす言語空間においては、批判されるべきものになる。あらかじめ a と $S(\cancel{A})$ の癒着に基づいて「心」なるものが存在することを前提とするならば、$S(\cancel{A})$ へと向かい、a とは異なるところに固有の享楽を目指す「女性」は、断罪の対象と見なされるのである。すなわち、「心を存在させるために、ひとは心を女性から分離します（différencier）。つまり、ひとは女性を、女性と「言われたもの」にする（dit-femmer）、あるいは、中傷する＝心を損ねる（diffâmer）のです」。ラカンは、diffamer（中傷する）という動詞に、femme（女性）と âme（心）を掛け合わせた「ララング」を弄して、「心」を前提とした構造における「女性」の排除を語る。「男性」は、「すべて」がそこで語られるような次元（dit-mension）のうちに「女性」を位置づけ、「愛」の構造のうちに「女性」を取り入れようとし、そこから逃れる「女性」を中傷し、「心」がないと非難する。「同性愛」の構造に「心」を見出す「男性」は、同じ論理の表と裏で、「女性」における二つの様態を裏書きすることになるのである。

第7講　ラブレター（愛の文字）

　ラカンは、このような「不名誉 (infamant)」を与えられる「女性」が、「女性」としての立場を守りながら「名誉」を与えられる数少ない例として、「コルネリア」の名前を挙げている。グラックス兄弟の母として、ローマ建国史に名を連ねるコルネリアは、農政改革を主導した革命児を背後で支えた存在として、歴史に「名誉」を誇っている。ラカンは、分析者にコルネリアについて、あるいは同じ構造的役割を担いうる様々な「コルネリア」について語るように促しながら、それでも、グラックス兄弟の改革が、失敗することによってのみ成立することに注意を促す。「その子供たちは結局、うまくいかない、と分析者たちはいうでしょう。グラックス兄弟 (les Gracques) は、その生涯をとじるまで、法螺(ほら) (craques) を吹いてばかりいたのです、と」。ラカン特有の地口によって示される「機知」が担う精神分析的な機能について、ここで詳述することはできない。ここではたんに、言葉によって語られる事柄の位相の変化をねらったパロールの用法として理解するに留めよう。ラカンはここで、改革半ばで相次いで暗殺されたグラックス兄弟の運命を示唆しつつ、既存の言語空間においては「法螺」として排除されるしかないものこそが、「革命」の契機をもつということを暗示している。グラックス兄弟と「法螺」が重ねられて語られる事柄が示すことは、「知の体系」からの排除を運命づけられる存在がもつ「転回」の可能性なのである。グラックス兄弟の母としてのコルネリアが、「女性」として名誉を与えられるとするならば、それは、言語によって分節化される「すべて」の外部にある「革命」の可能性を指し示すかぎりにおいてであると、ラカンは言うのだ。

　ラカンは、こうして「心から愛し合う」構造の後に、「ルネッサンス」と呼ばれる近代科学の萌芽が現れると言う。「宮廷恋愛は、歴史上、彗星のように一瞬脚光を浴びて消え去っていくものでした。そして、引き続いて、古代の古くさい考えの再生（ルネッサンス）と言われるもののがらくたが戻ってくるのを、人々は目にしたのです」。だが、〈2〉において見たように、そうした「古くさい考えの再生」が、アリストテレス主義的な「科学」、すなわち、男性と女性が「心から愛し合う」同性愛的な「友愛」に満ちた構造を転倒させ、近代科学のディスクールを発現させるとされていた。ガリレオによるアリストテレス主義の否定が、「科学的ディスクール」の基盤となったのである。

この文脈でのラカンは、しかし「近代科学のディスクール」についての詳細を語ることを再び回避し、議論の焦点を「科学的ディスクール」のうちのひとつとして現れた精神分析の機能に移すことになる。「精神分析が現れるのは、唯一そこ（科学的ディスクールが現出した地点）からであることになります。すなわち、精神分析とは、話す存在が、純粋に喪失として話すための時間を過ごすことを客観化することなのです」。これに引き続くラカンの「精神分析」の規定は、様々な解釈を許す非常に振れ幅の大きい表現となっているが、そのまま引いておこう。「（純粋に喪失として話すということは）すなわち、ごく短い期間しか存続せず、つねに途上であり続けるもののために話す時間を過ごすということですが、それは、ひとびと全体が最終的な解決へと至るために必要となる時間を過ごすということなのです」。ラカンが、精神分析の出現に関してここで語っている事柄に、決定的な解釈を下すことは難しい。だが、さしあたりこの文章を、「四つのディスクール」のうちの分析者のディスクールの構造を示すものとして理解することはできる。すなわち、分析者のディスクールは、S_2を目指すもの、つまり、理想的な「知の体系」のうちに、「ひとびと全体が最終的な解決へと至る」ことに時間を捧げるものであるが、けっしてそこへ到達することはないのであった。精神分析は、「つねに途上であり続ける」ようなS_1を産出し続け、「知の体系」へと至らない営みであると言われていたのだ。「純粋に喪失のために話すための時間」とは、そのかぎりにおいて、精神分析の営みを指すこととして理解される。こうして精神分析は、科学的ディスクールのなかの「転回（tournant）」を標し付けるものとなったとラカンは言う。フロイトの天才は、その「喜びの力＝歓喜力行団（Kraft durch Freude）」によって精神分析を発明したことだとラカンは言うのである。フロイト（Freud）の名前に掛けて語られる「喜びの力＝歓喜力行団」とは、ナチス政権下、国民の団結を得るために、コンサートやリゾート、スポーツの祭典を催す組織であった。その「力」は、お祭り騒ぎを通じて、なお何ごとか「純粋に喪失のために話すための時間」を生起させた、ラカンは、そう皮肉に評価しているように見える。「それ（＝エス）、その（精神分析による）転回が持続するあいだ、大他者にかかわる何かが煌めくことになるのです」と言いながら、ラカンは、精神分析の「転回」によって、「大他者としての大他

者」の場所が示されることになったと言うのである。

　だが、それでは精神分析は、どのような仕方で「大他者としての大他者」の場所を示すことになるのだろうか。ラカンはここで、「倒錯」を主題として、この講でこれまで語られてきたことについて「重要な補足を述べることにしましょう」と語り直す。フロイトは「性理論三篇」において、最初「倒錯」を「女性」へと帰し、神経症の「愛」の構造のなかに「倒錯」を捉えていたが、「しかしその後、倒錯は、神経症において見極められるようなものではないということがわかりました」と、ラカンは言う。「男性」の論理のなかに現れる「神経症者は、たんに倒錯者になることを夢見ている」のであって、「倒錯者」そのものとは区別されると言われるのである。

　「倒錯者」とは、むしろ「すべて」として構築された知の体系（S_2）を転覆するものと見なされる。「倒錯者においては、ノウハウ（un savoir-faire）によって支えられた振るまいが転覆されます」。「ノウハウ（un savoir-faire）」とは、ラカンにおいて、「四つのディスクール」におけるS_2のあり方を示す語であるが、それは「主人の知」と対比される「奴隷の知」のあり方を示すものであった。奴隷たちは、「知の体系（S_2）」に見出される「存在」とのかかわり方を知るだけで、それらの「存在」がどのような仕方で規定されているかについての「知」を欠いていると見なされたのである。こうした「ノウハウ」によって構築されている「知の体系」において、「倒錯者」は、「物事の自然＝本性」として定められた秩序を転倒するものとして位置づけられる。「倒錯者」は、そうして物事のあるべき秩序を転覆することにおいて、本質的に「不道徳」な存在として位置づけられるのである。

　この「不道徳」は、しかし、「心」を前提とする構造を転覆するものでありながら、他方では、その構造に初めから内包されていたものと考えることができる。aとS($\bar{A}$)の癒着によって、「心」を前提とする構造がどれだけ確かなものと見なされたとしても、それが本性において異なる二つのものの接合に基づくかぎり、解体される可能性があらかじめ内包されている。「ノウハウ」によって秩序づけられる物事の「自然」な体系は、それを転覆させるような「不道徳」の可能性をその構造のうちに含んでいるのである。ラカンにおいて、「不道徳」と「心」を前提とする秩序が、表裏一体のものとして重ね合わされて論

じられるのは、そのような理由によると考えられる。「この不道徳（amoralité）という語のはじめに心（âme）を置いてみましょう、すると「心から愛する道徳／不道徳（l'âmoralité）」となります。結果を見てください。性的な振るまいの道徳性というものがあることになるのです。性的な振るまいに関する道徳性は、〈善〉について言われたことのすべてを言外に仄めかします。ただし、善に関することを強調しようとするなら、カントへと至ります。カントは道徳性がどのようなものであるかを明るみに出します。これこそ、私が「カントとサド」という論文において主張しなければならないと考えたことでした。道徳性が打ち明けるのは、自身がサドであるということなのです」。「道徳性（moralité）」という語に付加される接頭語の「â」は、「徳」を否定するものであると同時に、「道徳」の構造のうちに前提とされる「âme（心）」の存在を示すâでもある。「âmoraliteé（心から愛する道徳／不道徳）」という「ララング」によって示されるのは、「心」を前提にする「道徳的秩序」の内部に本質的に含まれる転倒可能性なのである。ラカンが、「カントとサド」と題された論文においてサドの「倒錯」を、カントの道徳的秩序の構造をそのままにたんに転回させて示したことが、ここで想起されている。サドの「倒錯」は、カントの構造を外部から破壊するものではなく、同じ構造の転回として示されるのである。

　この意味で、サド（Sade）は、敬意を表してそのまま大文字で（Sade）と書かれても、道徳性との関係がわかるように小文字でsade（「称賛すべき」という形容詞）と書かれても、あるいは「エス（Ça）」とのかかわりが見えるようにÇadeと書かれてもよいことになる。「これによって道徳性がエスの水準にまで至ること、それらの距離がそれほど離れてはいないこと」が明らかになると、ラカンは言うのである。

　しかし、こうした「エス」は、それ自身において、aとS($A̸$)の癒着へと向かう傾向も持っているとされる。「エスは取り違え（confusion）へと向かう傾向をもっています。なぜなら、心から愛する（âmer）人にとって、世界によるすべてのものは、そのなすべきことを知っていると考えないことは難しいからです」と言われるように、「エス」は、「心」を前提とする構造をそのまま肯定する方向へも機能しうる。世界の「すべて」の存在の本質が、あらかじめ「形相」として定められているような見方によれば、「心＝魂（âme）」こそが人

間の身体の存在を支えるものと見なされる。アリストテレスが『魂について』で示したことは、まさにそうした人間の「形相」としての「心＝魂」についてだった。同様の「取り違え」は、しかし、分析者のディスクールにおいても発生しうるとラカンは言う。分析者のディスクールは、「幻想」のただなかに「ベティーズ」としてのS_1を産出するように機能するが、そのとき、「語る存在における現実（réalité）とはこのようなものだと、つまり幻想的なものだ」と考えるとすれば、それは「心」を前提とするような構造と同じ取り違えの道へと精神分析も分け入っていることになる。そこでは「分析は、われわれに目的因を再構成してみせる取り違えへと傾いている」とされる。精神分析が、「幻想」こそがわれわれの行為が到達すべき「目的」だと見なすのであれば、そのときには分析もまた、同様のaと$S(\cancel{A})$の癒着へと傾いていることになるのである。精神分析において発現する「幻想」とは、「目的」を指し示すものであるよりも、むしろ「まったくもって支離滅裂なものである」と言わなければなるまい。「そのことは、主体が行為するとき、その主体は自分が考えるより多くのことを知っている」ということを示している。無意識における「知」の存在が、「幻想」をひとつの「目的」へと収斂させることから精神分析を逃れさせると、ラカンは言うのである。

　それでは、そこで示される「無意識の知」とは、一体どのようなものなのであろうか。ラカンは、「無意識がわれわれに何かを学習させるのだとすれば、それはまずもって、どこか、大他者において、エスは知っているということです」と言う。そのことは、同時に「女性は何を知りうるかという問題」でもある。「それは言いかえるならば、女性が男性と関係をなすような戯れ（jouer）を超えて、……大他者と呼ばれる項が、何かを知っているのかどうかという問題にほかなりません」。大他者としての大他者が何を知っているのか。言語によって構造化された「すべて」からつねに逃れ出るものの「知」が、この講の最後に問題とされることになるのである。

　先にみたように、ラカンは、講義の冒頭で、この講の主題を「知」の問題としていた。「男性」の側において「すべて」を語る「知」とは異なる「女性」の「知」の問題を立てることで、ラカンは、最後に再び「知」の問題について言及することになる。「いったい大他者は知っているのでしょうか」。このよう

に問題を立てた後に、ラカンが展開する議論は、しかし、一見するところ「知」とはまったく関係のないように見える事柄である。ラカンは、エンペドクレスの「愛」についての議論を引きながら、「愛」と「憎しみ」の不可分性を語るのである。

　「愛」が結合の原理であるとするならば、「憎しみ」は別離の原理である。「愛」には必ず「憎しみ」が伴うというフロイトの両価性（アンビヴァレント）の原理に対して、ラカンはここでエンペドクレスを引きながら新たな解釈を与えている。すなわち、フロイトの原理はここで、a と S($\cancel{A}$) の癒着のうえに「すべて」を語ろうとする「愛」が、同時にその構造を解体するような「憎しみ」と不可分なものとして理解されるのである。「愛」から「憎しみ」を切り離し、純粋な「愛」だけを取りだして結合の絶対性を強調するキリスト教は、ラカンによれば、そのことで存在の構造を強化するよりも、むしろ存在の規定を弱めることになっているという。「男性を神と混同するように女性へと働きかける男性の傾向が強くなればなるほど、彼はより憎まなくなり（moins il hait）、そしてより存在しなくなる（moins il est）のです」。ラカンは、「憎むこと（hait）」と「存在すること（est）」とが、異なる綴りのなかに同じ音を響かせることを指摘しながら、「憎しみ」の減少が「存在」の減少にほかならないことを示す。「男性」の論理が絶対化され、無限の「愛」とともに「神」の秩序が「すべて」の存在を規定するに至るや否や、「存在」をそのようなものとして語り出す「愛」の機能は、ごく表面的な物語に帰されて、「憎しみ」を失ってしまうのである。

　けっして重なり合わないものの接合を欲望する「愛」が、その「幻想」のなかに a と S($\cancel{A}$) を癒着させ、「すべて」を語りだそうとするとき、そこにはすでに「憎しみ」としてその構造を解体させる契機が不可分なものとして含まれている。こうしたラカンの議論は、上に見たカントとサドの議論の延長線上に理解することができるだろう。「心」を前提として語られる構造は、それ自身、「すべて」を「道徳的秩序」のなかへと調和させようとする「愛」によって維持されるが、そこには同時に、その秩序を転覆させる「不道徳」を内包させている。こうして、意識されないままに潜在する転覆可能性を、ラカンは「無意識の知」「女性の知」「大他者の知」という概念で指し示したと考えられる

のである。「愛」と不可分な「憎しみ」において見出される「知」は、「すべて」の存在を語る「知の体系」のうちに、あらかじめ含まれるものと見なされるのだ。

第8講　知と真理

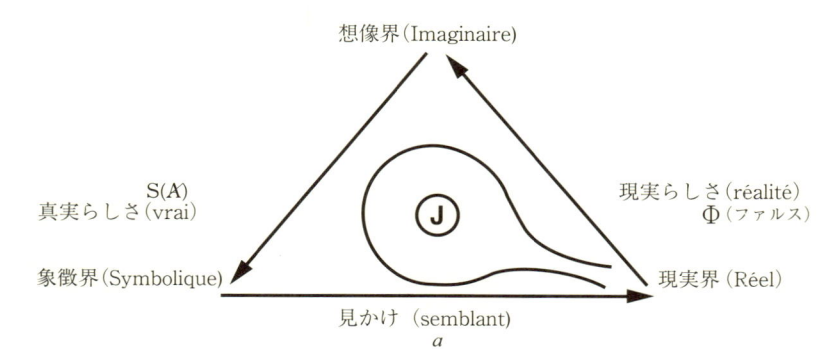

```
                想像界(Imaginaire)
                      ▲
                     ╱ ╲
                    ╱   ╲
         S(A)     ╱      ╲    現実らしさ(réalité)
      真実らしさ(vrai)  ( J )    Φ（ファルス）
                  ╱         ╲
                 ╱           ╲
      象徴界(Symbolique) ──────▶ 現実界(Réel)
                    見かけ（semblant）
                         a
```

　この講の記録には、はじめに、上の図が記されている。現実界、想像界、象徴界から出発した三本の矢印が三角の枠を形成し、そのなかに享楽を示す"J"が、現実界からまるで「クモの巣」を張るかのように描かれている。そこで、この図は、三領域と享楽のかかわりについて示したものだと理解することができる。

　ラカンは、この図によって、「書かれたものが要請する曲面の次元」に接近できるようになると言う。「書かれたもの」とは、このセミネールのなかでは、シニフィアンの運動から切り離された S_1 とされ、またシニフィアンのなかで特権的なものとされるΦ（ファルス）と関連づけられていた。つまり、「書かれたもの」とは、意味作用に関して宙づりにされたままの、たんなる引っ掻き傷のようなものとして捉えることができる。こうして、この図は、語る存在が書かれたものと出会うことで三領域をめぐる運動がおこり、その運動をとおして、享楽がどのように生ずるかを描いたものだと考えられる。

　右斜辺からみていこう。ここには書かれたものを示すΦが記されている。このように何も意味しないΦと出会う場合でも、語る存在がランガージュの法にしたがっている以上、そこには何らかの意味が想定されることになる。こうして、この右斜辺上で、何も意味しないΦに対し想像的なものが働き、そこに意味が想定される。またここには現実らしさ（réalité）が記されているが、

これはこの斜辺の出発点である現実界（réel）とは区別されなければならない。この現実らしさは、Φを読もうとするときすでに、そこで想像的なものが働いていることを示している。現実界から想像界へと引きつけられるこの過程において、何も意味しないΦに意味が想定されることが、現実らしさとして記されているのである。そして、次に語る存在は、書かれたものに意味を読みとろうと、象徴的なものに託すようになる。これは、パロールの経験でもある。こうして、左斜辺へと移っていく。

それは、想像界が象徴界へと引きつけられる過程である。そこには、S(A̸)と真実らしさ（vrai）が記されている。S(A̸)は、シニフィアンの宝庫としてのAに欠けたものがあることを示しており、それはこの左斜辺のパロールの過程において、「すべてを言うことができない」こととして経験される。つまり、そこにはうまくいかないことがある。そこでは、真理のすべてを言うことはできない。このように、パロールにおいては、ランガージュの法の不条理とも呼べるものが経験されることになる。ランガージュの法とかかわるために、書かれたものに対し、想像的なものが働き、意味が想定されるが、パロールにおいて実践しようとするなら、そのすべてを象徴的なもので言いつくすことはできないということが経験される。この経験が、象徴界からさらに現実界へと引きつけられていく動力となる。

それが下辺において示されている。この過程では、左斜辺で生じたパロールにおけるうまくいかなさ、つまりS(A̸)を埋めようとaが産出される。ここには見かけ（semblant）が記されている。aは欲望の原因であり、ここでは見かけと関連づけられている。しかし、そのaは現実界へ近づけば近づくほど、維持されるのが難しくなる。そして、この下辺の矢印の行きつくさきで、享楽が「クモの巣」のように噴出するのである。

また、この運動は、ランガージュの法と深くかかわっていることを見逃してはならない。ラカンはフロイトのいう去勢をランガージュの法と結びつけた。フロイトにおいて、去勢は母親との近親相姦的な結びつきを禁じること、すなわち父親からの禁止を受け入れることであったが、ラカンは、それをランガージュの観点から読み替えることで、母親との関係を想像的関係とし、その関係を象徴的なものによって切り離すことであると捉えなおしたのであっ

た。このとき、ランガージュの法は、すべてをシニフィアンの運動のなかに組み入れようとするだろう。しかし、ランガージュがパロールにおいて実践に移されるとき、語る存在は象徴的なものとだけかかわっているわけではない。意味の想定には想像的なものがかかわっており、また、すべてを言うことができないという経験から、現実界の問題が生じる。このように、パロールにはうまくいかない点があり、これが三領域の運動を循環運動にする。つまり、この運動は振りだしに戻っていく。この袋小路で、享楽は生ずるのである。

「書かれたものの軌跡における限界、つまり行き詰まりと出口なしの地点が、象徴界が現実界へと向かう過程で描かれており、ここでこそ、奇妙な存在が暗闇から現れる曲面の機能を捉えることができるのです」。ここで言われている「奇妙な存在」こそ、享楽を示している。このように、この図によって、享楽は三領域の運動の行き詰まりにおいて噴出するものとして理解することができるのである。

さらに、この図から享楽の問題領域を画定することができる。これまで見てきたことからすると、享楽は、ランガージュの法をパロールにおいて実践に移したときに経験されるうまくいかなさの代償と捉えることができるだろう。このとき、享楽の問題領域を、「ランガージュの効果の外には出ずに、パロールのかなたへと進もう」とする範囲内に、すなわちランガージュとパロールのすき間に、見定めることができる。「シニフィアンこそ享楽の原因です」と言われるのは、パロールにおけるシニフィアンの運動への組み入れにおいてうまくいかないことが生じ、それが享楽を生みだすことになるからである。

このように定められた享楽の領域は、まさに精神分析の領野に直結していると考えることができる。たとえば、言語学を、ランガージュを扱う研究分野のひとつとして、コミュニケーションの可能性やその構造を探究するものと捉えるとするなら、ラカンの言語学趣味 (linguisterie) と呼ぶものは、コミュニケーションの挫折する点、そのうまくいかない点を扱うものだと考えることができるだろう。精神分析の考える症状とは、この点に現れると考えられ、享楽とは、まさにこのような領域へと切り込んでいくための概念なのである。

この図はさらに、第7講で提出された性別化の四つのマテームとの関連から取りあげられ、さらに四つのディスクールとのかかわりも読みとることが

できる。つまりこの図は、このセミネールで重要となる二つのマテームを享楽という観点からつなぐものとして捉えることができるのである。この点については、〈2〉に譲ることにする。

〈1〉

　ラカンは前回の最後に語ったことを、"hainamoration"という造語によって表現することではじめる。ここではこれを「憎愛化」と訳すことにするが、この語には、「憎しみ(haine)」、「愛(amour)」、「惚れ込む(énamourer)」が圧縮されている。これによって、ラカンは「憎しみなくして愛はない」という考えを、一言で表現した。しかし、このように憎しみと愛を一括りにすることは、精神分析において真新しいことではないように思われるかもしれない。エディプス・コンプレックスにおける父親へのアンビヴァレントな感情もまた、この憎愛化のことを指しているように思われるからである。しかし、ここで憎愛化という語によって示されるのは、そのことではない。

　フロイトのアンビヴァレントの構造、すなわち意識においては愛している父親を、それが母親との関係を禁止しているため無意識において憎むという構造は、性別化の四つのマテームと照合させるなら、男性の側だけに属する問題であると言える。なぜなら、この場合の憎しみとは、去勢されている者($\forall x\ \Phi x$)から去勢されていないと想定されるだれか($\exists x\ \overline{\Phi x}$)へと向けられたものと捉えることができるからである。しかし、ここで憎愛化によって示されているのは、性別化のマテームの左側に限定されることではなく、むしろ左側と右側、つまり男性と女性のあいだの、いかなる関係も築くことのできないほど穿たれている裂け目において生ずる情動に関することなのである。このように、ここでの憎しみと愛が男性と女性のあいだの裂け目に関係するものであるなら、この憎愛化は享楽とかかわっている。さらに、前講の最後で、享楽は知と関連づけて論じられた。それゆえ、「愛の問題は、知の問題に関係している」と言われるのである。

　しかし、ここまでのラカンの説明は、愛と知の関係、さらにはそれらと享

楽の関係について、第7講の最後で問題提起としてあげたものを前提としているため、判然としない。そのため、第7講の最後のところから、愛と享楽と知の関係について確認しておく必要がある。そこでは、次のように取りあげられていた。

　男性はaをとおしてしか女性を愛することができない。しかし一方で、「愛は相互的である」ため、パートナーからの何らかの返答を求めることでしか成就しようとしない。またこの相互性においては、享楽にかかわる返答が求められる。このように、愛は享楽にかかわる出来事を想定させ、その返答をパートナーから求めるけれども、このとき、この相互性にはランガージュが関与せずにいないため、女性はその二人のあいだにあると想定される享楽について言うことを迫られると、まさにそれができない。そこから、「大他者は知っているのか」という問いが生ずることになる。なぜなら、女性は享楽について言うことができないけれども、そこに何かあると想定される以上、それを知っている者としての大他者が想定されるからである。こうして、享楽が知の問題とかかわりをもつようになる。愛と享楽と知は、第7講においてこのように関係づけられていた。すなわち、愛は十分な返答を得られないが、そこに享楽とかかわる何かがあるという考えを引きおこし、それについて知る者がいるのではないか、つまり享楽について大他者は知っているのではないかという問いを生じさせるのである。

　このとき、ランガージュの次元と存在とのかかわりも、また問題として浮かびあがってくる。なぜなら、この問いに対し、「大他者は知っている」と考えるなら、その知の獲得に大他者の存在が重要な役割を担うことになり、反対に「大他者は何も知らない」と考えるなら、知から存在が切り離されて扱われるようになるからである。このとき精神分析は、第7講で言われていたようにAとaを切り離そうとする、すなわちランガージュの次元と存在を切り離そうとするディスクールであるため、「大他者は知らない」という立場を取るだろう。この問題は、〈3〉で取りあげられる。

　それでは、なぜ享楽について言えないとされるのか。これは冒頭で取りあげた、パロールにおけるうまくいかなさの問題である。この問題は、精神分析の真理に関する立場と密接にかかわっているため、真理についての話へと

移っていく。

「真理は、パロールがその支えとなるような理想としてみずからを認めます」。哲学の伝統的真理概念に「言葉と事象の一致」というものがあるが、これは上述の理想を表したものと言えるだろう。この真理概念は、ランガージュの次元に属するものと存在とを一致させようとする。もちろんこの真理概念は、哲学においても多くの議論を引きおこしてきた問題だが、われわれはさまざまな場所でこのような考えに遭遇する。

たとえば、裁判で目撃者が証言台に立たされる場合、「証言台に立たされた人間は知っているすべての真理を語るよう求められる」。ここには、事象が存在と関係づけられ、そのすべてを言わなければならないという考えを読みとることができるだろう。

また、カントの『実践理性批判』のなかに次のような議論があった。ある君主が自分と対立する恐れのあるひとりの誠忠の士を偽りの口実のもとに殺害しようとし、そのため別の臣下に偽証するよう要求してきた。さらに、その臣下がその要求を拒むならただちに死刑に処すと威嚇されたとき、この臣下はどのような行動を取るべきか、という議論である。カントにおいては定言命法という道徳法則がある以上、偽証することはありえない。またこれは自由の問題ともかかわっている。なぜなら自由な人間は、死を恐れるという個人的な感情とかかわることに左右されず、普遍的な法にしたがう者だとされるからである。この場合この臣下は、みずからの命と引き換えに、真理を言うことで誠忠の士を救わなくてはならないだろう。だが、この議論においても、真理に関してすべてを言うということが前提とされている。

しかし、真理についてすべてを言うことができないという立場から、このように言われることはない。「自由な人間には、君主に真理を言いながらも、真理を語ることで誠忠の志の命を救うということも導きだせるのではないか」。このような考えは、言うことを享楽という観点から捉えることによって導きだされたものである。享楽は、第1講でコンパクト性によって説明され、そこでは裂け目をすべて覆いつくすことができないという側面が強調されていた。同じように、象徴的なものによってすべてを言いつくすことはできない。言うことには、現実的なものと想像的なものとのかかわりからすべてと

いうことが想定されるが、象徴的なものはそのすべてを言いつくすことはできない。ここに、享楽の問題が生ずる。「享楽が認められるとしても、まさに享楽が口に出されえないところに、享楽は認められることになるのです」。言うことについてこのように考えられる以上、真理に関してもまた、「最後まで話されないこと、半分だけ語られるという条件においてのみ、真理は語られる」ことになる。そのため、真理を言うことで、つまり実践理性の法を犯すことなく、誠忠の士を救いだす言い方は十分に導出されうるだろうと考えられるのである。

　この「真理についてすべてを言うことはできない」ことの根拠が、享楽の観点から述べられる。「真理をすべて言うことができないのは、享楽がひとつの境界だからです」。「境界」とは、唐突にもちだされてきたようだが、第1講で話題にされたことであった。そこでは、境界の、閉空間の内部にある裂け目を無限数の交差によって被覆するという側面によって、享楽の一側面が表現されていた。この無限という視点から享楽を捉えることは、四つのディスクールにおける享楽の場所を説明してくれるだろう。

$$\frac{見かけ}{真理} \longrightarrow \frac{享楽}{剰余享楽}$$

　ここで、「享楽は見かけから出発している」。享楽が見かけから出発するとされるのは、享楽はすでにある裂け目を埋めようと無限に数えていこうとするが、無限に数えていけるなら裂け目を塞げるのではないかという見かけがその出発点で働くからである。

　ここではさらに愛と比較されることで、享楽の特徴が述べられる。見かけから出発する享楽に対し、「愛は見かけへと送りつけられる」。このセミネールでは、たびたび愛と享楽の違いについてふれられるが、ここでは、享楽が見かけからはじまるのに対し、愛は見かけへと送りつけられものとされている点に、二つの違いをみることができる。享楽は、無限に数えていけるなら裂け目を覆うことができるのではないかという見かけから出発するため、ひとつずつ数えていくという無限の営みに身を削ることになるが、その一方で、

愛は、本質的に自己愛的なもの、すなわち自己回帰的なものであるため、裂け目が完全に覆われるという幻想に自足することになる。この自足は、aが愛において幻想を支え続けるかぎり、維持されるだろう。このときこの自足において、存在が見かけとして働くことが愛の象徴と言えるだろう。「大他者への到達が、欲望の原因としてのaと癒着することでのみ達成されるのは、愛が存在の見かけへと送りつけられるからです」。こうして愛は、aをとおして存在と結びつくのである。

これに対して享楽は、見かけの場所に存在をもたらすaを突き抜け、さらにそのさきへ進むものとされる。このことは、冒頭の図でも確認された。下辺のaが現実界へと近づき、aとして維持されなくなり、さらにこの運動が現実界へと至る点で、享楽は現実界から噴出するものとして描かれていた。このときラカンは、精神分析のプロセスを享楽の運動によって捉えようとする。そのため、〈2〉において冒頭の図が取りあげられることになる。しかし、そのまえに自分が説明の手段としてマテームやアルゴリズムを用いることの理由について語る。このことは、まさにこのaと関係していたのである。

aにおいては想像的なものが強く働く傾向があり、そこから現実的なものを区別する必要がある。たとえば言葉による伝達はすでに知られている意味（sens）をたよりにおこなわれるが、そのさい理解不能の事態（$S(\cancel{A})$）に遭遇するなら、意味がその事態を埋めるaとして働くということがおこりうる。このようなとき、ひとは結局自己への回帰によってしか、つまりすでに知っていることをとおしてしか、事態を理解しようとしないだろう。意味がこのように働くのは、$S(\cancel{A})$とaが癒着するからであるが、このようなことを避けるため、言葉による説明のほかに、マテームやアルゴリズムを用いるのだと、ラカンは言う。冒頭の図で言うなら、$S(\cancel{A})$を埋めようとするaを突き抜け、現実界へと至り、そこからふたたびΦが産出される運動が、重要だと考えるのである。「数学的定式によって、現実的なもののモデルを描きえたと私は信じているのです。この意味形成（signifiance）の数学的定式化は、意味（sens）とは反対になされます」。

つまり、ラカンがマテームやアルゴリズムを用いるのは、理解困難な点がaによって塞がれることなく、それを理解しようとする主体によって新しい

何かが書き込まれる場を、マテームやアルゴリズムが提供してくれると考えるからなのである。

本講の冒頭の図も、このような狙いから提出されたものだと考えることができる。これによって、曲面の次元、つまり運動もしくは移行を図のなかに描くことができ、何よりもそれを読もうとするときに主体的な解釈が要請されるのである。

〈2〉

ここで、ラカンは精神分析のプロセスを享楽の運動によって捉えようとする。冒頭では、この図をたどりながら、享楽の領域をランガージュとパロールのすき間に画定した。享楽は、ランガージュの法がパロールにおいてうまくいかないことによって、生ずるのであった。

冒頭では、図を一周し、運動が振りだしに戻るところで享楽が生ずるということを確認した。しかし、この過程自体は説明のための便宜的なものであり、振りだしに戻り、享楽が生じたところで、この運動が終了するということではない。むしろ、この反時計回りの運動は、言語活動が続くかぎり、パロールにおけるうまくいかなさとして持続し、その内部では張りめぐらされた巣のなかを享楽が蠢きつづけることになる。享楽は、この運動を巣のなかでショートカットすることもできるし、どこかひとつの場所に留まりつづけることもできる。第6講における「私たちは享楽に弄ばれている」という発言は、まさにこのような享楽の性質を言い表している。このとき、語る存在が書かれたものと出会うことで生ずる運動は、いったん享楽がみずからの巣を張りめぐらしてからは、その裏側ではつねに享楽の運動をともなうものとして捉えられねばならない。ラカンは、この享楽の運動をとおして、ここで精神分析のプロセスを考えようとするのである。

このとき、享楽は、性別化の四つのマテームとの関連から捉えることができる。なぜなら、これらのマテームもまた、ランガージュの法として読みかえられた去勢と語る存在との関係を扱ったものであったからである。

第8講　知と真理

　ここで、性別化の四つのマテームを確認しておこう。男性の側の $\forall x\ \Phi x$ と $\exists x\ \overline{\Phi x}$ は、それぞれ「すべてが去勢されている」、「去勢されていないものがひとりは存在する」と読まれ、女性の側の $\overline{\exists x}\ \overline{\Phi x}$ と $\overline{\forall x}\ \Phi x$ は、それぞれ「去勢されていないものは存在しない」、「すべてが去勢されているわけではない」と読まれた。このとき重要なのは、左側に位置づけられた二つのマテームと右側の二つのマテームとのあいだには、いかなる関係も見出せないということであった。去勢について、男性と女性は対称的な位置をとっておらず、そこには埋めることのできない裂け目がある。そしてこのとき享楽を、このいかなる関係も築けないあいだに、関係を書き込もうとする営みとして考えることができるのである。

　ラカンは、この観点から四つのマテームを、様相論理学の四つの様相（可能、必然、不可能、偶然）と結びつけることで、性関係を書き込もうとする享楽の営みとして表現しようとする。それらは、「書かれる」、「書かれない」という表現に、本来書かれない関係性を書き込もうとすることから、それを「やめる」、「やめない」ということが加えられ、それらを組み合わせることで表現されるようになる。まとめると、次のようになる。$\forall x\ \Phi x$ は様相論理学の可能に対応し、「書かれるのをやめること」と表現される。以下同じように、$\exists x\ \overline{\Phi x}$ は必然に対応し、「書かれるのをやめないこと」と、$\overline{\exists x}\ \overline{\Phi x}$ は不可能に対応し、「書かれないのをやめないこと」と、$\overline{\forall x}\ \Phi x$ は偶然に対応し、「書かれないのをやめること」と、それぞれ表現される。性別化のマテームと四つの様相との関係は、次のように図示できよう。

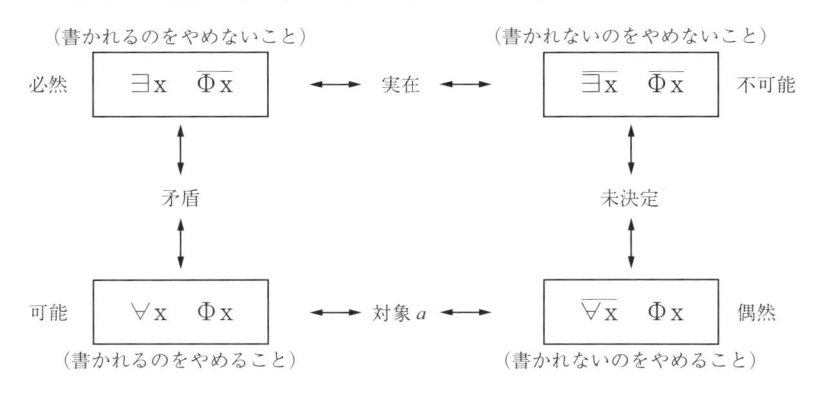

```
           （書かれるのをやめないこと）              （書かれないのをやめないこと）

  必然    │ ∃x   Φ̄x │  ←── 実在 ──→   │ ∃̄x   Φ̄x │   不可能
             ↕                                    ↕
            矛盾                                 未決定
             ↕                                    ↕
  可能    │ ∀x   Φx  │  ←── 対象a ──→  │ ∀̄x   Φx  │   偶然

           （書かれるのをやめること）              （書かれないのをやめること）
```

このように、性別化の四つのマテームは、去勢の結果導きだされた「性関係は存在しない」ということに対して、本来書かれない関係性を書き込もうとする享楽の営みと関係づけられるのである。こうして、これらのマテームもまた、享楽の運動として冒頭の図のなかに読みとることができるようになる。このとき、性別化の四つのマテームのうち、∀x Φx を除いた三つが図のなかに位置づけられる。∀x Φx が取りあげられないのは、「すべてが去勢されている」のであれば、つまり「書かれることをやめる」のであれば、関係性を書き込もうとする享楽が問題にならないからである。では、三つのマテームは、冒頭の図のなかに、どのように位置づけられるだろうか。

　さきほどと同じように、右斜辺からみていくと、この斜辺は、偶然の様相、つまり「書かれないのをやめること」と結びつけられる。なぜなら、Φ が現れるのは、「書かれないのをやめる」ことによってだからである。それはまさに偶然によって生ずる。さきにも述べたが、このように Φ として書かれたものが現れるなら、そこには何らかの意味があるに違いないということが想定されずにはいない。しかし、意味を読みとるのに、語る存在は象徴界に依拠しなくてはならないことから、左斜辺へと移っていくことになる。

　左斜辺は、不可能の様相、つまり「書かれないのをやめないこと」と結びつけられる。ここで、「すべてを言うことができない」というパロールのうまくいかなさが経験されるのであった。そしてわれわれはここで、なぜ象徴的なものによってすべてを言いつくすことができないかの理由を見ることができる。それはまさに、性関係が「書かれないのをやめない」ため、それをシニフィアンの運動のなかに組み入れることができないからである。去勢に対して位置づけられた男性と女性のあいだには、いかなる関係も築くことのできない裂け目があり、そのため享楽について言うことができない。それゆえ、語る存在は、真理をすべて言うことができない。こうして、この運動は下辺へと移る。

　下辺は、必然の様相、つまり「書かれるのをやめないこと」と結びつけられる。そこでは、S($\bar{A}$) を埋めようとするものとして、a が記されていた。この a は、「書かれるのをやめないこと」によって維持されるだろう。「書かれるのをやめない」とは、本来ありえない関係が「存在する」かのように振るまい続けることである。a は、この営みによって、存在が見かけとして現れること

第8講　知と真理

に寄与する。しかし、それは現実界に近づけば近づくほど維持されるのが困難になる。

　ここまで、冒頭の図に性別化のマテームを結びつけてきたが、このことから分析の経験についてどのようなことが言えるだろうか。分析経験にとって重要なのは、下辺から右斜辺、つまりΦの書き込まれる偶然の様相へふたたび移っていく過程である。「私が偶然と呼ぶものは、「書かれないのをやめること」のうちにあります。そこで分析経験は、その終点へと至ります。というのも、分析経験が生産しうるものは、S_1だからです」。この点を理解するために、図のなかに四つのディスクールを読みとる作業が役に立つ。

　ここでは、主人のディスクールと分析者のディスクールについて考えてみたい。享楽の運動が a に滞留することがありうる。そのことは、図のなかに、主人のディスクールを読みとることで説明される。右斜辺のΦを S_1 として捉えることができる点についてはすでに述べたが、このとき左斜辺の $S(\cancel{A})$ を S_2 として捉えることもまた可能となる。なぜなら、$S(\cancel{A})$ とはシニフィアンの運動において S_1 と S_2 をつなげることが不可能であることの経験だからである。うまくいっているように見える S_1 と S_2 のつながりのなかにも $S(\cancel{A})$ は生じており、じつはそのつながりは、不可能を無視することで形成されているのである。それは、まさに主人のディスクールによって説明される。そこでは見かけと享楽の場所に S_1 と S_2 が置かれていることから、このディスクールを、見かけと享楽のあいだにある不可能、つまり $S(\cancel{A})$ を無視し、S_1 と S_2 をつなげようとするディスクールであると捉えることができる。これはまさに、図の右斜辺から左斜辺への移行と対応させることができる。そして、このディスクールにおいて享楽の効果として a が生産されるのに対応して、図においても下辺に a が記されている。

　ラカンは、第3講において主人のディスクールについて、存在のあらゆる次元を生みだすものとして言及していたが、この図においても、下辺に記されている見かけについて、「見かけと呼ぶのは、対象 a が存在の支えを与えている」からだと述べていた。このような存在は、ディスクールを安定させるものとして働くだろう。そのため、運動が下辺に滞留するということがありうるのである。このことを享楽の営みの観点から表現するなら、「書かれるの

をやめないこと」によって、性関係が「存在する」ような見かけを維持する営みであると言える。しかし、分析は、このような a のさきへ進むディスクールとして捉えられる。つまり、享楽の運動を滞留させずに、動かし続けようとする。なぜなら、享楽の運動がディスクールを揺動させることにつながるからであり、精神分析はディスクールが移行するということに賭けられたものだからである。この運動は、分析者のディスクールに読みとることができる。

そのためには、左斜辺に記された、真実らしさ（vrai）の経験が重要な役割をはたすようになる。「真実らしさが明かし立てるのは、それが想像的なものに対してそうしているように警戒を怠らないことで、a を切り離す解剖学（a-natomie）とおおいにかかわっているということです」。ここで "a-natomie" の "a" が切り離されて表記されているのは、$S(\cancel{A})$ から a の切り離しを示している。これは、分析者のディスクールにおける上段の $a \to \cancel{S}$ と対応させて捉えることができるだろう。そして、分析者のディスクールにおいて重要なことを冒頭の図から読みとるとするなら、下辺においてふたたび現実界へと引きつけられ、「象徴界の結果にすぎない見かけと、人間の生の具体的なものにおいて支えられている現実らしさとのあいだを、開かせる」場所として現実界が経験され、そこからふたたび S_1 としての Φ を書き込むことができるかどうか、ということなのである。これは、分析者のディスクールにおいては右上の $\cancel{S}$ と右下の S_1 によって示されている。このように、分析者のディスクールは、主人のディスクールが a に滞留する傾向にあるのに対し、この停止してしまった享楽の運動を、もう一度突き動かそうとするものであることが、この図から読みとれるのである。

享楽は、そのさいどのように捉えられるだろうか。ラカンはそれについて、知との関係から述べている。知とは、分析者のディスクールにおいては、真理の場所に、つまりディスクールにおいて到達されない場所に置かれていた。

〈3〉

ラカンは、あらためて「知とは何でしょうか」と問う。この問いが、ここで

はディスクールの観点から取りあげられることになる。第3講においては、近代以前と以降の科学の変化にともなう知のあり方の変化が、ディスクールの観点から述べられた。そのさい、前者は主人のディスクールと、後者はヒステリー者のディスクールとそれぞれ結びつけられていた。ここでは、その二つのディスクールにおける知がどのようなものであったかを踏まえたうえで、分析者のディスクールにおける知が考察されることになる。

　古代において、知は、主観的な臆見（ドクサ）と区別され、客観性をもとめられたが、それは経験と論証をとおして追求された。そこでの知は、経験における存在へと送られることで、客観性を示すことができるとされていた。このように存在へと向けられる知は、主人のディスクールにおける知のあり方として捉えることができるだろう。なぜなら、これまでみてきたように、存在とは a によって支えられるものであったが、主人のディスクールにおいては S_1 と S_2 をつなげたことの効果としての剰余享楽の場所にこの a が位置づけられているからである。

主人のディスクール

$$\frac{S_1}{\cancel{S}} \quad \xrightarrow{} \quad // \quad \frac{S_2}{a}$$

　しかし、近代において知のあり方に変化が生じた、つまりディスクールにおける知の場所が変わったのである。そこでは、たとえば慣性の法則がそうであるように、知が経験における存在へと送られることなく提出されるようになった。ヒステリー者のディスクールにおいては、a が到達不可能である真理の場所に置かれているのは、このことを示している。

ヒステリー者のディスクール

$$\frac{\cancel{S}}{a} \quad \xrightarrow{} \quad // \quad \frac{S_1}{S_2}$$

　このように、四つのディスクールから知について考察することで、S_2 によって示される知の場所の違いから、知を、各々のディスクールにおける機能の仕方の違いによって捉えることができるのである。このようなディスクールにおける知のあり方について、ここで注目されるのは分析者のディス

クールにおける知である。

分析者のディスクール

$$\frac{a}{S_2} \quad \xrightarrow{} \quad \cancel{/} \quad \frac{\cancel{S}}{S_1}$$

　分析者のディスクールにおいては、知が真理の場所に置かれていた。このことは、このディスクールのなかでは知へと到達することができないことを示している。つまり、分析者のディスクールにおいて、何かが知られるということはない。「分析は、知られない知があること、シニフィアンというものによって支えられた知があるということを私たちに告げてくれました」。このように、分析者のディスクールは、知が知られないことで回転するディスクールなのである。

　この知られない知の効果について語るのに、まず無意識が慈愛（charité）と関連づけられる。慈愛とは、自己回帰的に a によって存在の見かけを形成する愛（amour）と区別して用いられている。それは、神という超越的なものとかかわる愛である。これは存在とは別の場所に措定されるものであり、このような慈愛と結びつけることで無意識を純粋にランガージュの次元によって捉えようとしているのである。「語る存在の悲惨さに対し、超越する何かがあると言われるのを可能にしたこと——というのも無意識があると言っているわけですから——、これこそフロイトにおける慈愛ではないでしょうか。そしてそれは、この語る存在が住みついているもの、つまりランガージュがあると言っていることにほかなりません」。

　このように言うことで、ランガージュの次元を、存在とかかわりのある経験から切り離そうとしているのである。精神分析の観点から警戒しなければならないのは、ランガージュの次元が存在と結びついてしまうことである。たとえば、ある知に関して、それについて知らないとき、それを知っているだれかを想定するということがあるだろう。このような考えは、ランガージュの次元に存在を想定することであると言える。分析者のディスクールは、それを切り離そうとする。このとき、知が知られない知として現れることになる知の享楽と呼ばれるものが重要な役割を担うことになるのである。

第8講　知と真理

とはいえ、何か言われるとするなら、必ずそれについて知ることが問題として生ずる。ここに、真理の場所が措定される。つまり、「言われたことの知が大他者を場所として措定する」のである。これによって、かりに言われたことについて知らないときでも、だれかが知っているという考え、つまり大他者は知っているという想定が働くことになる。くり返しになるが、分析者のディスクールにおいて、このような考えは解消されることになる。しかし、語る存在のパロールにおいて、このようなことは避けられないことであり、同時に分析のプロセスにおいても重要な契機ともなる。なぜなら、このとき「知はすでにあるものと想定されることで大他者において捉えられるものとされ、「学ぶべきもの」として形成されることになり」、そこに知を学ばなければならない者としての主体の問題が生じてくるからである。

　ラカンは、ここからこの知と主体の関係について、経済学のタームを用いながら、ときには彼独特の言い回しをちりばめ、話を進めていく。この主体と知の関係には、価値づけのようなものがなされるという。「知が学ばれることから主体が生じます。さらにこの知には、価値づけのようなことがなされます。知を見積もるのは主体の代価です。それは交換価値としてではなく使用価値としてなされます」。このように知と主体の関係が経済学のタームによって言及されているが、これによって何が言われているのか。

　ここでは、主体と知が問題となるとき、知は交換されるべきものではなく、使用されるものだとある。かりに知を交換されるものとして捉えるなら、それはたとえば「マルクスの知を商取引き（commarxe）するようなものであり、それはフロイトの知を欺瞞（fraude）にしてしまうのと同じようなこと」である。"commarxe" は、商取引きを表す "commerce" と "Marx"（マルクス）とを掛け合わせた語であり、"fraude" は、"Freud"（フロイト）にフランス語で「不正行為」や「欺瞞」を表す "fraude" を掛けた造語である。コミュニケーションにおいて、知が伝達されるものとしてあるとき扱われるのは、このように商取引きと結びつけて表現された交換価値としての知であると考えられる。またこのとき、何らかの「欺瞞」が生じていることになる。たとえば大学の講義の経済学や哲学・思想あるいは心理学などで、われわれはマルクスやフロイトの知を単位取得のために、すでに決定されたものとして暗記しよう

とするだろう。もちろん、知にはこのような側面があるが、精神分析で問題となる知は、そのようなものではない。ここでは、知の別の側面を示すために、使用価値というタームが用いられており、そこで問題になる知こそ知られない知なのである。

「知を見積もるのは主体の代価です」。それが意味するのは、知を獲得する者として要請された主体は、いざ知を獲得しようとするとき、それを「自身の皮膚へと擦り込ませなければならない」、言わば、そのために身を削らなければならないということである。マルクスの知は、彼の主体的代価であり、つまりそれが生みだされるまでに彼がどれだけ身を削ったかということにその価値がある。われわれがマルクスの知を獲得しようとするとき、われわれもまたその知を、身を削るように享楽するのだが、しかし、当然その知を、マルクスがたどり着いた仕方で獲得することはできないだろう。

この点について、「知の獲得がなされるたびに、その獲得の反復のなかでどれが最初に学ばれたものであるのかを問わないことがくり返されている」と述べられる。知がいったん決定され、獲得されうるものになるとき、知は主体的代価から切り離される。しかし、それでも獲得するのが困難であるような知が存在するが、その困難さは、最初にその知へと至った主体のそこへと至るまでの困難さに応じていると考えられ、その最初に獲得された経験が、知として知られることはない。ここに知られない知の問題が生じてくる。そのため、その知を獲得しようとする者は、その過程で、知を皮膚に擦り込ませるように、知を享楽しなければならなくなるが、それが享楽である以上、享楽しつくされることはない。しかしその一方で、このような仕方で知が経験されないとき、そのような知は無味乾燥なもの、さらにいえば欺瞞として感じられるようなものとなってしまうだろう。

このような知に関する事情について話すのに、経済学のタームが用いられたのである。交換価値としての知は、すでに獲得されたものとして扱われるが、それに対して使用価値としての知においては、知を獲得する主体的出来事の過程そのものが問題とされる。知に関する事情がこのようなものである以上、知が書き込まれるとするなら、それは知を獲得しようとした主体が、それをやり損ねてしまったことの書き込みとならざるをえないだろう。それは

知の更新を意味する。つまり、知の獲得がありうるとするなら、この主体的出来事を経た、更新された知の獲得でしかありえないことになる。「享楽という観点から、知の取得は、知がじっさいに用いられるたびごとに更新されると言えます。知が与える力は、つねに享楽へと向きを変えるのです」。このように、知が知られないものであるため、知に関して享楽が問題となり、そこに記されることになる主体による区切りが、知を新しいものにするのである。

　さらに、この知られない知は、それを知っていると想定される存在からも切り離されている。「知は（…）存在には何も負っていません」。存在とは、主人のディスクールにおける享楽の効果である a によって支えられるものであったが、それは冒頭の図から考えるなら、享楽の運動が下辺の a に滞留してしまうことと捉えることができた。これに対し、冒頭の図において知られない知の問題となる場所は、a に滞留している享楽をふたたび突き動かし、a よりもさきへ進み、現実界へと至り、そこからふたたび Φ が書き込まれる過程、つまり下辺から右斜辺へと移っていく過程に確認されるだろう。これは、まさに分析者のディスクールの過程であった。そのとき、知られない知は、文字の機能と結びつけて考えることができる。「私が文字に与えた機能を、みなさんは知に関して感じておられることと思います」。

　ここで、文字あるいは知られない知に関することが、胚（germe）のアナロジーによって捉えられる。「胚は、身体に対して生と死のひとまとまりを運んできますが、身体とは厳密に切り離して考えなければなりません」。このように、胚は身体との対比によって取りあげられる。胚は、まさにそこから身体が形成されていくのだが、身体そのものからは切り離して考えられる。この点が、文字あるいは知られない知の性質を言い表しているのである。

　この胚によるたとえは、第1講においても"amur"の話のなかでもちだされていた。"amur"とは、フランス語の愛を表す"amour"をもじったもので、そこには対象 a と「壁（mur）」が組み合わされている。「壁」によって示されているのは、愛の相互性のはてに現れる性関係の亀裂であり、さらに"a"には対象 a の働きをみることができる。ここで重要なのは、この"amur"が何も意味していない、たんなる標にすぎないということである。それにもかかわらず、それは、胚が身体を形成するように、「丸ごとの身体（en-corps）」を

想定させる。これは同時に享楽が想定されることでもある。ここには、a が働いている。つまり、何らかの標があるのなら、そこに何らかの関係性が書き込めるはずだという見かけが働くのである。しかし、その標は同時に、たんなる標のままでありつづけ、そのときそれは、享楽の不可能性の標として、想定された「丸ごとの身体」からは切り離されている。このように、胚によるアナロジーは、全体を想定させる働きをもつが、その一方で何も意味せず、そのままのたんなる標でありつづけるという文字あるいは知られない知の性質を言い表しているのである。そこでの相違は、ディスクールの違いから生ずる。全体を想定させるディスクールとは、たんなる標でしかない S_1 からはじまり、享楽の効果として a を産出する主人のディスクールであり、それがたんなる標として経験されるディスクールとは、a からはじまり、S_1 を産出する分析者のディスクールである。

　ここで、知られない知の機能が文字の機能と関連づけられるのは、知られない知が S_1 に留まり続けるかぎりで、たんなる標にすぎないにもかかわらず、それがいかなる S_2 ともつながりうる可能性をもっていることから全体としての意味を想定させるものでもあるからである。

　それでは、このような知られない知の経験（$\cancel{S} \to S_1$）から、どのようにして知（S_2）が生ずるのか。この点についても、四つのディスクールが理解の助けとなる。ここで問題となるのは、分析者のディスクールからヒステリー者のディスクールへの移行である。分析者のディスクールにおいて、知を示す S_2 は真理の場所、つまりそのディスクールにおいては到達されない場所に置かれていた。このことを、S_1 とのかかわりから言うなら、S_1 から何らかの意味が読みとられることはないということである。分析者のディスクールにおいて、S_1 は知に関して無力なのである。

分析者のディスクール

$$\frac{a}{S_2} \quad \to \quad \frac{\cancel{S}}{S_1}$$
$$//$$

　このことを話すのに、マルクスとレーニン、フロイトとラカンというような思想家の系譜において生ずる知がもちだされる。このとき、レーニンとラ

第8講　知と真理

カンの知には新しさが感じられるが、それは分析者のディスクールにおいて知が享楽されたことの痕跡であると考えることができるだろう。知の享楽においては、知を享楽しつくすことができないため、どこかに主体的な切れ目が入れられたことの痕跡が残された。このとき、S_1とはその主体的な痕跡であると言える。また、この出来事には、「大他者は知らない」ということがともなっている。つまり、マルクスあるいはフロイトの知を獲得しようとし、それが享楽されるようになるのは、その過程で、知がマルクスあるいはフロイトの存在から切り離されたときである。これは、分析者のディスクールにおいて、$\mathcal{S}$によって示されている経験である。この経験の痕跡がS_1として書き込まれるのである。しかし、分析者のディスクールはここからさきへは進むことはできない。このことから、分析者のディスクールにおいては、S_1は知に対して無力であるということになる。しかし、それでも新しい知が生ずるのは、ディスクールが揺動し、ヒステリー者のディスクールへの移行がおこるからである。

ヒステリー者のディスクール

$$\frac{\mathcal{S}}{a} \quad \longrightarrow \quad // \quad \frac{S_1}{S_2}$$

　分析者のディスクールにおいて、それでも知をのぞむことが、ヒステリー者のディスクールへの移行を引きおこす。ヒステリー者のディスクールとはまさに、$\mathcal{S}$の経験から出発するディスクールであった。この場合、$\mathcal{S}$は「大他者は知らない」ことの経験と捉えることができる。この$\mathcal{S}$からはじまり、その経験の痕跡であるS_1からS_2である知が導きだされるのである。このような知が新しいとされるのは、「大他者は知らない」において、知を享楽しつくすことのできなかった主体的出来事が書き込まれることで（$\mathcal{S} \rightarrow S_1$）、その知が更新されたからである。「レーニンやラカンの知が新しいとされるのは、知について大他者が何か知っているとは考えないからです」。このように、「大他者は知らない」ということを経て、知が新しいものとして生ずるのである。
　ここでキリスト教の神について、この「大他者は知らない」という観点から考察される。そのことによって第7講の最後に述べられたキリスト教の神、つ

まりS($\cancel{A}$)とaの癒着のうえで結合の原理に則ってすべてを愛する神とは別の仕方で、キリスト教の神が問題とされる。「キリストの不幸について、それはひとびとを救うためだという考えによって説明されますが、私はむしろ、私たちにははっきりしない神の憎しみを少しばかり仄めかすことで、神を救うものだと思うのです」。

ここで、この神の救済は、興味深いことに、憎しみをとおしてなされる。つまり、キリストの不幸の物語のなかで、神の憎しみがあいまいにされることによってなされるのである。たしかに、キリストのゲッセマネの祈りの場面や十字架に架けられたときの言葉には、憎しみが感じられないわけではない。しかし、はっきりと描かれているわけでもない。つまり、キリストの不幸の物語のなかで、憎しみが生じていたかどうかは、はっきりしたことではなく、それについてすべてを知ることはできないのである。「すべてではないの水準で、知らないことにかけては、大他者以上のものはいません」。こうして神は、その憎しみのあいまいさから、知られない知の場所と関連づけられることになる。

ここで、ふたたび無意識が慈愛と結びつけられる。「無意識をくり込むことは、驚くべき慈愛ということになります」。ヨーロッパの伝統的な考えによれば、慈愛とは神の愛そのものとされ、広く一般に使われる愛とは区別された。愛はこの講では、存在の見かけによって自足するものとして論じられていたのに対し、慈愛はここでは存在から切り離されたものとして捉えることができる。このような考えにしたがって、愛と慈愛の相違をふたたび冒頭の図を用いて述べるなら、下辺におけるaと、下辺から右斜辺へと移り、書き込まれたばかりのΦの違いに対応させることができるだろう。このとき、慈愛は知られない知の経験とかかわっていると考えることができる。こうして、知とかかわるあらゆる経験に外在する場所が、知られない知の場所として切り開かれ、神はそこで存在とかかわることから救われたと言えるだろう。そして、このようなあらゆる知に外在する知られない知の場所として、慈愛と無意識が関係づけられるのである。

このようなラカンの発言から、無意識を、すべてを知ることのできない大他者の場所として定義することができるだろう。このような無意識こそ、性

別化のマテームにおいて、女性の側に位置づけられることになる。「リビドーが男性的なものでしかないのは、(…) 男性が女性を見ている場所からのみ、女性がひとつの無意識をもつことができるからです」。このとき無意識は、女性を母のようなものとして現れさせることに役立つ。ここでの母のようなものとは、男性の論理に対して外在するものであり、「去勢されていないものは存在しない $\overline{\exists x}\,\overline{\Phi x}$」というマテームにあるように、存在から切り離されている。このとき、男性から見られる女性の場所においては、「大他者が存在しなくなればなるほど、より知らなくなる」ということがおこっており、その場所は知られない知の場所として考えられるようになるのである。このように、女性の側に位置づけられた「無意識は、男性である語る存在を語らせるのに役立つ」。もちろん、性別化のマテームにおいては、男性の側と女性の側にはどのような関係も築けないことが前提としてあるわけだが、その表の下部に記されている図のなかの $\mathcal{S} \to a$ が示すように、男性は何らかの関係を書き込もうとするだろう。そのために語りはじめることになるが、それは本講の冒頭の図にあるように、性関係が「書かれないのをやめない」ためにうまくいかず、その裏側で享楽が蠢くことになる。このとき、この知られない知の場所としての無意識とかかわりをもつ女性の側へと向かう享楽は、存在を支える a に寄与する存在の享楽として働くこともあれば、a を突き抜け、そのさきへと進む知の享楽として現れることもある。そのいずれになるかは、ディスクールの問題である。

　しかし、存在に訴えもせず、知に対しても無力であるような分析者のディスクールは、ひとつの宗教を成立させるのに不利であるということは容易に想像がつく。ひとつの宗教が「異教徒のなかに浸透していくためには、徹底的に形式化され、何を語るにも誇張されることを強いられるのです」。つまり、感情に訴え、さらにそれを存在と結びつけることは、宗教が成立するうえでは有効な手段のひとつである。「脆弱な存在がもっとも上位にある存在にあずかっているということが、聖トマスによってふたたびキリスト教の伝統のなかに導入されました」。

　けれども、そのような仕方ですべての宗教が成立しているわけではない。「ユダヤ教の伝統のすべてがそういったことに反しています」。そこでは、「分

割線がより完全な者と、よりそうでない者とのあいだに引かれているわけではありません」。あえて言えば、そこでは、法とひとのあいだに引かれている。つまり、ユダヤ教は、まさに存在に訴えることなく成立している宗教だと考えることができる。これが、精神分析を創設したフロイトの宗教であったことは無視できないだろう。そこでは、偶像を立てることが厳しく禁じられている。つまり、信仰者たちのあいだに絆を作るのに、存在者を媒体としてはならない。そこではただ、ひとびとの盲従すべき戒律をとおしてのみ、宗教が成立している。ユダヤ人は「ヤハウェという名を携えている者に盲従する」ことで、ユダヤ人たりえているのである。それゆえ、ユダヤ人たちにとっては、「神を憎むことのほうが神を裏切ることよりも、あってはならないことだ」とされる。彼らにとって、ヤハウェとは、そう名づけられているだけの法の場所であり、愛することも憎むことも禁じられた場所でなければならない。憎しみは存在を前提とするが、これこそユダヤ教がもっとも忌避することなのである。

　ラカンは、本講の最後に、このような憎しみについて、「それがあまりに息苦しいものであるため、それがだれかの存在に向けられていることに、だれも気づきません」と言い、このようにだれかに向けられる憎しみを、嫉妬（jalousie）と関連させて取りあげる。嫉妬とは、自分には手の届かないものへのあこがれの感情を示す羨望（envie）とは違い、かつて自分のものであったものを他人に奪われたと思い込むことによって生ずる感情である。そして、この根底に存在の見かけとしてのaが機能していることが指摘される。ここに、aを効果として生むことになる主人のディスクールにおいて働いている存在の享楽との関連をみることができる。つまり、嫉妬とは、憎しみがaによって支えられた存在をとおしてだれかに向けられることであるが、その裏側では、この存在の享楽が働いているのである。このような点から、この嫉妬に関することが、"jalouissance"（嫉妬（jalousie）と享楽（jouissance）とを掛け合わせた語）と呼ばれる。ラカンは、これについて、聖アウグスティヌスの経験から、母親の乳房をくわえている弟へ向けられる眼差しから自然と湧きだすものだと述べる。ラカンは、眼差しを向けられている子供はaをもっているが、aをもつことが存在なのだろうか、と問うことでセミネールを終え

ている。

　だが、主人のディスクールに関する議論や、このセミネールでここまで述べられてきたことからすると、a とは存在を支えるものだと考えることは十分可能である。そして、その a を他人がもっているように見えるため、その他人に対し嫉妬するのである。このように考えると、主人のディスクールにおいて働く存在の享楽——冒頭の図においては下辺の a に滞留する享楽——は、嫉妬の土壌であると考えることができる。これに対し、分析者のディスクールは、知の享楽の経験をとおして、純粋なランガージュの次元と存在とを切り離そうとするのである。

ジャン＝クロード・ミルネールの発言

　1973年4月10日のセミネールでは、ミルネールとルカナッティの発表がおこなわれた。

　ミルネールは、この発表の2年前にチョムスキーの『文法理論の諸相』を仏訳しており、この発表でもチョムスキー言語学を話題にした。しかし、チョムスキー言語学の紹介や批判が目的ではなく、むしろ、チョムスキー言語学をひとつの例として取りあげることによって、科学であろうとする言語学に潜む「危機の核心」が示されるのである。

　ミルネールは、まず言語学を「ランガージュを科学の対象とみなすディスクールである」と定義する。この研究分野は、ソシュールが研究対象として言語記号を取りだしたとき大変革を経験した。ソシュールは、記号がひとつのラングにおいて成立する構造を、記号のもつシニフィアン、シニフィエという二面性によって明らかにした。ミルネールは、ソシュールの取りだした構造に関して、「この構造は隠されたものでも、秘密のものでもなく、観察されうるものである」ことを強調する。このように、ソシュール言語学の特徴として、言語記号を研究対象とし、そこからひとつの観察されうる構造を取りだし、その構造を探ることがあげられる。これとの比較で、チョムスキー言語学が紹介される。

　そこでは、文を研究対象とし、そこから二つの構造が取りだされ、その一方から他方の構造が生成してくることが探究される。このとき、一方は表層構造と呼ばれ、観察されうるものであるが、他方は深層構造と呼ばれ、観察されえない。チョムスキー言語学はこの発表では変形主義と呼ばれているが、これは、観察されえない深層構造にある文法から、観察されうる表層構造の文法が変形して現れてくること、すなわち生成してくることがチョムスキー言語学の考察の中心にあるからである。

　このように、ソシュールが記号を研究対象とするのに対し、チョムスキー

第8講　ジャン=クロード・ミルネールの発言

は文をひとつの集合体として取りだし、その文法を研究対象とする。たとえば、"He painted the picture"（彼がその絵を描いた）という能動態の文と"The picture was painted by him"（その絵は彼によって描かれた）という受動態の文は、表層構造において異なった現れ方をしているが、母国語を話す者にとっては同じ意味であることが直観的に確認される。なぜこのようなことが生ずるのかという疑問に対し、深層構造における文法が想定され、そこにおいてすでに"he"と"the picture"の関係性は決定されており、そこから表層構造の文法に変形して、それぞれが現れてきたのだと説明されるのである。

　ミルネールは、この構造主義から変形主義への移行は、「言語学がより科学の領野に組み込まれたことの証明のようである」と述べる。それは、変形主義において観察されえないものが研究対象となる点が、このセミネールのなかでラカンの言及した科学のディスクールに適合しているからだろう。じっさい、チョムスキーは深層構造における文法を記述するのに、独自の表記法を考案するしかなかった。しかし、この発表では、それがどのようなものであるか、またその整合性について取りざたされることはない。問題となるのは、科学的であろうとし、このように観察されえない構造を対象とするとき、そこにどのような「危機」が潜んでいるのかを明らかにすることなのである。

　表層構造では、互いに別の構造をもつ二つの文が、直観的に同じ意味であると分かるということがなぜおこるのかという疑問に対し、深層構造から表層構造への変形が想定されたわけだが、このとき、この変形という過程はあらゆる文の「共通の特性」として考えられることになる。すると、変形主義の基本テーゼを、「文という集合にはひとつの共通な特性がある」とまとめることができるだろう。そして、まさにここに科学的であることの「危機」の問題が潜んでいる。つまり、ひとつの科学が観察されえないものとして「共通の特性」を取りあげるとき、科学的であることが「危機」に晒されているのである。

　この「危機」がどのようなものであるかを述べるために、「この共通の特性というのは、現実のもの（réalité）でしょうか、あるいは呼び名だけのもの（flatus vocis）でしょうか」という問いが提出される。ラカンの四つのディスクールに単純にあてはめて考えるなら、前者は主人のディスクールへの移行が確認できるため、科学的とは言い難いとされるだろうが、ミルネールは、こ

175

のような即断を避け、そこにどのような問題が交差しているかを吟味しようとする。そして、「共通の特性」をどのように捉えるかにともなう二つの立場を、それぞれ実在論的解釈と唯名論的解釈に関連づけながら、そこからどのような帰結が生ずるかについて述べる。

　変形という「共通の特性」に関して、実在論的解釈を採用するなら、この変形は現実のものとされる。このとき、さまざまな表層構造の現れについては、「深層構造からはじめることだけで十分な説明」となるだろう。一方、唯名論的解釈を採用するなら、そこには「ただ、ひとの構成した分類があるだけ」であり、それだけであらゆる文の普遍的な根拠とはなりえない。このように、同じ「共通の特性」を取りだすにしても、研究者の立場によって議論が変わってくるのである。

　次に、文の集合を分解する基準として、外延と内包という観点が検討される。チョムスキーは文の深層構造を探るために、句構造規則というものにしたがって文を分解していく。ひとつの文は、たとえば英語であれば、名詞句と動詞句に分解され、さらに名詞句は、たとえば冠詞、形容詞、名詞に、動詞句の場合は、たとえば動詞、名詞句、前置詞句に、分解される。この分解された一括りをそれぞれ統語範疇と呼ぶが、句構造規則とは、このように、ひとつの文が名詞句と動詞句という統語範疇に、さらに名詞句という統語範疇が冠詞、形容詞、名詞という統語範疇に、動詞句という統語範疇が動詞、名詞句、前置詞句という統語範疇に分解されることを指す。そこには、たとえば語順のような、各母国語に応じて決まった規則がある。変形主義言語学では、ある母国語のもつ句構造規則に正しくしたがっている表現を文と考える。そのため、このような規則を検討していくのである。

　しかし、この句構造規則だけでは十分にカバーできない問題も生じてくる。たとえば、"The dish is stupid"（この皿は愚かだ）という文は、生き物にしか使われないはずの語句が無生物に使われているが、純粋に文法のレベルで考えるなら間違っているとは言えない。しかし、このような文が英語で用いられることがないのは、何らかの規則が働いているからである。ここには文の分解に「意味」の問題が入り込んでいるわけだが、ミルネールがここで提示した外延と内包という観点は、まさにこのことにかかわっている。

外延の観点からすると他の表現と同じ外延をもつあらゆる表現は置き換え可能であっても、内包の観点からすると必ずしもそうは言えないケースが出てくる。たとえば、"être un animal marin vivant en 1940"（1940 年に海中動物である）と "être un cétacé vivant en 1940"（1940 年に鯨類である）は、外延の観点からは置き換え可能である。しかし、内包という観点からは必ずしもそうは言えない。ここでも、句構造規則に関して、外延と内包のどちらの観点からそれをおこなうかということによって、議論が変わってくるのである。

このように、文の深層構造を分析するにも、深層構造から表層構造の変形する過程を、実在論者として捉えるか、唯名論者として捉えるかという立場の違いがあり、また深層構造を探究するため文を分析するにも、外延という観点をとるか、内包という観点をとるかという違いが生じてくる。このいずれの立場に立ち、いずれの観点をとるかということは、世界の見方（vision du monde）に関する問題である。ミルネールは、チョムスキー言語学を取りあげながら、これらの立場と観点を確認するが、ここではチョムスキー自身がいかなる立場にあり、どのような観点をとっているかということを検討することはない。さきにも述べたが、ここでの彼の狙いは、チョムスキー言語学の批判や検討ではなく、言語学が陥っていると彼の感じている危機を指摘することだからである。そのためここで、彼は言語学が科学であろうとするかぎり研究者が見逃してはならない、または無自覚であってはならない点を、チョムスキー言語学を使って浮き彫りにしようとしているのである。そして、結論として、「科学的であるとされている領野において対立した理論があり、そのどちらに与するかということが、このような世界の見方にもとづいてなされるとき、そこにはひとつの危機と呼ばれうるものがある」と述べる。つまり、実在論の立場に立つか唯名論の立場に立つかということ、また外延という観点をとるか内包という観点をとるかということを、研究者自身が何の疑問や躊躇もなく選択しているとき、そこには科学的であることの危機があると言うのである。

このような危機が生じるのは、言語学がある領域をこれまで積極的に取りあげてこなかったこととかかわりがある。この領域をミルネールは、統語論

的主体（sujet syntaxique）のモデルと呼ぶ。たしかに、ソシュールもチョムスキーも、この領域を扱いはしたが、不徹底であった。とりわけ、構造主義から変形主義への移行においては、この領域にいっそうウェイトが置かれるようになってもよかったはずである。なぜなら、記号を研究対象とするよりも、文を扱うほうが、主体の領域により傾いていると考えられるからである。しかし、チョムスキーがこの領域を扱うさいは、ソシュールを参照するに留まっていた。ソシュールにおいて、話す主体は、話者（locteur）と対話者（inter-locteur）の問題として取りあげられるが、このとき両者の関係は同質であり、可逆的なものとして論じられた。しかし、ひとがじっさいに話すとき、事態は異なっている。「完全に同質で対称であるような二つの主体を考え続けているうちは、まったく明白な現象を考察することはできません」。このとき、そこには何らかの不可逆的な関係が生じており、この点から主体が話すということに関して検討されなければならない。そして、この領域は、言語学が科学的であろうとするとき、なおざりにしてはならない問題へと通じているのである。

　ミルネールは、この点を扱った言語学のテクストとして、オズヴァルト・デュクロの『言うことと言わないこと』（*Dire et ne pas dire*）を紹介する。ここでは、話者と対話者の力関係に注目することで、両者の不可逆的関係が取りあげられている。このように、言語学においても主体の領域は積極的に取りあげられつつある。

　主体の領域は、ラカンの精神分析が終始取りあげる問題である。つまり、言語学は科学的であろうとするなら、精神分析とかかわることになるだろうとミルネールは考えているのである。このようなことから、この発表は次のような言葉で閉じられる。「言語学が精神分析と同時代のものとしてみずからを考えはじめるようになる日は近づいています。じじつそれは、デュクロに現れています。しかし、その日が訪れたとしても、言語学がつねにそのように考えるかどうかは、定かでありません」。

F・ルカナッティのコメント

　ルカナッティは、今回の発表では、前回、前々回をとおして取りあげてきた記号の三角形の図を用いて、ラカンの性別化のマテームにアプローチしようとする。次のような問題提起がなされる。「男性の側でファルスの機能の普遍性を支えている父の機能と、La から $S(\bar{A})$ によって捉えられる女性の余分な享楽（jouissance supplémentaire）との関係についてどのように説明できるか」。この女性の享楽に関して、男性の視点からだけではなく、女性の視点からどのようなことが言えるか、という点が強調されている。しかし、彼は、それが女性の享楽の特性からして、不可能な問いであることを承知している。それでも、この点を強調することには、彼なりの狙いがあるわけだが、これについては後述する。また、この不可能な問題を扱うのに、ラカンが第6講の最後にふれたキルケゴールとレギーネの婚約破棄の物語が取りあげられる。それは次のように問われる。「レギーネがひとりの神をもっているなら、それはおそらくキルケゴールの神とは同じではないでしょう。しかし、そこには二人の神がいると言えるのでしょうか」。このように、キルケゴールがもちだされることで、一者としての神との関係をとおして、性別化のマテームが言及されることになる。

　ルカナッティによる性別化のマテームの解釈を、はじめに確認しておこう。男性の側は、次のように説明される。$\exists x\, \overline{\Phi x}$ によって示される「ファルスに支配されない x、つまりファルスに対し否と言う x が存在する」は、$\forall x\, \Phi x$ によって示される「すべてがファルスに支配されている」に対し、父の機能であり、言いかえるなら取り囲みの機能であり、それは〈一〉によって被覆することである。そのように、男性の側では、父の機能によって、全体が去勢との関係から位置づけられるようになる。さらに、$\exists x\, \overline{\Phi x}$ は、ファルスとのかかわりから、逸脱的ポジション（une position décrochée）と呼ばれる。

これに対し、女性の側では、はじめに男性の側と対称になっていないことが指摘される。つまり、女性はファルスの機能に対し、否とも言わず、拒否もしないため、そこに決定的な何かが打ち立てられることはない。$\overline{\exists x}\ \overline{\Phi x}$ によって示される「ファルスに支配されない x は存在しない」は、女性が、男性の側の父の機能とは別のもの、つまり「すべてではない」を示す $\overline{\forall}$ とのかかわりによって位置づけられることを示している。この $\overline{\exists x}\ \overline{\Phi x}$ では、存在に関して、男性の側とは同じ仕方で捉えることはできない。そこで、脱中心的ポジション（une position excentrique）と呼ばれる。以上のように、存在は、女性の側では男性の側とは異なる逸脱によって位置づけられるのである。

　男性の側と女性の側が非対称であるひとつの理由は、存在にかかわるマテーム $\exists x\ \overline{\Phi x}$ と、$\overline{\exists x}\ \overline{\Phi x}$ が、他性と呼ばれるものとかかわるマテーム、男性の場合であれば $\forall x\ \Phi x$ と、たとえねじれた仕方であっても関係づけられていたのに対し、女性の場合、それらが乖離しているからである。$\exists x\ \overline{\Phi x}$ と $\forall x\ \Phi x$ のあいだは、もちろん直接的な関係ではなく逸脱がみられるが、$\exists x\ \overline{\Phi x}$ が一方的に $\forall x\ \Phi x$ を支配するかぎりで、ここには関係性を見出すことができる。それに対し、女性の側における、$\overline{\exists x}\ \overline{\Phi x}$ と $\overline{\forall} x\ \Phi x$ によって示される「ファルスに支配されているのがすべてではない」との関係は、未決定であり、いかなるものも生産する可能性はなく、この未決定の循環だけが続くことになる。これは、女性が、男性の側の〈一〉によって示された父の機能をはたす存在（$\exists x\ \overline{\Phi x}$）に近づかないことを意味している。このように、女性における「すべてではない」（$\overline{\forall}$）は、「〈一〉ではない」によって支えられており、そのため未決定の循環となるのである。

　ルカナッティは、ここで次の点を指摘する。男性は、$\forall x\ \Phi x$ として「すべて」であって、$\exists x\ \overline{\Phi x}$ という〈一〉によって支配されているが、このすべての男性が、この〈一〉と、あるいは大他者とかかわりをもつようになるのは、「すべてではない」（$\overline{\forall} x$）としての~~女性なるもの~~を利用することによって、なのである。このことを理解するために、前回、前々回で用いられた記号の三角形が応用される。

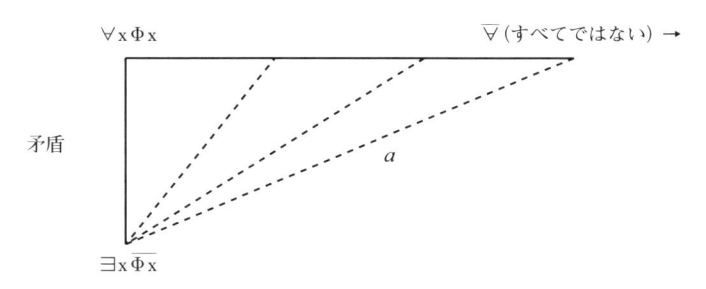

第 8 講　F・ルカナッティのコメント

```
   ∀xΦx                    ∇(すべてではない) →

矛盾                                a



        ∃x Φ̄x
```

　男性の側の $\exists x \overline{\Phi x}$ と $\forall x \Phi x$ の関係には逸脱があり、それは矛盾とされた。しかし、この二つは、女性が「すべてではない」として現れるとき、そこに想像的モデルのようなものが作りだされ、この二つのあいだの矛盾を反復させることで、支えられている。性別化のマテームにおける男性の側と女性の側には裂け目があるが、そこに想像的なものがかかわってくる。そのことは、図において点線で記されている a によって示されている。つまり、男性にとって女性が対象 a という隘路をとおして現れることで、男性の二つのマテームのあいだの矛盾は、反復によってその関係が維持されるのである。このことから、「すべてである」男性は、「すべてではない」($\overline{\forall}$) を利用することで、〈一〉あるいは大他者とかかわりをもつと言われるのである。

　この発表は、キルケゴールとレギーネの婚約破棄の物語を扱うことを目的としており、そのためには、性別化のマテームを神の問題と関連づけて読み解く必要がある。そこで、ルカナッティは上の記号の三角形を用いて、性別化のマテームと神の問題を論じるために、バークリーの議論をもちだす。ルカナッティによれば、バークリーこそ、記号の恣意性に関する近代のもっとも重要な理論家のひとりであり、彼にとって記号の恣意性は、神の実在のひとつの証拠であり、神の体系の根源的証拠なのである。

　バークリーの記号に関する議論で注目すべきは、意味作用として人間の受け取ることのできるものの次元と、それとは別の場所、つまり神の領域を分離させたことである。これは、ラカン理論からすると、シニフィエとは別の場所にシニフィアンの領域を措定し、シニフィエはシニフィアンの効果であるとした議論に対応させることができるだろう。バークリーは、この分離した二つをそれぞれ時間性と瞬間性として考察する。ルカナッティは、この関係

性を記号の三角形にあてはめて捉えようとする。

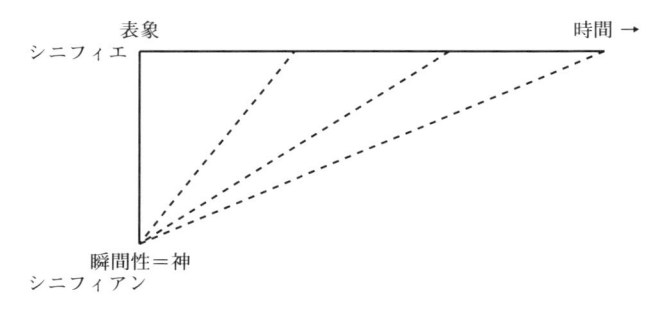

```
表象                        時間 →
シニフィエ


           

瞬間性＝神
シニフィアン
```

　バークリーの議論は、言うなれば、次のようなものである。人間の受け取ることのできるシニフィエは、シニフィアンの喪失からおこる境界の離反の相関物であり、シニフィアンの諸効果であるが、それらは、時間のなかで捉えられる。それに対し、神は、時間の瞬間性または凝縮された時間性である。この領域のものが恩寵の瞬間に、表象として与えられる。このように、記号の恣意性、つまりシニフィアンとシニフィエの関係が神の恩寵によって説明されるのである。しかし、このとき時間性のもと恩寵によって人間に与えられるものは、たえずはじまる瞬間的なもののしくじった翻訳によってしかみずからを保てない。

　瞬間的なものであるシニフィアンと時間的なものであるシニフィエは、本来は何のかかわりももたない。ここに想像的なものが作用してくる。神秘的なものの想像的形態はつねにしくじった翻訳でしかないため、時間性においては無限に派生する連続として現れつづけることになる。それゆえ、神への神秘的な道程は到達不可能であるがゆえに徒労に終わる。

　バークリーの議論は、このように三角形の図にあてはめられるわけだが、これにさきほどの性別化のマテームをあてはめた三角形の図を重ね合わせることで、キルケゴールとレギーネの婚約破棄の物語が語られる。

　ルカナッティのこの日の発表の目的は、女性の側の享楽について、女性の視点からどのようなことが言えるかということを探究することであった。しかし、これまで述べてきたことは、もっぱら、男性の側からみた女性の享楽の現れであった。けれども、ここでルカナッティが探究する問題は、その領

域の特性からして捉えることが不可能であることは、彼自身が十分理解している。だが、それでも彼がこの問題を追及しようとするのは、「回答不能であるこの問いは、提出された以上、少なくとも誤った回答を見破ることができるという意味において、実り多いものとなる」と考えるからである。キルケゴールとレギーネの婚約破棄の物語は、この把握不可能な領域を探究するのに、女性の側から女性の享楽がどのようなものであるかをかいまみせてくれるのである。

そこで、ふたたびキルケゴールの考えが記号の三角形を使って図示される。

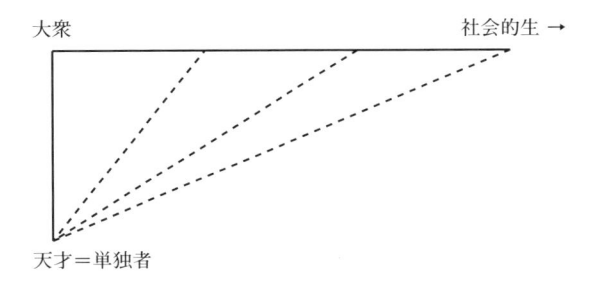

```
大衆                           社会的生 →



天才＝単独者
```

キルケゴールにおいては、さきほどバークリーにおいて表象の記された場所に大衆が位置づけられる。それは社会的生と呼ばれる領野に開かれている。それに対し、天才が、大衆と永遠とのかかわりを保つ者とされ、また歴史を生みだす者とされて位置づけられる。天才は、大衆からは切り離されているかぎりで、単独者であり、確立された秩序に向けて「否」という義務を抱えているのである。

キルケゴールは、この天才性を、自身の父親の罪をとおして、受け取らねばならないと考えていた。キルケゴールの父親は、後妻となる、もとは女中であったキルケゴールの母親とは、先妻の亡くなったのちに結婚している。しかし、長女が生まれたのは結婚後五カ月のちのことであり、つまり女中であった母親は結婚以前に父の子を宿していたことになる。さらに、この関係は、暴力によるものであった。また、父親は幼いころ神を呪っていたのだが、このキルケゴールの母との関係は、神を呪った罪の罰としてふたたび犯された罪であると、キルケゴールには思われた。二人の妻と五人の子供を失ったのも、

この父のたび重なる罪に対する罰であり、自分もまたその罪を引き受けねばならないと、彼は考えていたのである。それゆえ、キルケゴールは、この罪の報いとして、神はたえずその眼差しを自分のところへ向け、自分を孤立させるのだと考え、みずから単独者であろうとするのであった。

　まさに、このことがキルケゴールにとって、レギーネとの婚約破棄の説明となる。つまり、もしレギーネと結婚していたら、結婚ののち、彼はレギーネを強制的に神との個人的な関係の秘密へと入らせていただろう。しかし、それは神との単独者としての関係を裏切ることになり、また何もしないにしても、そのときは夫婦の神に対する関係を裏切ったことになる。この矛盾をまえに、彼はレギーネと縁を切ることを決めたのであった。

　ここで注目すべきは、キルケゴールには二つの道があったのに対し、レギーネにとってはそうでなかったということである。キルケゴールの道のひとつは、同類の媒体をとおし、間接的なかかわりによって、神を探究すること、つまり大衆の位置にみずからを置くことであり、もうひとつは、みずからを排斥されるポジションに、つまり単独者のポジションに置き、全体に対し「否」と言い、まるで、すでに死んでしまったかのように生きることである。この二つの道とは、まさに男性の側の矛盾によって示された二つのマテームに対応している。つまり、父の機能としてのファルスにしたがうか、あるいはそれに対し「否」というかという選択である。さらに、キルケゴールはレギーネが、この板ばさみに悩まされていないことを非難する。しかし、女性の側の視点にあえて立つなら、ここで重要なのは、レギーネにとってこの選択自体が問題になっていないということである。レギーネは、女性として、ファルスのもとに存在することなく、ファルスとかかわっている。言いかえるなら、レギーネは、キルケゴールが板ばさみにあっているまさにその場所で、沈黙するのである。レギーネにとっては、キルケゴールにとって現れた神の問題が、別の仕方で現れている。レギーネは、キルケゴールに提出された選択のこちら側か向こう側にいるのである。

　つまり、キルケゴールの神とレギーネの神というふうに二人の神がいるのではなく、ひとりの神が、二人のあいだで別な仕方で経験されているのである。キルケゴールにとっては、二者択一の選択を迫る仕方で経験され、彼は

単独者であることを選んだのだが、この神をレギーネがどのように経験しているかを知ることはできない。なぜなら、その場所でレギーネが沈黙するからである。この点が、女性の享楽に関して、それを女性の側から捉えることを困難にしているのである。

「男性の側でファルスの機能の普遍性を支えている父の機能と、La から $S(\bcancel{A})$ によって捉えられる女性の余分な享楽との関係についてどのように説明できるか」、この問いに対し、男性の視点からすると、$\exists x \, \overline{\Phi x}$ と $\forall x \, \Phi x$ のねじれた関係を、「すべてではない」とされる女性の享楽が a として反復されることで、維持させていると言えるだろう。しかし、女性の視点からは、女性が沈黙してしまうため、それについて何かを言うことはできないのである。

第9講　バロックについて

「私はみなさんについて考えています。それは私がみなさんのことを考えているということではありません（ Je pense à vous. Ça ne veut pas dire que je vous pense.)」。

いきなりこう切りだされ、行為の対象を直接目的補語として捉えることと、間接目的補語として捉えることの違いが取りあげられることから、この講義は始まる。これは対象と直接にかかわるのか、そうでないかが問題にされているのだが、それは語っている主体がどのディスクールに身を置いているのかということと密接にかかわっている。そして、そのことは科学の進展においてもまた明確に現れる。

それが、第3講でもふれられていた、デカルト、ガリレオ以降の近代科学と、それ以前のアリストテレス以来の科学とのあいだの決定的な断絶として示されたことである。後者は自明のものとされている共通感覚を基礎にもつ、対象を直接に体験する科学であり、それを質的科学と呼ぶのであれば、前者は、そうした直接的な所与によることなく、対象を間接的に、象徴的に捉えることで計量化することができるようになった、量的科学と呼ぶことができよう。この転換において、観察事象は、量化され、再現性を根拠に科学的真理として示されることで、個別の観察者によらない自然の普遍的事実として示されるようになった。すなわち、観察者自身も計量化されるに至ったのである。ところが、そのことは、そのまま観察者たる人間自体を科学の対象と捉えることを可能にしたと言うことができる。そこで、人間を対象とする人間科学（sciences humaines）という科学の分野が生じてくる。ここで人間科学というのは、ヘーゲル以後、人間の事象にかかわる科学としてディルタイによって開かれた領域を指していると考えてよいが、系を成立させている観察者たる人間をその系のなかに、同じ近代科学のディスクールのなかに取り込もうとすることで、そのディスクールに収まらない別種の認識、別種のディ

第9講　バロックについて

スクールが働いていることが露わになってくる。ところが、ラカンは、人間科学と言った場合、この科学はアリストテレス主義の伝統的科学だと注意を促す。そのうえで、「「私はみなさんについて考えています」は、人間科学と呼ばれうるようなものの全体に対して異議を申し立てることなのです」と言う。

　それは主人のディスクールから生みだされた伝統的科学に対する異議であり、直接性に対する異議である。直接経験をもつ共通感覚が、ディルタイ以降の人間科学における人間とどのような関係にあるのか、伝統的科学からどのようにして近代科学と呼ばれるものが出てきたのかが問われなければならない。さらには、観察する主体を系の外に置くことで成立した近代科学へと一旦移行することで、今度は観察する主体自身を対象とするとき、それがどのように位置づけられ、扱いうることになるのかが問題となるだろう。

　この転換を、主人のディスクールからヒステリー者のディスクールへの、ディスクールの移行という観点と、主体が対象化される場合の問題として取り扱っていくことになる。

　ラカンは、この日の講義を分析のディスクールを手掛かりに、無意識を出発点として、まず伝統的科学と無意識の関係を、ついで、無意識の発見後の科学のあり方を問うという形で進めていくが、それは「みなさんには意外に映るかもしれませんが、そういうわけで、今日、私はみなさんにキリスト教についてお話しすることになります」と予告する。

〈1〉

　ラカンは、みずから難解と認める定式から話を始める。
　「無意識、それは存在が考えるということではない」。「無意識、それは、存在が、語ることで享楽し」、「それについてさらに知ろうと欲さないことである。それが意味するのは、それはまったく何も知らないということだとつけ加えておこう」。「それをさらに知ろうと欲さない」ことが、「まったく何も知らない」となるのは、最初から何も知らないという状況でしかあり得ないので、ただちに「知の欲望は存在しない」と要約されることになる。

ディスクールの式において、知は S_2 と表される象徴的なものであり、また享楽も語るということを抜きにしては考えられず、したがって、いずれも象徴的な次元がかかわっていることは明らかであろう。ただ、語ることには語るという行為の次元が加わっており、その次元は知のなかに含まれない。語らねば知は現れず、語れば知は完全なものとはならない。そこに不十分さを見出すことになる。

　ひとは何かを知り、かつそれを同時に用いることはできない。前者は象徴的なものを介して間接的にしか行ないえず、後者は直接的経験として経験されることだからである。両者は、言わばねじれた関係にあり、そこに断裂がある。ラカンは、それを「矛盾がある」と表現し、「知の欲望は存在しない」、すなわち知らずに欲望するか、欲望せずに知るかという上述の結論に至るのである。この「知の欲望」は、フロイトの知識欲動（Wissentrieb）のことだが、ラカンの観点からは、それは存在しない。それゆえ、それについては、フロイトは矛盾したことを言わざるをえなくなる。むしろ、そのように矛盾したことを言ってまで、フロイトは何を言わんとしていたのかが問われるのである。

　欲望することと知ることとのあいだの断絶は、対象を直接経験するということと間接的にそれとかかわることとの関係がそこに反映している。今まで見てきたことは、その断絶が、語る存在としての人間にとって、いかに根幹をなすものかを示している。それでも、その断絶に直面するのを避けようと（じっさいには避けられないのだが）人間はさまざまに策をめぐらしてきたのであり、その結果、効果の集積のひとつが知であり、科学である。

　例えば、物理学は近代科学の典型と言ってよいものであるが、そこでは観察されたデータが現実の代わりに、あるいは現実として取りあげられる。そのために、主体に依存しない再現性を根拠に、ある仮説を立てるという行為、その行為を担う主体といった要素は思考の対象外とされ、そのように体系化される。言いかえると、再現されないデータは思考の対象外となる。究極的には数式化と呼ばれる操作の末、直接に対象にかかわることなく理論化されるのだが、このとき近代科学は、どこで現実的なものにかかわりうるのだろうか。他方、伝統的科学においては、考えられたものと考えることがひとつになっており、すなわち存在が考えるとなっている。そう想定することで、考

える主体について問を立てることをまぬがれるのである。その結果は、言葉がものに裏打ちされているとされた古典的な言語観念と重なるが、それはぴったりと裏打ちされているがゆえに、現実的な対象に直接ふれないという近代科学と、位相的にはなんら違いはない。フロイトは、近代科学のディスクールのなかで無意識を知として取り込もうと試みるが、それが精神分析という具体的個別な営みにおいてなされることで、その目指すところはアリストテレスの前提とするところだと言うことができよう。しかし、それゆえに、精神分析はそのどちらにも位置することができなくなっており、それが知識欲動という用語のなかに現れているのである。

　同様のことが、行動主義にも見られる。それは、振るまいがその目的によって明らかになるように観察されうるだろうという考え方で、すべてを行動の目的のなかに、合目的性のなかに包み込んでいる。その結果、主体の意図といったものを考える必要をなくし、さらにその合目的性を神経系のネットワークとして示し、置き換えることで、行動の主体とは何かを問う必要もない。行動を構成する諸要素を、行動としてユニット化することが行動主義の本質であり、そうして行動の主体を考えないようにしたところで、その実、行動の主体と行動が一致するということが前提されているので、思考と考えられたものとの等価性がそのまま残されている。その点で、行動主義は、いったん間接化された科学の文脈から現れているのであるが、それはアリストテレス主義の変形と見ることができる。

　フロイトの理論にせよ、行動主義にせよ、知で世界を記述できるという幻想の産物と言うことができるが、そのいずれもが、行為する主体というものをその知のなかに取り込むことができずにいる。そこで上記のようなトリックを考案するわけだが、それによって心的な、人間の行動を根底において変えるような、言わば倫理的な変化がもたらされるようなことはない。アリストテレス主義の伝統的科学は、種として、類として分類することを前提に、特化した個物の存在を基本としている。それぞれの存在者が個物として存在するという視点から、美学、倫理学が生みだされ、整えられるのであるが、ラカンは、アリストテレス主義における倫理学を「思考は柄 (le manche) の方にあり、考えられたものは反対側にある」と言い表し、これを伝統科学の過

ちと位置づける。

　柄とは、例えばナイフの柄のことで、ナイフは刃だけでは使うことができず、柄があってはじめてものを切ることができ、ナイフとして取り扱うことができるということが想定されている。ラカンはここで、柄はパロールだと言う。精神分析はパロールを道具として用いるが、取り扱えるのは柄たるパロールだけで、その結果、ふるわれる刃の効果はあくまでもパロールを介した間接的な作用である。その間接性ゆえに、パロールという行為と、それによって生まれてくる言われたもの（考えられたもの）、本来その両者が一致する必然性はない。しかし、柄をふるうことで言われたものが生じてくるので、それが個々の個物に属するのであれば、その結果として生じた、言われたものもまた個物に属すと考えるのは、あくまでもその存在を前提としてのことではあるが、ある意味自然であったであろう。アリストテレス主義の倫理学はそのように理解することができる。その結果は、柄と刃を関連づけ、分析風に言えば主体の存在を隠すことになる。

　行動主義をアリストテレス主義の変奏と言えるのは、言われたものと柄を同一視することで、言われたことだけで、すなわちパロールの効果として生じてきたものだけで、うまく収まってくれることを願っているからである。それは、行動とその目的を一体視することで、主体の意図というものを想定する必要をなくす。柄を「言われたもの－柄（dit-manche）」にすることで、言われたもののなかに柄を取り込んでしまうことで、言われたものだけですべてを語り尽くせることを願っているのである。しかし、そうすることは行動、その対象、その目的を一体化し、それを神経系に注入することとなり、かえってそこに収まらないものとして存在の次元を浮かびあがらせることになっているのである。

　そして、それは同音であることから「日曜日（dimanche）」へとずらされ、レイモン・クノーの『人生の日曜日』を連想させる。そこに想定されているのは、ラカンの、またクノーの師であったアレクサンドル・コジェーヴが指摘したヘーゲル的意味での歴史の終焉であり、歴史の終焉の後の、「それでも同時に動物のような存在を露わにしないではいられない」人間のありようである。ヘーゲルの絶対知に至ることは、観念の実現の運動としての歴史が終わるこ

とであり、人間は、そこに至ればすべてを知りうると考えられていた。すべてを知りえた人間はいかなる存在でありうるのか。これがコジェーヴの問いである。しかし、ここで問題とされるのは、そのようにすべて知りうるという幻想が結果として指し示す、知りえないものが露わになる事態で、この最後に示されたものを存在と呼ぶことができよう。

こうしたことは、語る主体とその主体が語ることによって構成する知とのあいだの不連続に対する人間の営みの結果である。それをすべて知として捉えようとしても、結果的には知りえぬものが残されるという事態が露わになるだけなのである。

〈2〉

それでは、ラカンはどこにいるのだろうか。「私はむしろバロックの側に与するのです」と、ラカンは自身の拠って立つところを示す。

バロックは、周知のように美術史の用語であり、もともと「ゆがんだ、不規則な」という意味の形容詞から派生したと言われている。当然、そのためには何らかの基準となるものが前提されている。ラカンは、それを男性の論理と女性の論理の問題と捉え、その観点から、バロックは柄（le manche）ではなく「袖（la manche）にかかわる出来事」で、「現れたり、消えたりする手品の技にかかわること」だと言う。柄が男性名詞であるのに対し、女性名詞の袖が使われていることは、性別化の式において男性側から女性側へ移っていることを表しており、また、「現れたり、消えたりする」というのは、女性の論理の現れ方そのままである。ただ、袖から何かを出してみせる手品では、その出すものをうまく取り扱わなければならない。柄をうまく扱うことが袖をうまく扱うことになる。女性の論理の現れ方も同様で、それは男性の論理なくしては現れてこないし、男性の論理に対して異議を申し立てるような形でしか現れてこない。しかし、そのどちらがより能動的で、他方が従属的だという関係ではない。こうして話は先に進むが、ここで論じられるのは真理（la vérité）についてである。

バロックとは、もとを正せば、キリストという一人の男性にまつわる話であり、そのキリストについて語っているのが福音書である。福音書は複数あり、マタイ、マルコ、ルカ、ヨハネの四人の使徒による四つの福音書がよく知られている。ラカンは、福音書が複数あることについて、それぞれの知らせの種類に応じて四つに分けて書かれ、それがキリストについて書かれているので福音書という同じ類のものとして扱われていると理解するのではなく、ひとつの真理との関係のなかで、その語られ方が異なるという観点から理解するべきだと言う。ひとりの人間として個別化されたキリストという事象に対して、ひとつの真理がありうるのであれば、それはキリストについてすべてが語られるということになる。福音書が複数あるということは、そのように完全に語られたことはなく、真理は半ばしか言うことができないという状況そのものである。それぞれが真理を語ろうとしているが、そのどれもすべてを語っていないということであり、したがって、それぞれに欠けた部分があるのである。このことは、すべてを語りえないがゆえに無数の部分的真理が現れるということ、また、自然科学が事実の集積で事象の普遍性を示し、それを正しい事実とするのとは逆向きにあることを示している。正しい、正しくないという判断は、たんに多数を根拠に打ち立てられるものではなく、そこにはすでに象徴的なものが、より端的には〈一〉が導入されていなければならないのである。

　このような語ることにともなう限界は、ラカンが精神分析という実践のなかから導きだしてきた、象徴的なもの、想像的なもの、現実的なものという三つのカテゴリーが示す構造的限界であり、そこでは真理は「言われたものの次元、言われたものが住まう次元（dit-mension）」として示される。すなわち、ひとが語ることで何かを言い表す以上、真理は直接に語られることはなく、そこに何か言われたことがあるということ自体が、真理がそこで働いているということである。語られたことは、ここでは福音書がそうであるが、幻想に現実らしさ（la réalité）をうまく装わせるということ以上に、真理の次元を働かせることはできないのである。

　キリスト教は、ローマが普遍的なものとして築いてきたものに対し、真理という新たな軸を対置することで、みずからを存続させようとする。世界の

外部に真理としての神を置き、真実らしさ (le vrai) を打ち立て、ローマとは異なる原理のもと、世界を真実らしさ、という言わば汚れた真理で置きかえることで、そうするのである。

このようなキリスト教と真実らしさとの結びつきを考えると、キリスト教が真実の (vraie) 宗教であると主張するのも、あながち誇張した主張とは言えない。ただし、この真実らしさというのは、それを追求することで真理に近づこうとしても、けっして真理に到達することにはならず、かえって真理は見えにくくなるのである。

この真実らしさの領域は、それが幻想の構造 ($S \lozenge a$) のなかにあることから、ひとは真実らしさを際限なく追求するしかないので、「一度そこに入るや、二度と出ることがない」領域である。そこから抜けだすには、真理を真実らしさとの関係で、それに見合った位置づけをする必要がある。すなわち、真実らしさが真理と見誤られ、現実らしさのなかに蔓延している状況から真理を切り離し、救いださねばならない。そして、そのためにこそ分析者のディスクールが必要とされるのである。それは分析の目的が $S(A)$ と a とを引き離すという点にあるということと重なるのだが、幻想にまとわされた真実らしさから真理を引き離すことだからである。それは、一見その必要性、価値を切り詰めてしまうように見えるかもしれないが、そうではない。むしろ、必要不可欠で揺るぎないものとして、真理を位置づけることになる。

こうした観点から見れば、福音は、真理として神を救済する話と理解されるべきで、けっしてパウロの福音書が語るように人間を救済する話と解されるべきではない。

このような神の救済の結果、宗教としてのキリスト教が成立するのである。なぜなら、神を真理としての存在と考えると、キリストの存在をそれとして認めることは、神の存在を損なうことになるか、すでに三という数字があるということで、三位一体という統一性が損なわれるかのいずれかとなり、いずれにせよ神の救済は一時的なものになってしまうからである。その結果、神の救済はそのつど絶えずなされる必要があり、それはキリスト教徒の「善き意志」に委ねられることになるのである。

その善き意志は、聖職者、神学者の唯一の神の存在を証明しようという営

みであり(その唯一性を保持しようとすれば、その存在を毀損し、彼らは無神論者となる)、神の、精霊の、またキリストの存在を疑わない在俗の人々に見られる通りである(このときは神の唯一性が損なわれている)。

キリストはみずからの身体を、存在を犠牲にすることで、父なる神と同じ場に立ち、そのような形で父を例外者として排除し、父の宗教から息子の宗教とすることで、キリスト教を創設した。ところが、パウロはキリストの死の意味を歪曲して、それに人間の救済という意味を付与した。フロイトは、そう読んでいる。「幸いにも、フロイトは私たちに、恩寵の宗教を創設した子の殺害の必然なひとつの解釈を与えてくれました」。ラカンは、ここで「必然な」というのは、「書かれることをやめない」として示される特称否定($\exists x \overline{\Phi x}$)の形式、例外者を生みだす形式を指しているのだと補足する。さらに、ラカンはこの殺害を、「真理の告白の可能な形式を作りあげる、否定(dénégation)のひとつの様式」と説明している。この「可能な」というのは、ラカンの論理式における全称肯定である「書かれることをやめる($\forall x\ \Phi x$)」として示されるが、後半の「ひとつの否定の様式」が特称否定を指していることは言うまでもないだろう。こうして性別化の図の左側、男性の論理式が示されるのである。

フロイトは、父親殺しという形で「父」を救済し、キリストを模倣する。それはキリストのようにみずからを犠牲にすることなくではあるが、どちらも男性の側の論理を、男性の立場を保つように貢献しているのである。

キリスト教をめぐっていろいろと見てきたものの、これらはいずれも男性の論理式の側に留まろうとする試みだと言えよう。しかし、キリスト教にはそれとは異なる側面があり、そのことを見ていくには、最初からもう一度見直す必要がある。

〈3〉

ラカンは、ここで話を魂と身体の関係に進める。
魂は柄の側の思考が行き着く先にある。しかし、それが考えているのは身

第9講　バロックについて

体に関してであり、そのかぎりで、この思考は必然に、書かれることをやめない思考になると、ラカンは切りだす。

　身体は、その昔から「どうしてそんなふうに動けるのか（comment ça peut-il marcher comme ça?）」と人々を驚かせる存在であった。ここでラカンは、代名詞であると同時に、フロイトのエスのフランス語訳である ça（それ）をわざわざ用いている。この後も、主語に ça を用いることがくり返されていることから、ラカンは「それ」としか指し示しようのない身体を、エスと重ねて捉えていると考えられる。

　「それ」が、すなわち一個の身体が、全体として統制された動きを示すということは、それだけで確かに驚くべきだと言えよう。ただ個体ということに限れば、それだけで十分でなければならないが、何かうまくいかないことがあると、自分自身の身体が、自分の知らないものとして、ひとつの不具合として、自分に対して対象化されるようになる。このとき、何らかの不快な感覚がともなわれ、それに対し何らかの情動が生じる。他方で、「それ」が泣き真似をするということもある。それは誰かが自分に対して行ったことに対する行為であり、誰かに対してみずからの身体イメージを作りあげることになる。身体は、その生物学的器官的機能から離れて表現されることになり、この場合、身体は二重化されていると言ってもよいだろう。そして、このときもまた、何らかの情動を介して影響を及ぼすのである。

　おそらく、このような身体の二重性から、ラカンはアリストテレスの身体論、霊魂論を参照するのである。ラカンは、運動と変化についてのアリストテレスの議論を援用するが、そこで鍵になっているのは、変化の前後でそれが同じものだと言えるかどうかということである。アリストテレスのテクストに沿えば、実体における変化である生成と消滅は、後に運動から外されている。これは、二つの時点における実体としての連続性が保証されないことによると考えられる。そうだからこそ、ここでは、時間の経過のなかで、性質、量、場所が変わっただけで、実体としては同一であると見なせるか否かが問題とされていると言えるのである。観察対象がさきほどとは異なっていることを認めつつ、なおかつそれが同一のものであると判断するのは、その現象を観察している存在者である。ここでは、それを主体と呼んでよいだろ

うが、この主体は、こうして観察するという行為において分裂させられることになる。「空間のなかにおける変化と運動は、アリストテレスにとって、……主体に横棒が引かれることでした」。

この主体は、分裂させられながらも対象の同一性を断言することで、みずからの同一性を打ち立てることになる。このとき身体の単一性が主体の単一性を支えており、そこで身体を示し支えるものがあるとしたら、それが情動である。情動がそのまま身体ということではないが、情動の発露は、そこに何かをその個体の身体たらしめているものがあることを示すのである。「すべてのそれ／エスは張りついて、身体が存続しているということです」。アリストテレスにおいて、人間の形相である魂が身体の同一性を保つものと考えられているのも同様に理解され、したがって、魂はひとが身体について考えているもので、柄の側にあり、そして身体は、柄をふるうことで形作られると考えられる。

このように、身体は魂の対重として生じ、ひとは、身体もまた考えると思って安心する。「身体が秘密に考えていると思われるとき、身体は分泌し(Quand il est supposé penser secret, il a des sécrétions)……」と、秘密（secret）と分泌（sécrétions）のあいだの言葉遊びをもって、ラカンは、身体の思考もまたランガージュのもとにあることを示す。

しかし、アリストテレスが魂と身体をぴたりと対応させるのに対し、ラカンはそうではない。ここでラカンが示そうとしているのは、無意識の主体についてであり、それがランガージュの構造に基礎を置いているということである。そしてランガージュが「著しい慣性（une inertie considérable）」をともなっていると指摘し、それを構造という語のまったく新しい意味として取りあげる。

それは、ランガージュの働き方を記号と比較することではっきりしてくる。記号が、何を伝えるのか分からないままでも、それを読む者がいないままでも、全体として伝達されるのに対し、ランガージュはそうではなく、ランガージュがパロールとしてじっさいに作用するさい、パロールを担うものとして主体がそこに介在しなければならない。しかし、この主体自体は、ランガージュのなかにはどうにも位置づけようのない要素であり、ラカンは、主体とい

う要素を欠いたランガージュの構造的側面を慣性と表現したのであろう。これはランガージュの構造という側面を介して、その構造の範疇に収まらない次元としての主体の位置づけを示したもので、このような視点が、ラカンの精神分析における言語学趣味（linguistrie）につながっている。それは、精神分析が主体を抜きにしては成り立たないことのひとつの表れであり、ランガージュを問題としない心理学に対するラカンの批判の根拠ともなっている。

　そして、引き続いて「存在を基礎づけるものがあるとすれば、まぎれもなくそれは身体です」と、身体を存在との関連から見ていく。興味深いのは、アリストテレスが多くの動物をひとつひとつ調べ、そうして得られたことを人間に適用しないことである。「その点については、アリストテレスは誤りませんでした」。なぜなら、人間の、語る存在の身体は、すでに魂によって、魂を用いて考えることで身体が支えられていると考えられるメカニズムによっているので、他の動物たちと同じように語ることができないからである。そして、この適用できないということが、ラカンが無意識の主体としてその場所を示した存在を間接的に示していると言うことができよう。

　こうしたことは普通に、自然に（naturellement）『心とは何か』を読めば分かることだと、ラカンは指摘する。と同時に、この「自然に」に注意を促す。というのも、われわれはわれわれの自然学／物理学（notre physique）による種々のメカニズムにすでに属しているからである。この自然学は、こうしたさまざまなメカニズムから「それ（ça）」を消し去り、近代科学における観察者の無名化を進め、人間を対象として一般化することで、人間を自然学のメカニズムのなかに取り込んでいる。さらに推し進めて、量子物理学は、存在に関しては確率によってしか示さないことで、「ある」という事態そのものを揺るがす。そうして、「それ」として示されている主体がいるという前提がなければ成立しない、断言の次元を排除している。このように「われわれの自然学」においては、観察する主体は、そこから生まれるメカニズムのなかに組み込まれてしまうのである。アリストテレスは、こうした「われわれの」一連のメカニズムのなかに入らない。それは彼のディスクールと、現代の科学のディスクールが異なるからで、したがって、自然に読めば「人間はその魂を用いて考える」の「その」は、不用意に一般化した「自分の」ではなく、「ア

リストテレスの」という意味で捉えなければならない。思考が柄の側にあり、身体がその反対にあるのは、アリストテレスのディスクール、主人のディスクールにおいてなのである。

　量子物理学以前にも、人間を自然学というメカニズムのなかに位置づけようとする別の試みがなされている。それがエネルギー論であり、恒常性の考えである。これらはフロイトの理論のなかにも取り込まれており、精神分析にもなじみ深いものだが、それは「多い−少ない」、あるいは「長い−短い」など、相対的なものとして扱われていた量を、任意の基準点を設けることで、絶対的な量をもつものとして扱う考え方、いわば実体化する考え方と見ることができよう。そうした考え方は、「ものがある」ということを現実のものとして、前提として考えつつ、しかし定点を量化・実体化することで、かえって主人の例外的位置を無化することになる。それは、ある意味において逆戻りするディスクールであり、主人のディスクールの一つの変奏であるが、そうすることで主体を他の諸対象と同じ系のなかに取り入れるということが目的／結果であることに変わりはない。

　そこで、ラカンは問いかける。「言語を構成する分節化と、伝統的科学によって世界のなかに実に容易に映しだされている思考、その実体であることが明らかになる享楽とのあいだに、どのような関係がありうるでしょうか」。

　「思考の実体であることが明らかになる享楽」とは何を指すのだろうか。伝統的科学のディスクールが問題とされているので、柄と刃の喩えを持ちだしてくれば、先に見たように、刃にあたるもの、刃が切りだしてきたものが、さまざまに考えられたものであり、身体であり、他方、柄は思考であり、魂であった。この両者を同じものと見なすのがアリストテレスであった。しかし、ラカンにおいては、魂と身体の関係は必然の関係となり、そのやまない関係に、ラカンは無意識の主体を見出したのであった。ランガージュの作用によって考えられたものと、考えるものが分節され、同時にその分節そのものが現象として現れる。この分節そのものは、分節されたものとして何らかの形をとって現れてくることはなく、また思考するという行為が際限なくくり返されるという点で享楽と呼びうるものである。つまり、何か別のものを絶えず切りだし続けるということであり、そうであれば、思考すること、言うこと

において、この享楽は、最高存在としての神、何が善であるかを知っている場所を作りだすのだが、それはそこではない場所としてしか示されえず、真理としてのそのような場所は、ランガージュの構造の外部となる。「私たちが思考を、つまるところ言語の慣性に支配されたものと考えるなら、こういったことは思考とはさほど関係がないことになります」。それゆえ、ラカンは、あまり驚かないようにと注意を促しながら、「ひとは、言語の慣性を支えている最良のものを使って、……享楽を把握し、理解し、かき鳴らすようなことはできませんでした」と結論するのである。

　前年に取りあげた「私は、私が君に差しだすものを、君が拒むことを望んでいる。なぜなら、これはそれではないからだ（je te demande de refuser ce que je t'offre parce que ce n'est pas ça）」の定式も同じことを言っている。この「それではない」は、得られた享楽が期待された享楽とは異なることを示す叫びであり、そこにこそ、ランガージュのなかで自分について言うことのできるものが特徴づけられる。ラカンは、ここで「それではないからだ」を「それでしかないからだ（parce que ce n'est que ça）」と表現しなかったことを強調する。なぜなら、後者はそういうものがあることになり、構造の内部に取り込まれてしまい、「それではない」がもつ、言うという行為とそれが構造の外部を示すという本質的な性格を失ってしまうからに他ならない。それは、ラカンが「エトゥルディ」のなかで取りあげた定式において、わざわざ「ひとが言うということは（qu'on dise）」と表現し、「ひとが言うこと（ le dire）」と名詞化しなかったことに通じている。

　また、否定の形で表されるということは、構造がそれ自体のなかに亀裂を含んだ、いわば内側に開いた構造となっているということである。それは構造において、際限なくという形で動的な要素を含みもつと言うことができ、構造は享楽を捉えるさいに前提とされると同時に、そのことで別の享楽がその外部として現れることになる。「構造は、たんにそれであるかもしれない享楽を前提としないだけでなく、別の享楽を支えているのです」。

　このように前年度の講義をふり返った後、くり返し言うことで示される言われたものの住まう次元が、フロイトの言うことであり、フロイトが実在した証しだと言う。「この言われたものの住まう次元こそ、フロイトの言うこと

なのです (cette dit-mension, c'est le dire de Freud)」。それは、くり返しが必然の構造のなかにフロイトを位置づけたことに他ならず、フロイトは例外者として真理の場所に位置づけられたということになるからである。同様に、キリスト教があるということがキリストが実在したことを証拠立てていることになる。それも、キリストのことがくり返し言われる（書かれることをやめない）ということが、キリストを、同じく例外者、神の位置に位置づけることだからである。

　ラカンは、そこに反復の契機を見出すことで、欲動（Trieb）を訳すのに用いようとした偏流（dérive）という言葉を使って、享楽の偏流（la dérive de la jouissance）という言葉を考えたようであるが、ここではそれ以上の言及はない。偏流とは、本流があって初めてそう言えるもので、中心となる流れに対して、そこから外れた流れを意味する。それは本来的でないからこそ、さまざまに派生的に、くり返し、くり返し生じてくる、そしてまた、そのように現れてくることが、あるであろうはずの享楽の存在を指し示す、そのような流れである。

　享楽の際限なくくり返される側面を考えるさいのこうした考え方、つまりは現実的なものの介在ということは、認識について考えられるなかで、古くから潰され、隠されてきたことだと、ラカンは指摘する。今まで見てきたアリストテレスにせよ、エネルギー論、量子物理学に至る近代科学にせよ、そのようなさまざまな工夫をこらした結果であった。しかし、そのいずれもが享楽という視点をもたず、現実的なものという領域に目を閉ざしていた。このことを明らかにするには、精神分析の登場を待つよりなかったのである。

　しかし、そうは言っても、アリストテレスがそうした現象に暗かったわけではない。「享楽はアリストテレスのテクストのいたるところで暗に示されています」。アリストテレスが質料と形相という二つの概念で説明しようとしていることも享楽にかかわることで、「交接に関する古いお話」ではないかと、ラカンは言う。形相としての魂と質料としての身体が一致すること、あるいは一致させること、それを交接と言うことができるだろう。しかし、じっさいには、両者が一致することはない。ただ、その見かけを支えるさまざまな享楽が、これもさまざまな波長の光からなる白色光が物事を照らしだし、そこ

で何事かが生じているように見せるのと同じように働いている。この見かけにかかわる多様な「それではない」享楽とは別の享楽、いわば、それがそうである享楽は、「うまくいかない」、「それではない」という形で、この白色光のスペクトルの外部にしか見出されないのである。この白色光に照らしだされている世界では、性関係に適うかもしれないという、享楽のもっともらしさに対応して、その隠喩として見せかけの目的性が立てられるようになる。したがって、目的性と享楽とは拮抗し、享楽と性関係との関係が離れれば離れるほど、そこに目的性がよりはっきりと現れてくることになる。

　アリストテレスはこのように、現象としては享楽の現象を目の当たりにしていた。しかし、どうして享楽に、現実的なものに目を向けられなかったのか。ラカンは、それを、キリストの啓示を受けなかったからだと言う。

〈4〉

　ラカンは、キリストのなかに、アリストテレスが見落としてきたことを見ようとする。

　キリスト教の教義は、ある身体における神の受肉であり、キリストが被った苦痛／情熱が、他のひとの享楽を生みだしたと想定している。しかし、教義において重要なのは、ふたたび身体をもつことだと、ラカンは指摘する。「キリストは、それが生き返ったものであっても、その身体ゆえに価値があります」。カトリックにおける聖体拝領は、口を介するキリストの体内化であり、口を介すことで、性的な事象を回避でき、教会はそれで満足し、交接になんら期待しない。

　このようにキリスト教は、表舞台から交接を排除する。その結果として、キリスト教の影響が及んでいるものはなんでも、とりわけ芸術の分野においてそうであるが、享楽を思い起こさせる身体の呈示だと言われることになる。「交接は、人間の現実らしさのなかで現れているのと同じく、その領域の外にもあり、現実らしさを構成する幻想に給養する」ものであり、この領域外にある交接とは、真理である神とひとつになることと考えられるが、それは、先

ほどアリストテレスの思考における享楽について論じたことと同じである。

　宗教と芸術は、いずれも情熱と昇華をあわせもつという点では、どの宗教も変わりはない。ただキリスト教のように、交接をあからさまに排除する宗教は他になく、他の宗教と異なり、芸術作品が身体、猥褻さをはっきりまとって現れる。猥褻さが、語りえぬものを語ろうとし、捉ええないものを捉えようとするときに感じられるものであるとすれば、領域外にある交接に向かうすべての行為、そこから生みだされるすべてのものは、猥褻さをまとい、それが、言われたものの住まう次元を通ることで、男性の宗教を活気づけてきた。それは芸術作品に限定されるものではなく、さまざまな次々に作りだされる道具などにあってもそうで、未知なる世界を語られたもの、考えられたもので埋め尽くそうと際限なく（したがって男性の宗教である）その営みを続けることになるであろう。しかし、同時にキリスト教は身体を放棄せず、こうした営みもまた、身体を介して行われてきた。そのことが同時に障害として現れる。

　そこで明らかになるのが、大他者である。ラカンは、この大他者を、一つの穴として現れ、パロールが真理を打ち立て、性関係が——それが考えうるものと考えられているとして——実在しないことを補填する契約を立てる場であり、また、ディスクールが見かけからしか発しないということにはならないかもしれない、そのような場であると説明する。

　科学における思考は、存在しているものがあって、それが考えるという想定のもとにある。これはパルメニデス以来、アリストテレスも含めて、哲学的伝統の基礎ともなっているが、そうではないというのがラカンの立場であり、思考と存在は根源的に一致しない。ヘラクレイトスの断片93「神は告げもせず、隠しもせず、示す」を引き合いに出し、神託はそれとしてそこにあるのではなく、君主がその標を読みとって神託を下すのだとする。君主は穴に向き合い、標に出会い、そこから言葉を紡ぎだす。それは神について語るのではなく、標について語っているのでもなく、そこで、あるシニフィアンを語らされているのである。そのように君主が標を読むことで、神は存在するのである。「パルメニデスは間違っており、ヘラクレイトスの言うとおりでした」。

聖トマスがキリスト教的良心とでも呼ぶもののなかに、アリストテレスの哲学を取り入れたことが、キリストに啓示されたことをキリスト教徒たちが怖れているということを示しているという、ラカンの指摘も同じことである。ここにも穴に直面することをいかに回避するかの努力が見られる。キリスト教は、キリストに身体を再獲得させることでこうした穴を塞いだかのように見せるのだが、ラカンは、それはいわゆる世の精神分析家たちも同じだと皮肉ってもいる。彼らは、こうした穴の存在から目を背け、あたかもすべて分かっているかのように振るまっているのだと。

　むしろ、精神分析家はこの穴に向き合う必要がある。そうでなければ、ラカンの言う現実的なものが精神分析のなかに現れてくることはない。享楽自体に亀裂があるということは、性別化の式に示されたとおりであるが、語る存在における身体の次元として、身体について語られたものが住まう次元として書き込まれた裂け目がある。そこに「パロールの実在がそうなっている殻を通って、フロイトとともに飛びだしてくるものがあります」。それがエスで、エスはパロールという行為において、享楽するエスとしてしか、その存在を示せない。「エスが（パロールで）語るところで、エスが享楽します（Là où ça parle, ça jouit）」。これは、ディスクールの生産物として、剰余享楽として知を蓄積していくのとはまったく位相の異なる作用で、これまでに生理学やら何やらとして集積されてきた科学の知識のように、さまざまな身体的な現象に関する説明を示してくれることはない。「これはエスが何も知らないということを意味しています」。

　「知の欲望は存在しない」ということを思い返せば、エスは何も知らないままに享楽する。それでは、真理として、例外者として、外部へと追いやられた神をいかにして知ることができるのだろうか。「神は、いわゆる神聖なエクリチュールによってしか現れない」と、ラカンは言う。神聖なというのは、失敗をくり返すことをやめないという意味であり、そのような失敗をくり返す例として、ソロモン王を取りあげる。

　智者であり、主人のなかの主人と言ってよいこの人物、存在そのものがその証しである叡智の試みが失敗をくり返す。確かに、なんらかの考えが、ある行為においてうまくいくとき、それはその行為者の知恵とされる。なにご

とかがうまくいかないとき、そこにはその知恵以上の知恵、うまくいかせることができる知恵がほかにあるか、あるいは、それを邪魔をする知恵があると思わせ、その知恵は、行為者以外の存在者に属するとされるであろう。そのくり返しのなかでしか、神は現れないのである。

この失敗をくり返すエクリチュールは、書かれることをやめないのだろうか、書かれないことをやめないのだろうか。ソロモン王の例えからは、書かれることを絶えずしくじると読むのが自然であろう。そうであれば、例外者としての神、少なくとも一人という形であるが、数えられる神が姿を現すことになるであろう。しかし、書かれないことをやめない場合、そこに神はそれとしては現れない、不可能としての神が（矛盾した表現だが）そこに姿を現すと言えないだろうか。

性別化の式で言えば、前者が男性側で、後者が女性側であることは言うまでもない。また、前者が主人のディスクールとなることも明らかであろう。そうであればこそ、ソロモン王の文脈で、「享楽が存在についての思考を満足させるという結末に至ったと信じることができた、そのような仕掛けがないわけではない」と、人間の叡智につなげられるのである。

それが、例えば道教の禁欲であり、仏教のそうしたことをそもそも考えないという、煩悩の、欲望の滅却である。これらはそれぞれ、$\mathcal{S} \to a$ における中断であったり、$\mathcal{S}$ から a に向かうこと自体を断念するということであるから、男性の享楽の変奏と言ってよいだろう。実を言えば、$\mathcal{S} \to a$ の道筋にいること自体が、すでに $S(\cancel{A})$ と a のずれとして、ひとつの不可能性を引き受けているのであり、中断にするにせよ、断念するにせよ、それは最初に引き受けた不可能性の帰結、失望を避けるための手段ということができる。そこにあるのは、何らかの具体的な不可能性を引き受けることで、満たされないということが可能（$\forall x\, \Phi x$）なので、それがなければ十全に満たされるということが必然的にある（$\exists x\, \overline{\Phi x}$）という論理と言えよう。このとき具体的に現れている不可能性、それをひとつの去勢（une castration）と理解すれば、存在の思考を満たすという目的は、「ひとつの去勢を引きかえにすることによってしか、けっして満たされることはなかった」のである。

さて、ラカンがここでもうひとつ、仏教においてよりよいものとして示し

ている禅、これは同じ男性のディスクールのなかに収まるだろうか。師の応答「弟子よ、お前に犬の鳴き声をもって答えよう」にある「犬の鳴き声」は、真理との一種の出会いであるが、それは意味連関のなかに捉えられるものではない何かとの出会いであり、そこに現される真理は、そこで出会った表象自体ではなく、その意味の断絶のなかにある。語りつつそれではないとする、まさに失敗をくり返すエクリチュールと言うべき体験として、そこから悟りを得ると言えるだろう。失敗だけが保証されている不可能の基盤（$\exists x\ \overline{\Phi x}$）における偶然（$\overline{\forall x}\ \Phi x$）の出会い、これが S_1 との遭遇であるが、それは女性の側の論理式に見られることである。この場合、前提としての不可能に、真理を、神の存在を見出すことになる。

このように見てくると、くり返されること自体が神の顕現に必要だという点では、男性の論理と女性の論理とのあいだに違いはない。違いがあるとすれば、触れえないものがあるとするのか、触れえないものをあるともないとも言わずに宙に浮かしておくかの違いと言えよう。それは、あるものがなくなったと考えるのか、ないものがないと考えるのかの立場の違い、判断の違いによると言えるかもしれない。前者では、何らかの存在者をひとつ数えることになるが、後者では直接にそれを語ることはできないので、それでも何か語ることになると、そこでは、それではない、無数の言葉と出会うことになる。おそらく、ただ一人の神があれば、その神は語らず（その必要がなく）、神の存在が隠れていれば、神は多くを語ることになる。

ギリシャ・ローマの多神教、その神話は、複数の神々があるということから始まっている。ひとは、多数の神々のなかから必要に応じて、気に入った神、善い神を選べばよい。それは、しばしば分析の後で、誰であれ、折よく各々の相方を一人見つけて関係をもつに至るというのと同じことで、それは偶然選んでいるかのようにも見えるが、それでも、そのとき選ばれたものは神々であり、それぞれを個別の存在として支える大他者のいくらかしっかりした肖像／表象（représentation）という性格をもっている。自分が信じる神を選べない一神教のキリスト教と、みずからが選べるギリシャ・ローマの多神教は、奇妙なことに対立するどころか、完全に併存しているが、それはこの巴のような関係があればこそである。併存しているがゆえに、この多神教

は、ルネサンス期にキリスト教文化のなかに生まれ変わり、多数性と身体をキリスト教のなかにもちこむ素地を作ることになった。

アリストテレスは男性の論理に沿って、万物の動因たる不動の動者を世界外に見出すことで世界を構成し、キリスト教は、キリストを媒介にひとりの神を例外者としておき、やはり男性の論理のなかに世界を閉じ込めようとした。しかし、キリストという具体的な存在者を媒介にしたことで、身体が最初から刻印されており、しかも、そのキリストを神の位置にまで高めたために、三位一体という教義のもと、神は完全な例外者として〈一〉なる存在であることができなくなった。それゆえキリスト教は、神の〈一〉なる性質を守るために、身体を排除し、性を排除し、存在を排除しようとしつつ、その反動のように、身体をさまざまな儀式や装飾物、芸術のなかに遺してきたのであった。「反宗教改革は源泉へと立ち返るのであり、バロックはそれを表しているのです」。

バロックが身体と多数性とにかかわっていることは、教会の壁に掲げられている殉教者の肖像（représentation）、レリーフが十分に現している。ラカンはこれらの肖像を、殉教者の肖像ではなく、肖像こそが多かれ少なかれ純粋な苦痛の殉教者だったのだと指摘する。彼らは、まさに身体を廃し、存在を廃し、みずからを表象（représentation）にまで帰さしめたのである。「バロックは身体を透かし見ることによる魂の規範化なのです」。

ラカンは、人類（espèce humaine）の humaine という語が、不健康さ（humeur malsaine）を、さらにそこから不幸（malheur）を感じさせる言葉だと述べ、教会は、この居心地の悪さを含みもつ「人類」という言葉を用いて、ヒトという種を時の終わりまで連れていこうとしていると言う。さらに、教会は、語る存在が男性、女性という二つの性に位置づけられることに固有の裂け目のなかに、しっかりと基礎を置いていると続ける。それは、主体としてのヒトを、そのヒトという側面によって人類という観念のなかに取り込むことで、主体の個としての存在の局面に目を向けないということであり、この教会の論理の破綻部分を、教会みずからがそこに基礎を据えることで塞いでいるということである。ラカンは、皮肉と期待を込めて、「少なくとも科学の未来と同程度には」据えられているかもしれないと言う。

第9講　バロックについて

　『科学の未来』というのは、神父のエルネスト・ルナンが書いた著作のタイトルである。合理主義的で、キリスト教信仰の神秘主義的な側面に批判的だった彼は、真理に一切の帰結をもたないことを求めた。科学に理論的な統一性と合理性を求めることに徹すれば、究極的に科学は、数式化を被ることになり、静的で記述的なものになってしまう。真理は、具体的な何かとして語られるのではなく、そのような語りが可能な、言わば開けとしてあることを意味していると考えられる。教会は、ふたつの性のあいだの裂け目を埋めようとしているが、それが同時にそのような開けを示すことに、ラカンは希望を見るのだろう。なぜなら、そこでしか、個々の主体を個物として、その意味を、その存在を個別なものとして支えることはできないからである。

　自然科学では、ある原理にとって例外事象として現れてくるものは、その原理とは独立した別の原理が作用することで生じると考えられる。このふたつの原理は対等の関係にあるので、差異は頻度として量化され、したがって統計的に処理されることで、そうした例外事象は排除される。こうして、もともとの原理による事象だけが残り、そこから原理が抽出される（作業手順としては、仮説を立て、それに適う事象が集積されると、その仮説が原理となる）。ところが精神分析の実践にとっては、個々の分析主体のディスクールと、そこで構成される幻想が、そのつどの実践の対象であり、それはつねに個別的である。それゆえ、それぞれの主体にとっての一回かぎりの因果関係、意味の連関が問題となる。多くの症例を集め、そこから一般的な規則性を見出すことはできるにせよ、それは二次的な意味しかもたず、少々極端な言い方をすれば、語られえない中心に対しすべてが例外であるということが、精神分析が拠って立つところなのである。

　精神分析は、このそれぞれをディスクールの違いとして示し、かつその関係を露わにしてきた。そうして明らかになってきたのが、性別化の式に表される男性の論理と女性の論理であり、そのあいだの関係の不在であり、男性の論理に対する女性の論理の外在であり、非対称性であった。アレクサンドル・コイレが指摘したような、現実的な対象を排去することで成立した自然科学との関係からみるなら、精神分析は、個別の身体を有する主体という存在者の存在を手放さず、その重みを引き受けることになる。

このことは、語ることから生じる、享楽という事態からの当然の帰結である。享楽については、まだ十分に把握されたとは言えないが、精神分析は、語る行為を主体という契機で捉えることで、この享楽を示してきた。分析は、そのあり方を「四つのディスクール」として示したが、それは哲学とも自然科学とも異なる地平を明るみに出すことになる。そこに大きくかかわるのが分析者のディスクールで、人間の営みにおける偶然と個別というあり方の契機を明らかにするものである。それは容易に他のディスクールに移り、一時の安定を得ようとする。しかし、その不安定さにこそ、分析者のディスクールが他の三つのディスクールとは異なり、かつそれらを支えるという独自の価値を有するのである。分析者は、この偶然と、それゆえに不可能を含みもつディスクールに留まることを、すなわち現実的なものから目を逸らさないことを求められる。精神分析とは、そのような営みそのものであり、その結果、普遍のなかに個がうち立てられることを支持するものである。それは、人間の知の歩みにおいて、ルネサンス期におけるバロックの登場と軌を一にするものであり、ふたたび身体を捉え直す試みに通じるのである。

第 10 講　紐の輪

「昨晩、教室に来てみたら誰もいなかったという夢を見ました」。ラカンは、夢は願望の実現であるというフロイトのテーゼを喚起しながら、この夢もまた、ラカン自身の願望を示しているとセミネールの口を切る。夢のなかで誰もいないことに腹を立てながらも、「朝四時」までかかって準備した講義は、結局のところ、他者に十全に聴き取られることを目指しているものであるよりも、むしろそれを「語ること」自体を「欲望」している。これまで何度も確認してきたように、「語ること」は、「語られたもの」として受け取られるさいに不可避的な変容を被らざるをえないが、夢におけるラカンの欲望は、労力を注いで準備したものを「語ること」自体の実現を望んでいると理解されるのである。

〈1〉

ラカンは、「語ること」を「自らの役割」と任じながら、まず「メタ言語は存在しない」という事柄を再び取りあげる。〈2〉以降で確認するように、この講は、前年のセミネールの途中に出会った数学における結び目理論の精神分析的解釈を、本格的に展開する端緒を切りだす重要な位置づけをもっているが、ラカンはまず、数学的なシェーマを提示すること自体がもつ意味を確認するところからはじめている。「数学的な定式化がわれわれの目的であり、われわれの理想なのです」と言いながら、そのこと自体がもつ意味を、いわばそれ自体メタ的な仕方で語りだすところからはじめるのだ。「メタ言語」とは、分析哲学の文脈でアルフレト・タルスキが導入した概念であるが、それは、「語る言語」と「語られる言語」のあいだに階層を設けることで、「うそつきパラドックス」と呼ばれる問題を解決しようとするものであった。数学的な定

式の意味を語ることは、それゆえ、それ自体、ひとつのメタ言語として機能しているのである。

　だが、ラカン自身の「語ること」が、ひとつのメタ言語として機能しているということは、一見するところ、「メタ言語は存在しない」というラカンの定式に矛盾するようにも思われる。「メタ言語は存在しない」ということをメタ的に語ることは、そのこと自体において遂行的矛盾を含み、まさにタルスキが回避しようとした「うそつきパラドックス」の構造を、再び導入しているようにも思われる。この錯綜した構造を理解するために重要なのは、「メタ言語は存在しない」ということでラカンが否定しているものが、言語のメタ的な使用ではなく、そのような使用が「存在」の平面にあるとみなすことであろう。すなわち、ラカンが「メタ言語は存在しない」と語るとき、「それが言わんとするのは——存在の言語はないということ」であり、メタ言語は、言語と存在の一致の幻想の外部に位置づけられる。ラカンにとっては、「実体」と見なされるものは、たんに「語られたこと」にすぎない。言語によって「存在」を認められるものは、しかし、「語ること」の効果としてしか現れず、「語ること」自体は、その「存在」の構造のなかには位置づけられないのである。

　同じ意味で、「数学的な定式化」が、ひとつの「理想的なメタ言語」とされることも理解される。それは「存在」するものであるよりも、むしろ「外-在する（ex-sister）」ものだと言われるのである。通常、「実在」と訳されるものの「外在性（ex-）」を強調することで、ラカンは「存在」の「外にある（ex-sister）」様態を指し示そうとする。「そうしたわけで、象徴的なものは、存在と混同されずにすみ（それらはまったくかけ離れたものです）、象徴的なものは語ることによる外-在として維持されることになるのです」。「メタ言語は存在しない」というラカンの定式は、こうして、「存在」の構造のなかで「語られたこと」と「象徴的なもの」の「外-在」を区別するための概念装置として示されるのである。

　言語によって語られる「存在」によって、その構造のなかにある者の認識が規定されるため、メタ言語も含めた言語使用の構造自体を「知ること」は「不可能」、あるいは「禁止された（inter-dit）」ことと見なされる。「知」とは、ここで「存在」の地平を越えだるものと見なされ、言語によって語られる「存在」

の外におかれる。ラカンは、「こうした存在と知のあいだの不調和、それが私たちの主題です」と言いながら、セミネール全体の主題とメタ言語の問題を関係づける。知が存在をつねに越えでるものであるからこそ、ひとは、何度も何度も「もっと (encore)」とくり返し「語ること」を要求するのである。「禁止 (inter-dit)」とは、それゆえ、「知」への道筋を完全に遮断するものであるというよりも、むしろ「語られたことのあいだに (inter-dit)」、「存在」には回収されない、何らかの剰余を示すものということができる。「それは、言葉のなかで、行間において語られたもの」であり、「それによって到達可能になるものが、どのような類の現実的なものなのか (quelle sorte de réel) を問わなければならない」。精神分析の課題は、そのように「存在」の地平から逃れるものの構造を明らかにすることとされるのだ。

　じっさい、それが他ならぬ精神分析の課題であるのは、この「不調和」が、「主体」自身の「存在」の問題に直結しているからだと言える。「私というのは、一個の存在ではありません。それは話すもの (ce qui parle) として想定されるものです」と言われるように、ラカンにおいて「主体」は、「語られたもの」の次元から切り離されたものとして位置づけられる。「主体」は「語るもの」であり、「語られるもの」ではない。「話すものは、孤独としか関係しません」と言われるのは、「主体」が本質的に「存在」から切り離されていることによるのである。このように、「主体」を「存在」から切り離し、その「孤独」に「語ること」の特権を与えるかにみえるラカンの議論は、あるいは性急な読解によって、例えば『声と現象』におけるジャック・デリダの批判をそのまま受けるものと理解されるかもしれない。「言語」を主題とする一時期の哲学の主要な課題は、「語られたもの」に対する「話者」の特権を批判することであった。しかしながら、ラカンにおいて「主体」の「孤独」と語られる事柄は、それ自体、言語使用の構造の一部として位置づけられ、そのような「特権性」とは無縁のものである点を見る必要があるだろう。「こうした孤独は、知の切断ですが、これについては、たんに書かれうるというだけでなく、すぐれて書かれるものです。それは、存在の切断であることにおいて、跡を残すからです」。主体の「孤独」は、「語られるもの」の「存在」の次元から切り離されながら、「すぐれて書かれるもの」とされているのである。

「書かれるもの」についての議論は、第3講で展開された主題であったが、この文脈でのラカンは、そのことを「存在とは知覚されるものである（esse is percipi）」としたジョージ・バークリーの観念論を引き合いに出して示している。精神分析は、言語に還元されたかぎりでの「存在」を語ることにおいて、バークリーのいう意味での「観念論」と同じ立場をとっていると言えるが、「その観念論は、異なる性をもつ二つの身体のあいだに性関係を書き込むこと（inscrire）の不可能性に関係するもの」として位置づけられる。主体の「孤独」は、この「性関係を書き込むことの不可能性」とのかかわりにおいて問題となるのである。

　ラカンは、性関係の不可能性が、「愛」による「幻想」のうちに一致することを夢みられる構造について、第2講ですでに語っていた。ここでもまた、「性関係を書き込むことの不可能性」は、「不可能」なものでありながら、なお「もっと（encore）」とそれを不断に越えようとするものとして理解される。「書くこと」は、書き込み不可能な性関係を、なお接合しようとする試みとして理解される。「書くこと」は、「語られたもの」の地平に理解される「存在」の外部にありながら、「もっと（encore）」と伝達不可能なものの伝達を目指す。「話す主体」の「孤独」とは、そのかぎりにおいて、そうした伝達不可能の伝達の試みのうちに出来（しゅったい）するものと考えることができるだろう。「孤独」とは、すなわち、みずからによって「語られたもの」の内実を無条件的に規定する特権性を示すものではなく、むしろ「語られたもの」のうちに被る決定的な変容に、回避不可能な隔絶を見出しながら、なお「愛」によって語り直そうとすることを意味している。精神分析的な「観念論」は、そのような意味において、「愛」の「幻想」によって支えられる不可能なものへの絶えざる欲望として理解されるのだ。「書くこと（écriture）は、そこにおいて言語の結果が読みとられるような、ひとつの痕跡であることになります」。「存在」の次元においては、たんに「痕跡」としてしか見出されない「書くこと」における主体の「孤独」は、こうして、ラカンにおいて、すぐれて言語的な機能として位置づけられるのである。

　数学としての結び目理論が示しているのは、まさにこの「書くこと」の機能であると、ラカンは言う。ひとが、何であれ「ほとんど読めない字を書く

（gribouiller）ときには、いつでもページの上に、線によって書きます」。「線」は、何かあらかじめ定められた意味を志向するよりも前に、端的な「書くこと」として機能する。結び目を描く「線」は、このような「判読不可能な文字」として、「語られたもの」の次元における意味の理解の手前に位置づけられるのである。

〈2〉

　だが、数学理論としての結び目の「線」と、精神分析的な意味での「書くこと」は、じっさいのどのような交わり方をするのだろうか。結び目理論の教科書から取り出されてきたかのような議論を展開しはじめるラカンの企図が、精神分析と数学の平行線にどのような収斂点を見出そうとするものなのか、ただちには明らかではない。結び目として描かれた「線」が、「書くこと」の「痕跡」として示されていると考えるとしても、その「線」によって描かれる構造体がもつ数学的な特性が、精神分析の文脈でどのような意味をもちうるものか、明示的なかたちでは示されていないのである。

　それゆえ、ラカンの「語ること」を聴き取ろうとする者は、ここでも新たにみずから補足的な文脈を補いながら理解する必要に迫られることになる。すなわち、無限遠方に「痕跡」として示される数学と精神分析の交点は、それ自体、重なり合わないものの一致を求める「愛」によって示されると考えることができるのである。その「愛」がひとつの「真理」を告げるために、さしあたって必要なことは、結び目についての数学的な議論が、それ以前からセミネールの主題にたびたび取りあげられてきたトポロジー理論から派生してきたことを思い起こすことであろう。結び目理論は、数学において、トポロジーの理論的枠組みを前提にしているものであった。「哲学者たちは、三次元がすでにあると皆さん方に言うでしょう。しかし、いま私が現実的なものの観点から皆さんに示したのは、そのようなことが非常に疑わしいということが、まったくもって明らかであるということなのです。結局のところ、主体にとっては次元は二つで十分なのです。私を信じてください」。ラカンによるトポロ

ジーの導入は、三次元的な空間も含めたすべての「存在」が、無意識の欲望の流れの二次元的展開によって構成されることを示すものであった。シニフィアンの連鎖との関係において構成される無意識の欲望の構造は、ラカンにおいて、「トーラス」と呼ばれる構造体の曲面上に位置づけられるとされていたのである。

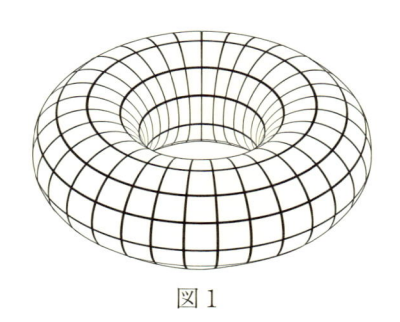

図1

　主体は、二次元的な広がりをもつトーラスの曲面において「存在」を構成するが、その曲面を離れた視点から構造全体を眺めることはできない。例えばマゼランは、地球が球体であることを証明するために一方に進めた船が反対方向から帰ってくることを示したが、しかし、この「証明」は、不十分である。なぜなら、地球を外から眺める視点をとらないかぎり、地球が球体をなさず、例えばトーラスをなしている可能性は排除することができないからである。同様に、主体がトーラスの曲面上にシニフィアンを紡ぎ続けるかぎり、みずからの営みがどのような構造の上にあるかを、外側から眺めることはできない。無意識の欲望の流れは、あくまでトーラスの曲面上の「二次元」において展開されるのであり、ひとが「三次元的空間」において見出す「存在」の秩序は、トーラスの二次元的な構造を外側から眺めるものではなく、「二次元」のうちで構成されるものと考える必要があるのだ。

　結び目理論を展開しようとするさい、ラカンがまず取りあげる議論が、こうした「次元」に関するものであるのは、それゆえ、けっして偶然ではない。「線を切断するのは点です。点がゼロ次元ですので、線は一次元と定義されることでしょう。線が切断するのは面ですので、面は二次元をもつことになります。面が切断するのは空間なので、空間は次元を三つもちます」。こうして、

ラカンは数学のトポロジー論における「次元」の定義を、ほぼそのままのかたちで再現する。トポロジー論においては、n 次元において「切断」されるものを n＋1 次元にあると「定義」できるため、比較的容易に n 次元の幾何学が展開可能となる。三次元にとどまらず、多次元空間における幾何学的性質を語りうることが、数学におけるトポロジーのひとつの理論的メリットなのであった。ラカンは、しかし、こうした数学におけるトポロジーの議論を一端そのまま引き写しながら、すぐにそれを脇においている。「（結び目における）この線、この輪は、すぐ前にみた切断としての空間、内側と外側を分かつような穴をなす空間との関係で定義される線とは、まったく異なるものです」。こう言いながら、結び目における「線」が、一般的なトポロジーの「次元」の議論とは異なる位相に位置づけられるものであるのを強調している。

　じっさい、確かに「三次元」を前提とした一般的な思考の枠組みにおいて理解するかぎり、ある「線」の道行きが、何らかの「結び目」をなすために「奥行き」の観念はどうしても不可欠であるようにも思われる。「線」の道行きを、例えばデカルト座標系の平面上に位置づけるとして、任意の基点からの相対的な隔たりを x，y などの変数で示したとしても、その「線」の道行きが「結び目」をなすためには、平面から離れる第三の次元がどうしても必要とされるように思われる。より直観的にじっさいに紐などを用いてこの結び目を再現しようとする場合を考えてみても、紐が交差するさいに、もし「奥行き」がなかったとしたら、それは結び目をなすよりも、むしろちょうどドイツ菓子のプレッツェルのように「平面におかれて」、すべての「線」がつながってしまうことだろう。しかし，ラカンは、その「線」がそれでも「平面」にあるものとみなさなければならないと言う。「曲線を描きながら、線が別の線と出会う前に線が止まることはありません。線を線の下に通す、あるいはむしろ、下を通すと想定するからです。というのは、書くことにおいて問題となっているのは、三次元の空間とはまったく異なっているものだからです」。

　ラカンのこうした議論を理解するためにこそ、上にみたトポロジー論の枠組みを参照する必要がある。例えば、図1のようなトーラスと呼ばれるトポロジー的構造体もまた、図で確認するかぎり、三次元を前提に成立しているもののように思われるかもしれない。このドーナツ型が成立するためには、ど

うしても「奥行き」の概念が必要であると思われるのである。もし、これが二次元に「平面化」されるとすれば、ドーナツ型ではなく、縁のついた円でしかないことになるだろう。平面に書かれた図が「ドーナツ型」に見えるためには、認識する者の想像力によって空間性が補填されることが不可欠なのである、。

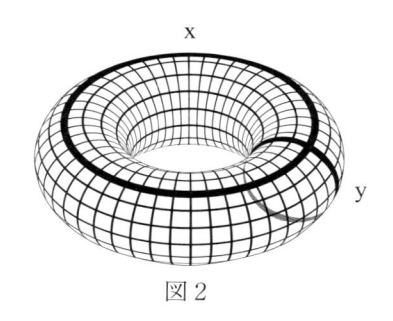

図2

　しかしながら、トーラスの「三次元的な表現」のために「奥行き」が不可欠であるということは、トーラスという幾何学的構造体の定義に三次元が前提とされるということを意味しない。トーラスという幾何学的構造体は、先にふれたようにn次元において、それぞれの特徴を持つものとして考察可能なものであり、必ずしも三次元的な規定を「本質」とするものではない。じっさい、この図で直観的に確認されるかぎりにおいても、トーラスはドーナツ型をなす「曲面」として示されており、その「曲面」に「厚さ」のようなものは考えられていない。げんに、この曲面上に「直交」する二つの座標軸をとるならば、トーラス上の各点は、二つの変数によって十全に示されることがわかるだろう。

　ドーナツの中心に向かって沈み込んでいく方向をx軸、それと「直交」し、ドーナツの中心を周回する方向をy軸にとれば、トーラス上の各点は、曲面上の任意の基点からの隔たり（x, y）によって表現されるのである。

　ラカンは、トーラスというトポロジー的構造体を精神分析の文脈に導入したさい、トーラス上の直交する二つの軸をそれぞれ、「要求（Demand）」と「（換喩的）欲望（désir）」の方向として捉えていた。トーラスの曲面上に展開されるシニフィアンの連鎖と無意識の欲望との絡み合いは、「要求」と「欲望」の二つの契機によって示されると見なされた。（図3）

第10講　紐の輪

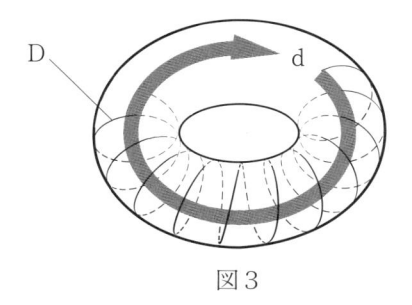

図3

　ドーナツの空虚な中心へ向かって内側へ滑り込み反対から帰ってくる方向（D：要求）と空虚な中心の周りを周回して帰ってくる方向（d：換喩的欲望）は、直交し、無意識の構造は、この二つの軸で構成されるトーラスの曲面上に二次元的に示されるとされていたのである。

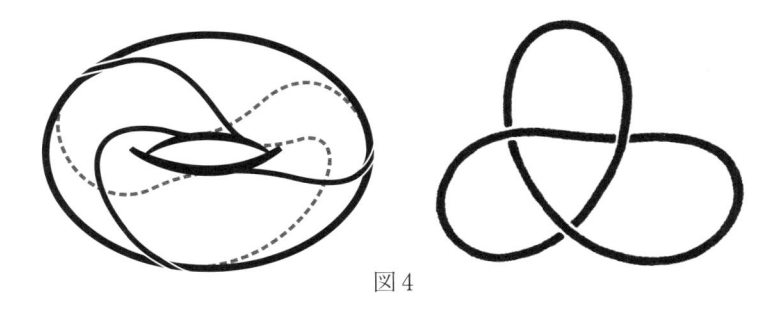

図4

　結び目をなす「線」が、いかなる「奥行き」も前提せず、二次元的に交差しうるのも、これとまったく同じ構造によって理解される。ラカンが「結び目」の最初の例として持ちだす「三つ葉結び目」と呼ばれるものは、実のところ図4のように、トーラスの曲面上、先ほどの設定したx軸を三回、y軸を二回横切るような仕方で「線」を引くことで形成される「結び目」であった。トーラスの二次元的な曲面上に引かれた「線」は、そこでは、他の「線」と交わることも、曲面の「外」に出ることもなく、つまりは、「要求」と「欲望」という二つの軸によってのみ規定されるものとして、「結び目」を形成するのである。ラカンが結び目を「平面におかれたもの」と見なすことを強調するのは、こうした、トポロジー的な曲面の精神分析的な構造を示すためであったと考えら

れる。「トーラスの曲面によって形成されるものは何であれ、結び目をなしません。しかし、反対に、トーラスの場所には、これが示すように、結び目をつくることができます。言わせてもらえれば、まさにトーラスが理性である (le tore, c'est la raison) のは、この点においてです。……ここに捻れたトーラスとして示すものは、以前私が皆さんに三位一体としてお伝えしたもののイメージとなるのです。ひと筆でかかれた、一かつ三というわけですね」(強調は引用者)。トーラス自体によってではなく、トーラスの曲面上の「線」として描かれる「三つ葉結び目」は、一かつ三である「三位一体」の構造を示していると、ラカンは言う。ひとつの「線」で「書かれたもの」は、ここで、ひと筆で同時に三つの領域を浮かび上がらせ、トーラスの「理性」としての機能を浮かび上がらせると言われるのである。ここでなぜトーラスが「理性」と言われるのか、前後の文脈だけで考えるかぎり、確かなことは何も言えない。「三位一体」の構造を支えるのが「理性」であるということが、キリスト教思想史を前提にするものであったとしても、それがこの文脈でどのような意味を持ちうるのかは、ここで必ずしも明らかにはされていない。ここで語られる事柄のすぐれて精神分析的な構造を見るためには、それゆえ、本講〈3〉以降で語られる〈一〉の機能の議論をまたなければならないだろう。のちに詳しく検討するように、欲望の道行きを示す「線」は、「一かつ三」の結び目をなすことで、ひとつの安定した構造、つまりは「理性的秩序」と言いうるものを形作ることになる。

図5

後期ラカンにおいて中心概念となる「対象 a」が、このトーラスの空虚な穴に位置づけられる「a」をひとつの源泉として発展したと考えられるというこ

ともまた、結び目の理論とトポロジーとのあいだの密接な連関を示す事柄と言える。1962年の『同一化』のセミネールにおいて、ラカンは、トーラスの空虚な中心に「a」という記号を割り当て、無意識の欲望の道行きがそれをめぐって構造化される論理を語っていた。「要求」と「欲望」を二つの軸として展開するシニフィアン連鎖と主体の無意識の構造は、空虚な中心をめぐって形成されるものとみなされたのである。それゆえ、「一かつ三」の構造を形成する「三つ葉結び目」が、ここでトーラスの空虚な中心「a」のまわりに三つの領域を描いていることは、のちに展開される「ボロメオの環」の三領域の中心に「対象a」がおかれることと無関係ではありえない。『同一化』のセミネールで対象aをめぐって描かれた「線」に、ほんの少しだけ手を加えてボロメオの三つの輪をトーラス上の線として描くことも実は可能だが、トーラスの空虚な中心をめぐって形成される「三つ葉結び目」の「一かつ三」の構造が、のちに展開される「象徴界」「想像界」「現実界」の三つの領域をつなぎ合わせた「ボロメオの環」の構造のひとつの原型となっていると考えることは、一定の確度で妥当しうる。じっさい、結び目理論を精神分析の三領域を示す論理として練り上げる過程にあるこの講のラカンは、「三つ葉結び目」の議論のすぐ後、明示的な文脈を提示することなく、「ボロメオの環」へと話を移している。結び目の精神分析的な意味を見出そうとするラカンの議論の道行きは、上のようなトポロジー論の枠組みを前提にしながら、「三つ葉結び目」から「ボロメオの環」へと辿られていくことになるのである。

　だが、「三つ葉結び目」と「ボロメオの環」のあいだには、トポロジー的な意味の差異があることにも注意しておく必要があるだろう。「ボロメオの環」においては、すでに結ばれたそれぞれの輪がいかに結び合わされるのかが問題となっており、そこでの議論は、「三つ葉結び目」のような、ひとつの「線」で結ばれるものとは異なる構造をもっている。「ボロメオの環」の構造が、「三つ葉結び目」と同様、トーラスの曲面上の「線」として描かれるとしても、すでに輪となったものどうしの結合（ボロメオ）とひとつの「線」による「一かつ三」の構造とは、異なる議論の位相をもっているのである。

　この点を考える上で重要なのは、「ボロメオの環」を構成するそれぞれの輪が、はじめから「輪」としてあるのではなく、それ自身、「線」によって描か

るものと考えるラカンの指摘であるだろう。「ボロメオの環」の構造についての後の考察からふり返って考えるかぎり、それぞれの輪は、「象徴界」「想像界」「現実界」として、独立した領域を画するものであるように思われるかもしれない。それぞれの領域を示す輪は、互いに独立したものとして、それぞれ閉じられるものであるように思われる。だが、それらの領域は、それ自身、主体の欲望の道行きの「線」によって浮かび上がるものであり、その運動を離れて、あらかじめ確定した領域があるとは考えられない。ラカンはここで、「ボロメオの環」をなすそれぞれの環が、完全な輪をなすものではなく、それ自身、ひと筆書きの「線」によって構成されている点に注意を促すことになる。「ボロメオの結び目について、私たちはじっさいには、どこにも存在しないもの、つまり、真に丸い輪を使わなければなりません。（しかし、）おわかりのように、一本の線を辿ることでは、つなぎ目で両端を結びつけることはできません。輪をつくるためには、結び目を作らなくてはならないのです。例えば、船員結びによって」。

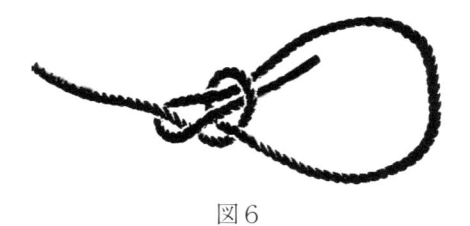

図6

「船員結び」と呼ばれるものは、図6に示されるように、両端にどれほど力がかかっても、輪が崩れることも、また結び目が固く結ばれることもなく、随意に結節を解くことができるように、洋上を航海する者たちに広く用いられている。ラカンはここで、「ボロメオの環」を構成するそれぞれの輪が、それ自体、一本の「線」の道行きによって結ばれるものであることを指摘している。「輪」として想定されるものもまた、それ自体、主体の欲望の「線」によって描かれるものとされているのである。

さて、そのような「線」によって浮かび上がる領域のそれぞれは、どのよう

第 10 講　紐の輪

に互いにつなぎ合わされるのだろうか。「ボロメオの環」の問題は、そこに存するのであった。図5のように三つの輪が絡み合ったかたちで示されるボロメオ家の紋章は、どれでもどれかひとつの輪が解かれると、全体の絡み合いが解消されてしまう構造をもつ。「ボロメオの結び目によって示される問題とは、次のようなことです。つまり、紐によって輪が作られたなら、その三つの輪がどのようにして、ひとつを切ると三つとも外れてしまう仕方で絡み合うのかということです」。「ボロメオの環」の特徴は、それぞれの輪が互いにその構造の存立を支え合っている点にあるのである。

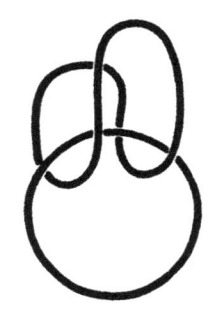

図 7

では、どうすればそうした輪の絡み合いを作ることができるのか。これは単純にじっさいに紐を作ってみて試してみれば容易に理解されることであるが、ラカンは、図7を示して解説する。すなわち、ひとつの輪をそのままに別の輪を引きかけるように絡ませ、三番目の輪をその引き手の両方にかかるかたちで結び合わせるのである。このような仕方でボロメオを作るさいには、最後の輪についてだけ、一旦成立した輪を解いて改めて、別な輪との関係において輪を形成する必要があることになる。すぐ後に確認するように、この三つの輪の機能は完全に相対的で、最後の輪の特権性はどこにもないのであるが、ボロメオを作るさいに、ひとつの輪についてだけは一度輪の結び目をとく必要がある。あとは輪のかたちを整えるだけで、それが図5のような「ボロメオの環」をなすことになる。

　実在の紋章に由来をもつ「ボロメオの環」は、厳密に言えば、輪が三つであるときにかぎってその名を冠するものであるが、かりにひとつの輪を解けば全体が解放される性質を「ボロメオ性」として特徴づけるとすれば、この特徴

は、必ずしも「3」という数に限定されるものではない。「3という数は、今のところどうでもよいことです。というのも、本当の問題、つまり一般的な問題は、いくつの紐の輪をもってしても、そのうちの1つを切れば、残りの全部が、例外なくばらばらに、離れるようにするということですから」。「ボロメオの環」にみられる特徴は、輪の数をn個に一般化しても成立するのである。

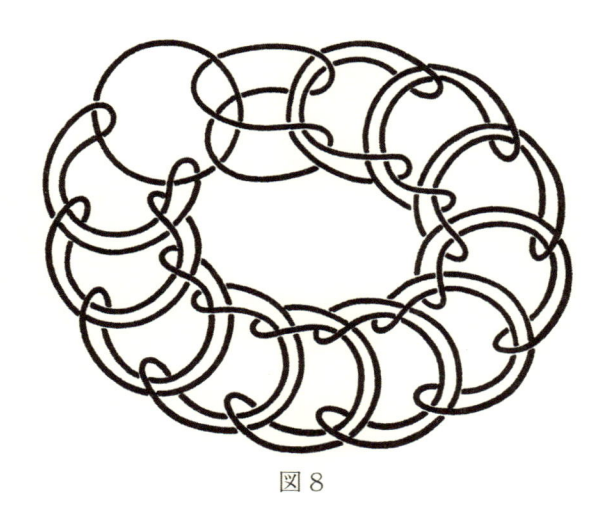

図8

　ラカンは図8を示しながら、このn個の輪で「ボロメオ」を作る方法を解説する。例えば、四つで「ボロメオ」を作る場合にも、「最初に二つ折りにした後で、三番目の輪を新たに二つ折りにし、四番目の輪のなかでそれをつかまえればできるでしょう。四つでも三つの場合と同じように、結び目のひとつを切れば、他の全部がばらばらになるのに十分です。まったくどんな数の輪でやってみても、いつでもそうなるでしょう。ですからこの解答は完全に一般的であり、望むだけ長く連なっていきます」。「耳たぶ」のかたちに折り曲げて中間に挿入される輪の数を増やしていくだけで、n個の輪からなる「ボロメオ」が自在に作られるのである。

〈3〉

　私は以前、どうして「ボロメオの環」を導入したのでしょうか。それは、次のような定式を翻訳するためでした。つまり、私は君に要求する……何をでしょう？……拒否することを……何を？……私が君にさし出すものを…どうして？……なぜなら、それはそうではないからだ、という定式です。それが何か、皆さんは知っています。対象 a です。

　「私は君に、私が君にさし出すものを拒否することを要求する。なぜなら、そうしてさし出されたものは、そうではないからだ」。じっさい、ラカンは、前年のセミネールにおいて、初めてボロメオを導入するさい、この定式が示す問題系にそれを位置づけていた。「君」という親しい他者へと向けられた要求は、原理的に不可能な伝達を、それでも望むことにおいて、みずからが「さし出すもの」が「存在」の構造のなかに了解されることを拒否する。一見するところ不合理な要求は、しかし、〈1〉においてみた主体の「孤独」を示すものとして理解することができる。「対象 a」へと向けられた欲望は、すべてを「存在」の構造のなかに絡めとる言語に対する「外-在」を求める。主体は、みずからが「語ること」が、「存在」しない「メタ言語」として機能することを求めるのである。

　こうして、以前の議論を参照することで、ラカンは「ボロメオの環」がもちうる精神分析的な意味を探り当てようとする。その議論の展開は、しかし、かならずしも明瞭なものではない。それは、あたかもラカンが「語ること」のうちに何かを生みだそうとしているかのようにも見える。じっさい、ラカンはここで、いくつかの互いに矛盾するようにも見える異なった仕方でくり返しボロメオの精神分析的な意味を導きだそうとしているのである。

　ラカンはまず、「ボロメオ」を形成するさいに用いられた「耳たぶ」状の中間の輪が、最初の輪を挟んで対称的に「鏡像」の関係に位置づけられることをもって、そこに主体と対象 a とのあいだの幻想的な関係を見ようとする。「双

葉状にすること、輪を二つ折りにして二つの耳を持つように変形することは、厳密に対称的な方法で行われます。……同様に、主体と対象 a のあいだの相互性は総合的なものとなっているのです。すべての語る存在にとって、その欲望の原因（すなわち対象 a）は、構造的に見て、その折り目と、すなわち私がその主体の分割と呼んだものと等価です。……世界は主体と対称的であり、……思考の等価物であり、鏡像です。それこそ、もっとも現代的な科学が到来するまで、認識に関して、幻想以外になにもなかった理由なのです」。主体の欲望は、対象 a に導かれることで「幻想」のうちに、言語と存在が一致した「世界」を構成する。「鏡像」という初期の概念装置を思わせる言葉を用いながら、ラカンはここで、三つの輪が互いに支え合う「ボロメオの環」の構造が形成される過程における「幻想（$S \lozenge a$）」、すなわち、ラカンが無意識の主体と対象 a との出会いとするものの機能を示すのである。「ボロメオの環」が形成される過程に位置づけられる「耳たぶ」状に向かい合った輪に、ラカンは互いにみずからを映し合う主体と、世界の鏡像的な関係を見ようとするのだ。

　だが、「ボロメオの環」が形成される過程において見出されるひとつの特異な形態に、ボロメオの精神分析的な意義のすべてを託することはできないと言わなければなるまい。ボロメオの特性が、ひとつの輪を解くとすべてが解放されることに存するとするならば、その構造が形成されるために、必ずしも耳たぶ状に対称化された形態をとる必要はない。しかるに、ラカンは、上のように「耳たぶ」状になった輪の精神分析的な意味をいったん語った後、すぐにまた異なった仕方で語り直すことになる。〈4〉でラカン自身が示すように、「ボロメオの環」の形成は、必ずしも「耳たぶ」を用いた手法に限定されるものではないのである。ラカンはそうして、新たにボロメオで問題となっている事柄を、言語の連鎖的な使用を特徴づけるものと捉え直し、三つの輪が空虚な中心としての「対象 a」を囲んで互いに支え合う構造を、〈一〉という、このセミネールでも何回か用いてきた概念との関係で捉えようとする。「みなさんは、たったひとつを切りさえすれば再びバラバラになってしまう折り曲げられた結び目の連なりが、何に役立つかを示す例を、お望みでしょうか。精神病において、そのような例を見つけるのはさほど難しくはありません。また、そうした例を参照することは無駄でもないでしょう。シュレーバーの孤

独のうちに幻覚として取り憑いていたものを思い出してください。今や私は……、とか、おまえがとりわけなすべきことは……などといった中断された文は……実体の不明なものを宙づりにして止まります。……そこには成句の要請といったものが感じとられるわけですが、そこで要請されているものが、つまり、ひとつが欠けることですべての輪が解き放たれてしまうような鎖の輪、あるいはそこから〈一〉を奪っているものなのです」。ひとつの文が文として成立し、何らかの言語構造のうちで意味を伝達することができるためには、「ボロメオの環」の重なり合いによって示されるような構造において、〈一〉が保たれていなければならない。そうした構造は、しかし、まさに「ボロメオの環」がそうであるように、いずれかひとつの輪の結節が失われるだけで、全体の構造を崩してしまうものである。「この数学的ランガージュの特性は、ひとつの文字が欠けるだけで、他のすべての文字が、たんにその配置に応じた価値を保ち続けられなくなるだけでなく、すべてバラバラになってしまうことを示しています。その点において、ボロメオの結び目は、私たちが〈一〉からしか出発できないことを示す最良のメタファーとなっているのです」。こうして、ラカンは、三つの輪が互いを支え合う構造を、〈一〉の機能との関係で理解することになるのである。

　初期のラカンを知る者は、あるいはここで語られる〈一〉の機能を、「大他者」と同様の役割を担うものと理解するかもしれない。例えば、初期の「L図」と呼ばれるラカンのシェーマは、同じシュレーバーの例を用いて、言語の伝達を支えるものを「大他者 (A)」の機能として捉えていた。しかし、ラカンはここで、この〈一〉と「大他者」の機能を混同することをくり返し戒めている。「それでは大他者の機能はどのように位置づけられるのでしょう。〈一〉の結び目だけで、すべての言語が書かれるときに止まるものが支えられるのだとすれば、(〈一〉と大他者との) 差異は、どのようなものになるのでしょう。というのも、大他者が〈一〉に加え合わされる (ne s'additionne pas) ことはないというのは、明らかだからです。……大他者とは、……「「〈一〉が欠けている (l'Un-en-moins)」だからです」。多少なりとも意味の不明瞭な言辞であるが、〈4〉の最後に、これが「大他者のシニフィアン (S($\cancel{A}$))」とかかわるものであることが示されている。第7講で主題的に語られていたように、

後期のラカンにおいては、対象 a と大他者のシニフィアン（S($\bcancel{A}$)）との癒着を解きほぐすことこそが、精神分析の課題と見なされていた。「大他者」とは、その意味において、対象 a のまわりをめぐって〈一〉として言語と存在の一致を支えるものの向こう側に、「つねにまったく他なるもの（toujours Autre）」としてある。「〈一〉が欠けている（l'Un-en-moins）」と表現される「大他者」の機能は、後期のラカンにおいて、〈一〉として閉じられる構造の外部を示すものとして位置づけられるのである。

〈4〉

ラカンは、数学的定式として「外-在」し、「存在」の地平から離れるものこそ、〈一〉を〈一〉として機能させるものであると言う。そして、セミネールの最後にふたたび結び目の数学を参照しながら、くり返しその精神分析的な意味を見出そうとする。先にみた「耳たぶ」を介する方法とは異なる「ボロメオの環」の形成過程を示しながら、ラカンは、数学的な一般性とは異なる次元にその精神分析的な意味を探ろうとする。「無限の数だけのボロメオの結び目にとって一般的な解法を見出すということでは十分ではありません。唯一の解法を示す方法が必要とされるのです」。ラカンにとって問題なのは、数学においてはしばしば目指される n 個の輪への一般化よりも、むしろ「ボロメ

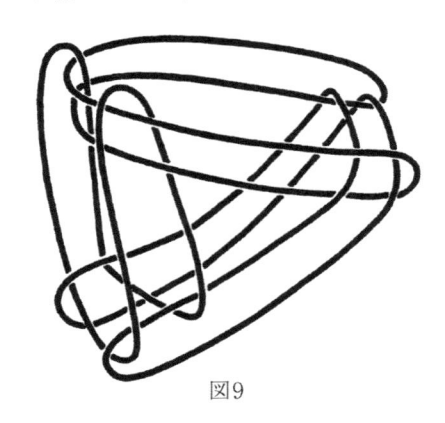

図9

オの環」の本質をなすような「唯一の」精神分析的な意義を示すことだとされるのである。

　新たに参照される結び目は、先に見たものとは異なり、形成の過程から三つの輪の完全な対称性を得られるものとなっている（図9）。「どれも、他の輪と異なったかたちをもっていません。（先に見たような中間項のような）特別なものは何もなく、輪は完全に同質です」。このように、構造を支えるうえでの三つの輪の同等性を示すラカンの議論は、「象徴界」「想像界」「現実界」といった領域をボロメオのそれぞれの輪に当てはめて考えるのちの展開を準備するものと考えることもできよう。取りあげ直された「ボロメオの環」の対称的な構造は、のちに一定の定着を見る図式へと至るひとつの段階を示しているように思われる。ボロメオの「唯一の解法」を求める作業は、そのかぎりにおいて、与えられる数学的定式を〈一〉として、すなわち、その「外－在」を精神分析的な地平における「意味」を示すものとして機能させようとするラカンの企図を示していると言うこともできる。ラカンは、ここで数学的定式を「語ること」で、「唯一の解法」としての精神分析的な「意味」を示そうとしているのである。

　しかしながら、この講においては、これ以上の議論の展開は宙づりにされ、問いは、なお「謎」のままに留められる。「こうして、ボロメオの問題の解法をどのように境界づけることができるかということが問われることになります。この問いは開いたままにしておきましょう」。「ボロメオの環」の数学的定式は、なお「謎」として留められ、ラカンの議論はふたたび、こうした議論がもつ「メタ的」な意味を問うことへと方向づけられるのである。

　先に見たように、数学的定式とは、ひとつの「象徴」として「外－在」するものであり、「存在」の言語の外側に置かれるものであった。「理想的なメタ言語」としての数学的定式は、言語と存在が一致する地平から離れたところにあるものとされたのである。しかし、いま、そうした数学的定式に「唯一の解法」を示すということは、それを「たんに外－在するだけでなく、必然的でもあるような、すなわち、──私は必然性をこう定義しました──書かれることをやめないもの」として示すことを意味する。数学的定式を「外－在」として「書くこと」は、ここで、「必然」という様相において適用されるものとさ

れるのである。

　例えば、物理学における「慣性の法則」は、ラカンによれば、「文字」として示された象徴的なものが、現実の「存在」の「必然」を規定する格好の例とみなされる。具体的な実験に基づくものとはいえ、観察された経験を、ひとつの「必然」として抽象的な「文字」へと一般化して「語ること」は、いまだ時間的にも空間的にも生起していない事柄についても、完全に決定論的に示しうることを意味する。ひとが、その「書かれたもの」が適用される前提条件の枠組みにとどまるかぎり、「文字」として示された法則が、ひとつの「必然」として適用されることが保証されるのである。「（数学的）定式化とはまさに、それぞれ独立した数から何らかひとつの数を取りだすことに代えて、私が文字と呼ぶものに置き換えるということに他なりません」。文字として「書かれたもの」は、具体的な数から離れて「外－在」しながら、すべてのものがしたがうべき「法則」として機能するのである。「それぞれの文字にみなさんがどんな数を代入しようと、みなさんはいくつかの法則にしたがわなければならないのです」。

　このようにして、「必然」の様相において「書かれたもの」は、「享楽の諸条件（conditions de la jouissance）」として、われわれの欲望の道行きを規定することになるだろう。われわれの欲望は、享楽を求めて、進んで「法則」として規定されるものにしたがう。世界のすべての「存在」が、そのような仕方で「書かれることをやめない」のだとすれば、その「必然」的な様相は、われわれの欲望の構造をそのようなものとして規定することになる。だが、そのような「法則」のうちでじっさいに「数えられるもの」はといえば、「享楽の残滓（residus de la jouissance）」にすぎない。享楽を求める欲望の道行きは、対象 a のまわりをめぐりながら、なおそのものへと辿り着くことはないのである。

　第7講で語られていたように、こうして「〈一〉」によって「必然」的に諸存在が規定される構造にすすんで同一化する者が「男性」として定義され、「女性」は、そうした構造に対して「すべてではない」という位置をもつものとされる。そこで「男性」は、「世界」がそのようなものであることを「信じる」わけであるが、その「信」は、たんにひとりの主体の主観に依存するものであるのではなく、むしろ、世界がそのようなものとしてげんに信じられていることを信じ

ているのだと言えるだろう。すなわち、「男性は、入れ子状になった信を確信している（il croit-croit-croit）」のであり、そのような構造自体が、「書かれることをやめない」必然の様相を規定していると考えられる。こうして、「男性は、言語と存在の一致を「確信」し、〈一〉によって規定される構造のうちに、「大他者」もまた位置づけられるかのようにみなすことになるのである」。しかし、そこで「大他者は、言語の分節化のなかに書き込まれるとき、否応なく斜線を引かれることになる」。「大他者」は、「男性」の「信」のうちに〈一〉と同定されるが、そのときつねに「斜線」を引かれることになるのである。「その斜線は、先ほど「〈一〉が足りない」と呼んだものによって引かれる」ことになるだろう。ラカンの言うように、「大他者のシニフィアン（S($\bar{A}$)）とは、このような意味であり、これによって、私たちは、〈一〉から何か身を引きはがすもの、存在せずに数えられるものを見出す可能性へと開かれるのです」。

「結び目」として示される数学的定式は、〈一〉として主体の欲望の構造を支える機能をもつと同時に、それ自身は、「存在」の了解の外部にあり続ける。「数学化だけがひとつの現実的なもの（un réel）へと至る」と言われるのは、数学的定式が「外－在」の位置を保ち続けるからであると考えることができる。このセミネールにおいて展開された「ボロメオの環」の数学的定式もまた、それ自身、ひとつの「象徴」として、精神分析的な意味の地平を析出させると同時に、つねに「存在」として理解されるものの外部にとどまるものなのである。

応答

　以上がラカンのセミネールの内容であるが、編者のミレールは、この講をまとめるにあたって、個人的に質問したことに対するラカンの解答を掲載している。質問自体は明示されていないが、おそらくは結び目の理論に関する補足的な説明を求めたのだろう。ラカンの「応答」は、もっぱらトポロジーの議論に費やされている。だが、そこで語られていることは、セミネールにおいてラカンが「語ること」の直接的な解説にはなっていない。ラカンは、ここで、また異なる仕方でトポロジーを語り直しているのである。

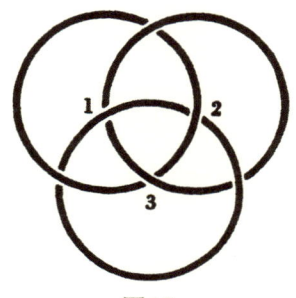

図10

　その点、強いてセミネール本文との接点を見るとすれば、それは、トポロジーが「三次元的な空間」をまたずに成立するという議論に求められるだろう。「応答」においてひとつの大きな主題となっている「左－右」の問題は、トポロジーが「平面にあること (mise-à-plat)」にかかわるものとされているのである。ラカンの「応答」は、その論点から出発している。「ボロメオの環」において、それぞれの輪が互いに支え合って交わる点は、最終的に一点に還元されうるもののようにも見える。「対象 a」という空虚のまわりをめぐって結ばれる三つの輪は、図10のように数え上げられる三つの交点を持つが、それらは、それぞれの輪を外向きに強く引くことで、最終的に一点に還元されるように思われる。たがいに中心に引き寄せられる三つの交点は、そうして、一点において三つの輪を結びつけるものとなるように思われるのである。かりに、もしボロメオの交点が一点に還元されうるとするならば、そこでは、対象 a の場所として示されていた空虚は埋められることになるだろう。主体の欲望を導きながら、到達不可能なままに「ボロメオの環」の構造を浮かび上がらせる対象 a は、重ねられる一点において空隙を埋められる可能性をもつことになるのである。だが、そうしたことはじっさいにはけっして起こらない。ラカンが言うように、その「三重の点は、表現はどうあれ、点という観念を満足させるものにはならないでしょう。この点は、三つの線が収束してできているのではないのです。(「交差」の場所には必ず) 二つの異なる線、右と左の線があるのですから」。こうして、ラカンは「線」の重なり合いにおける「左－右」の問題へと立ち入ることになる。すなわち、交差において必ず「左－右」の関係があることが、三つの線の重なり合いを一点へと還元することを

不可能にしていると、ラカンは言うのである。「驚くべきことは、この右と左の観念は、いわゆる有用な情報のようなものによって知られうるものではないということです。ランガージュによって想定される主体に、この右と左と観念を告げ知らせるのは、それとは異なるものであるのです。……（しかし）平面におかれること（mise-à-plat）が語られることで、こうしたことが可能なものとなります。……言いかえるならば、重要なのは、空間に三つの次元があることではなく、ボロメオの結び目であるということです。ボロメオの結び目によって、私たちは、結び目が示す現実界へと到達するのです」。ラカンはここで、「左－右」という観念自体が、結び目の重なり合いによって理解されうるとまで主張している。ボロメオにおいて交差する線の重なり合いの差異自体が、「左－右」と呼ばれるものを析出させると、ラカンは言うのである。だが、それはどういうことだろうか。

　例えば、カントがそうであったように、一般的な哲学の議論において「左－右」は、身体をともなった主体にかかわる問題として語られることが多い。「左－右」という差異は、同じ空間に「身体」として位置づけられる主体を基点にして、はじめて言及可能なものであり、基点の取り方が変われば先に「左」であったものが、やがて「右」になり、「右」であったものが、やがて「左」になるというように変化するものとされる。こうした議論の延長線上には、それゆえ、「右と左の特異性について、異なる惑星の存在に対して私たちが何も伝えることができない」といったような「幻想」も、また語られうることになるだろう。「想像」によって同じ「身体」イメージを交換可能な者のあいだでなければ、「左－右」の観念を共有することはできないと見なされるのである。

　しかし、ラカンは「左－右」の問題を、そのような「想像界」の問いとして

図11

ではなく、「象徴界」の問いとして理解するべきであるとする。「左－右」は、まさに「結び目」という数学的定式によって示されるものであり、「象徴的なもの」の次元にあるものであると言わなければならないのである。

　図11に見られる二つの図形は、互いに鏡像の関係にあり、左手を鏡に映すと右手と同形となるといったような意味で「左－右」の対称関係にある。また、これらの二つの図形の区別は、ただ「左－右」の差異だけに依存しており、他の「いかなる有用な情報」も、この二つのものを区別し得ない。三つの「線」の交わりということでは完全に「同じ」ものである二つの図形は、ただ「左回り」に互いに重ね合わされるか「右回り」であるかということだけで異なるものとなっているのである。

　この三つの線の重なり合いの図形は、また、ボロメオを構成する三つの輪の交点をひとつへと還元しようとするさいに、それぞれの線が他の線に対してとりうるポジションの二つの可能性を示している。一点へと還元されようとする「三重の点」は、しかし、どれほど重なり合いを強めても、この「左」か「右」かの差異を解消して「同一」に帰されることはない。数学的定式として純粋な「象徴」として示される「左－右」の差異は、こうして、ボロメオの交差が一点へ還元されることの不可能性を示すことになるのだ。空虚な中心として「ボロメオの環」の結びつきを浮かび上がらせる「対象 a」は、ボロメオの構造をいかに「変形」しても埋められることはなく、その構造の中心におかれ続けることになるのである。

　「ここから私は、空間は直観的なものではないことを帰結します。空間は、数学者なのです。……すなわち、空間は、数えることができるということです。……空間は6つまでしか数えられず、7すらも数えられません」。ラカンは、こうして、独自の語り口によって、「三次元的な空間」が直観的に前提とされるものではなく、トポロジーにおいて定義されるものであることを示す。「6までしか数えられない」ということの理由は、文脈上必ずしも明瞭ではないが、上に見たような三つの線の二通りの重なり合いの仕方で、空間、とりわけデカルトの直交座標系が規定されるとするならば、空間は線を6まで数えることでみずからを定義していると考えることができる。「平面」からの空間の立ち上がりは、そこで、「左」と「右」の差異を含んで「6」を数えること

ではたされるのである。「だからこそ、ヤハウェは、みずからが定めた週の掟から区別されるのです」と、ラカンがほとんど冗談めかして語っているように、空間的に広がる「世界」は、創造神であるヤハウェが6を数える日のうちで労働することによって形成されると見なされるのだ。

　6まで数えることによって空間を規定することがすべてに先立つのか、あるいは、「身体」としての指をもちいて想像的に10まで数えることが一般的な数の基底なのか。ラカンはいずれの場合も、「ゼロ」を数える契機がないことにおいて、「数」を語るに不十分であると言う。集合論において「数」を定義するさいに、ゼロ集合を基点にするという方法は、ラカンのセミネールではしばしば取りあげられるものであるが、「空虚」を基点として数的な構造が規定されるということで考えれば、同じことは、ボロメオにも通じる主題であると言える。この「応答」の最後にも示唆されているように、対象 a の問題は、ラカンにおいて、集合論におけるパラドックスを巡って練り上げられるものであった。「面白いのは、科学が成立するのに、6×10のシステム、すなわち、60進法をやめることによっているということです。バビロニアを見てください」。数学的定式の象徴を用いて構造を規定する「科学」は、6と10に基づく数の体系を乗り越えることで成立すると、ラカンは言うのだ。

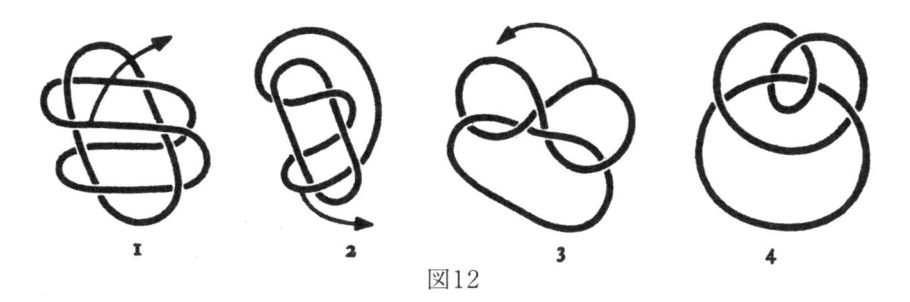

図12

　「応答」の最後に示されるのは、「ボロメオの環」を構成する輪を三つから二つに減らすことは可能かという問いとなっている。「ボロメオ」の輪の数を二つに減らすということは、純粋に数学的に考えればほとんど議論の余地のないものであるように思われる。「ボロメオ性」と呼ぶべきものを、どのように数学的に定義したとしても、輪が二つの場合にはそれは、ある結びつきを他

のものから区別する種差とみなすには不十分となるのである。じっさい、ここでラカンが検討しはじめる図12の結び目が、どのような意味で「ボロメオ」であるのかはただちに明らかではない。そこに示された四つの結び目はどれも、ひとつのものの変形によって得られる完全に同相な結び目であるが、これがどのような意味で三つ以上の輪によって構成される「ボロメオの環」と「同じ」であるか、少なくとも数学的な定式として示すことはできないように思われる。それでもしかし、結び目の精神分析的な意味を考えるかぎりにおいては、二つの輪における（あるいはここでラカンはふれていないが、同じ構造を用いるならば、ひとつの輪であっても）「ボロメオの環」を考える可能性が示されていると言える。図12における結び目の変形によって示される最後の右端の結びつきは、「8」の字の上の部分を下側に繰り込んだかたちをしているが、この「内8の字」とラカンが呼ぶ構造は、『同一化』のセミネール以来、ラカンがくり返し立ち止まって検討しているものだったのである。

　ラカンは、集合論の問題をトポロジーによって示すことを主題としたセミネールにおいて、その「内8の字」の構造を、集合論におけるラッセルのパラドックスを示すものとして用いていた（そのさいには紐の輪の数はひとつ）。「内8の字」のうちに重ねられたものの中心におかれるのが、後に「対象 a」という概念として結実する「a」であり、それによって「語られる言語」とは異なる「メタ言語」が、同時に「象徴化」されうるとされた。ラカンは、ここで、二つの輪による「内8の字」の構造を示すことで、精神分析的な意味での「ボロメオの環」が、「対象 a」のまわりをめぐって形成される主体の欲望の構造一般を指す概念として使用される可能性を示唆している。その語り口はきわめて暗示的なものにとどまるが、精神分析的な意味でのトポロジーの議論の可能性を照らしだそうとしているのである。

第 11 講　迷宮のなかのネズミ

　ラカンは、はじめに、今年度のセミネールを「大他者の享楽は愛の記号ではない」から始めたのは悪くなかったとして、すぐに今日の「知」の問題に移りたいと言う。はじめの言葉については、第1講でふれたが、愛の根底的な性質はナルシシズムであり、自分を愛そうとすることであった。彼は、ずっと以前から、愛の古典的な定義である「かの人の良きものであらんと欲す（se vouloir son bien）」から、それを「愛とは、自分を愛させようとすることである（aimer, c'est se faire aimer）」と言いかえて、フロイト以来のナルシシズム的な本質を伝えようとしていた。それは、ランガージュのうえでは、相手にこちらを愛していると言わせようとすることである。けれども、今日の講義では、そういう愛に、形どおりに反復されるディスクールを揺り動かす役目が与えられる。

〈1〉

　「知—それは謎である」。これが出しぬけに言われるのを聞くと、少しとまどう向きがあるかもしれないが、四つのディスクールのなかの分析者のそれを思ってみれば不思議でない。「知」は S_2 であり、そこでは「真理」の場所にある。すなわち、知が謎であるということは、分析者のディスクールでは、それに近づけないことを示している。分析は知に届くことができないし、知をもたらすこともできない。ただ、知がどのようにしてもたらされるのかを探ろうとしている。
　「知」について語るとき、まず、それがランガージュのなかで「分節」されているかどうかを問題にしなくてはならない。分節（articuler, s'articuler articulation）とは、音声を明確に区切って発音することである。すなわち一

般的には、何かを部分化して、さらにその部分化したものをつなげて、まとめることだと解しておこう。言葉がそのようにして話され、それが「知」のもとになるのは当たり前のようにみえる。だが、分析者のディスクールが、それに届かないとはどういうことか。それは「知」について考えたとき、ランガージュにおいて当たり前なはずの分節化が、それに近づけないこともありうるということである。言いかえると、精神分析にとって、「知」は分節されていない。そこで、知は謎であり、ラカンは、「この謎が明るみに出るのは、精神分析における無意識からです」と言う。

　それにしても、「知」が分節されていないというのは、知の通常の理解には及ばないところがある。語る存在であるひとにとって、知は、語られるものである。「知」を、たんにひとの認識や判断の能力とするのは、十分な説明にならない。ひとにとって、それは語られるものから生まれる結果であり、語られることによって、はじめてその成果をもつのである。一方、ひとがそれによって語るランガージュは、つねに分節されている。それでは、ひとがランガージュによって実現する語られるもの、すなわち「知」も、つねに分節されているはずである。ところが、精神分析は、その「知」に近づけない。分節されているというのは、個々の音声を部分化してまとめた結果、語られたものが分かる、それに手が届く、また理解が及ぶということである。しかし、精神分析にとっては、そうでない知がある。むしろ、ランガージュのなかで、S_1からのシニフィアンの移行によって生じるS_2、すなわち精神分析にとっての知は、本質的にそうではないと言うのである。

　ここで、もういちど「分節」に目をやると、無意識は、知の分節化の土台であるはずのランガージュのなかに、分節されない知があるのを露わにする。むしろ、「知」は、そもそも分節された結果でないのを明らかにする。すなわち、無意識は、S_1からS_2への分節的な移行が、ランガージュによっては実現しないのを知らせる。ところが、ひとは、ランガージュのなかに住まい、語ることによって、事物を分節することに勤しんできた。つまり、ひたすら「知」を求めてきたのである。そして、その内容は何かというと、それは何かが「ある」ということに、分節された事物を日本語で「存在」と訳されているものに集中させることだった。「ひとは、知の道筋をたどることで、事物を分節する

第11講　迷宮のなかのネズミ

ことだけに精を出し、そうして長いあいだしてきたのは、事物を存在（l'etre）に集中させることだけでした」。

「存在」とは、何かが「ある」と言うことである。「そもそも、それがあると言われなければ、何もないのは明らかです」。「存在」と「存在」について語ることは、切り離せない。何かが「ある」のは、つねに何かが「ある」と言うことにかかわっている。ラカンの言葉からは、彼が師と呼ぶアレクサンドル・コジェーヴの影響が明らかである。コジェーヴの講義から40年近くたって、ラカンは、ガリレオ、カント、ヘーゲルをへて、「知」すなわち S_2 を語られるものとして、分析者のディスクール理論のうちに導入したのである。

コジェーヴは、「人が語るのはいつでもどこでも、さらには「必然的に」、〈存在〉自体についてではなく、人がそれについて語る〈存在〉について、すなわち、「〈存在〉」という観念に「対応する」ものについてである」（『概念・時間・言説』邦訳、59頁）と言い、観念論は「人が語ることのできないものは存在しない」と主張するが、それは、たんに「人が語ることのできないものは、人がそれについて語るものではない」（同上、208頁）と言いかえるべきとする。しかし、「人がそれについて語ることができないものが存在する」と主張する向きも、根強くある。それは一般に実在論の立場で、そのひとは、それについて語ることができないと言っている当のものについて、そのひと自身が語っているので、明らかに矛盾している。だが、観念論の立場も、ひとがそれについて語ることができないものは「存在しない」と「言う」ことによって、やはり、ひとがそれについて語ることができないと言っているその当のものについて語っているので矛盾している。ひとが語れないものは、たんにひとが語らないものである。

コジェーヴの言ったことは、ラカンの四つのディスクールの根底を支えている。ラカンは、そこから、ランガージュという、いわばひとがそれによって生きる条件の不備を読みとったのである。ランガージュは、シニフィアンの移行にさいして、「存在」という観念に対応するものから逸れて、それをつかみ損ねるのである。そのことを明らかにするのが、すでに第4講でちょっとふれた「ララング」である。「ランガージュは、私がララングと呼ぶものを説明しようとして、科学的ディスクールが作りあげているものにすぎませ

ん」。ラカンは、ララング（lalangue）をラ・ラング（la langue）とせずに、必ず一語で表現し、またラ・ララング（la lalangue）と、定冠詞をつけて言うことも、書くこともしない。ラ・ラングであれば、国語のような「（共通）言語」と訳される、ふつうのフランス語だが、一語で表現することで、特定の国語にしばられない、いっそう普遍的で、共通した、いわば汎義的な共通言語を指そうとしている。そのララングは、たんに、いわゆるコミュニケーションや対話に使われるだけでなく、「われわれの経験が、無意識はララングから作られているというかぎりで、それが示しているもの」である。つまり、ランガージュがつかみ損ねるのは、「存在」であるとともに無意識であり、ララングは、そのことを知らせているのである。

　科学的ディスクールは、ランガージュにおいて、ひたすら事物を分節することに務めてきた。そのことは、だれもが認めるだろう。ラカンは、「対話（ディアローグ）」と言われるものに関連して、最近紹介されたグレゴリー・ベイトソンの著書をあげて、ララングと無意識の関係について述べる。ベイトソンは、対話の内容だけでなく、それを反映しながら、対話の展開そのものを明らかにする構造を考え、それを「メタローグ」と名づけた。しかし、ラカンはベイトソンの対話を、プラトンがいちばんすばらしい例を残してくれたが、その西欧的な遺産は、じつは対話ではないと言う。それは話し手に、そう話させているものを認めさせようとするもので、あらかじめこちらが話し手の欲望を先取りしたうえで、それを確認しようとすることである。メタローグには、事物を分節するのに、たいへん気のきいた工夫がなされているが、ベイトソンは、「無意識はランガージュのように構造化されている」ことに気がつかないので、あいかわらず平凡な科学的ディスクールのうちにとどまっている。

　たしかに、科学的ディスクールは、それ自体でランガージュに近づきはするが、無意識に目を向けないので、本当に近づくのは難しい。ラカンは、「無意識は、たしかに知を示していますが、ただし、知の大部分が語る存在から逃れているというかぎりで、それを示しています」と言う。そして、その語る存在が、ララングの効果について、それがどこまで及ぶのかに気づかせてくれますが、それをしてくれるのは「あらゆる種類の、謎のままでいる情動

です」と言う。すなわち、知が存在を捉え損なうのを教えてくれるのは、語る存在がいっときも休まずに体験している情動である。そして、「それらの情動は、ララングが現れる結果として生まれるものですが、ララングは知によって、事物を分節します。その範囲は、語る存在がランガージュにおいて分節された知で支えているものをはるかに越えて、事物を分節しているのです」。それゆえ、「ランガージュもまた、おそらくララングによってできています」。そして、「それは、知が長い年月をかけて作りあげてきたものです」。しかし、同時に「無意識は、ひとつの知で、それはララングを用いる技能です」。それゆえ、「ララングによって作りだせることは、ランガージュによって説明されることをはるかに越えているのです」。

ララングは、その効果が情動によって体験され、これは語る存在にとって、いつまでも謎のままであるが、同時に、それは無意識という知でもある。ところで、知は、分析者のディスクールが近づけない S_2 であるが、言いかえると、それは S_1 から S_2 への移行のうちに、そこにおけるランガージュによる分節をとおして生みだされる。ララングもまた、ランガージュと同じように、その移行のうちに生まれて機能する。ラカンは、科学的ディスクールを、分析者のディスクールとは異なるものとしてあげているようにみえるが、その移行については、当然、その他のディスクール（主人、ヒステリー者、大学人）についてもみられるし、みなくてはならない（ただし、大学人のディスクールでは、知は、「見かけ」としてのかぎりで、すでに捉えられて「ある」ものなので、とくにここで取りあげなくてもよい）。そのうち、主人のディスクールでは、知は、S_1 が享楽のために向かうところであり、ヒステリー者のディスクールでは、それは $\displaystyle{S\!\!\!/}$ が享楽のために向かった S_1 から生みだされた産物である。いずれのディスクールにおいても、語る存在は、その移行によって「存在」に近づこうとするが、ランガージュによって、それを捉えることはできない。

シニフィアンの移行（S_1 ― S_2）が享楽に向かうとは、どういうことだろうか。ラカンは、はじめに、「大他者の享楽は愛の記号ではない」をくり返してから、その日の講義の主題が愛と知のかかわりであるのを仄めかして、こう言っている、「私は、知を働かせることが、ひとつの享楽を意味すること以外

に何もできなかったことを強調しました。それは知によって生みだすことができるものについて、科学的ディスクールのなかで暗中模索されてきたもの、今日、それについて考えることでさらにつけ加えたいと思っていることです」。そこで、シニフィアンの移行に関連して「知の享楽」が生まれると言うことが可能で、それはまさしく、主人のディスクールにおいて起こることである。

　それでは、科学的ディスクールは主人のディスクールによって実現されるかといえば、そうは言えない。主人のディスクールも、むろんランガージュのなかで形成されるが、そこにおける S_1 から S_2 への移行は、必ずしも「分節」を伴うわけではない。むしろ、そこにララングが機能するとみるべきである。ララングも、むろんランガージュを背景にして、そこから現れるが、それは事物を分節するのではなく、シニフィアンのたんなる移行である。ひとは、あまねく語ることによって「存在」を目ざすのだとすれば、主人のディスクールでは分節にかかわりなく、いわば、そのままそこに向かおうとしている。かといって、S_1 が、直接 S_2 とつながるわけではなく、そこには切れ目があり、その結果が対象 a として生まれるのである。分節にかかわらないとは、ランガージュにおいて区別や選択をしないということで、それは無意識が知らせるララングの特質である。この事情は、ヒステリー者のディスクールではどうなっているだろう。

　そこでは、知は、ランガージュによって引き裂かれた主体が向かう S_1 から生まれる産物である。ヒステリー者のディスクールは、やはりランガージュのなかで「存在」に向かおうとするが、やがて大他者の享楽の場所において S_1 と出会い、それによって「知」を産出する。ランガージュにおいて「分節」が生じるのは、この移行にさいしてだと考えられる。つまり、知はヒステリー者のディスクールによって、それとして生みだされる。といって、世に科学者と呼ばれているひとが、だれでもヒステリー者だとみなす必要はまったくない。たいていのひとは、すでにランガージュのなかで記号化された知を、暗誦してくり返す。ひとが行っていることと、ディスクールのタイプとは区別されなくてはならない。

　科学的ディスクールが、シニフィアンの移行にさいして事象を分節し、知

を生みだすといっても、それによって存在が射とめられるわけではない。それは無意識を知らず、それに目を向けない。ちょうど、ヒステリー者のディスクールにとって、対象 a には近づくことができず、手のほどこしようがないので、無視せざるをえないのと似ている。対象 a は、どのディスクールにおいても、語る主体にとっては、いわば絶対条件として欠かせないもので、それは S_1 と S_2 が、存在に向かってつながらないことの結果として現れる。いわば、知の切れ目を表している。したがって、それは、ディスクールのなかで無意識を証拠立てているとも言える。科学的ディスクールは、そこに近づけないのである。

　ラカンは、〈1〉の最後に、「ランガージュは、たんにコミュニケーションではありません。そのことは、分析者のディスクールによって認めざるをえないことです。科学の奥底には、これを無視することから、例のしかめ面が生じていました。それは存在 (l'être) が、それが何であろうと、それをどうやって知ることができるのかと尋ねることから生まれています。そのことが、今日、私が知について問うところの要点になるでしょう」と言う。この指摘は、知が、語るひとを存在につなげるわけではないのを考えるさいに、ランガージュだけでなく、そこから明るみに出るララングについても目を向け、両者の違いに気づかなくてはならないのだ（気づかないと、しかめ面が生じる）と解される。引用文中の「存在 (l'être)」が、なぜ「語る存在」とされていないかと思われるかもしれないが、ここでは、あとの「ネズミ」をふくめて、広く、話すことに関係のない「存在」をふくめてそう言ったのであろう。

〈2〉

　「〈存在〉は、どうやって知ることができるのか」。どうして、これが満足な問いだと言えるのか。ラカンは、その問いを耳にするのが、すでに滑稽なことだと言う。なぜなら、「私が言ったように、語る存在が存在するということによって、すでに限界が設けられているのに、そこでは語らない存在たちの知がどのようであるかを問題にしているからです。ひとは、そのことについ

て自問しますが、どうして自問するのかは知りません。それでも、ひとはやはり自問して、ネズミたちのために、小さな迷路をこしらえるのです」。
　「ひとは、そうやって知とは何かに通じる道筋にいたいと思うのです」が、そのとき、「ネズミがどういう学習能力をもっているかが示されると信じているわけです」。すなわち、知は、ネズミの学習能力をとおして明らかになる、と。しかし、「何をするために学ぶのでしょうか——もちろん、それはネズミにかかわりのあることをするためです」。しかし、「ひとは、いったい何がこのネズミにかかわりがあると思っているのでしょうか」。
　ひとは、語る存在として、分節された知によって存在に近づこうとする。ところが、ひとはネズミのような、語らない存在の知を問題にする。どうして問題にするのか。それは分からない。あるいは、分かりきっているかのように、その迷路が、知とは何かに通じる道だと思おうとしている。しかし、そのときひとがネズミにかかわりがあると思っているものは、ひとが語るものである。ひとの語るものが、そのネズミにかかわるものであるのを忘れることはできない。そうやって、ネズミも、また知によって存在にいたる道を探っているとするのだが、いったい、語らない存在の存在とは何であるのか。ひとは、それをけっして問題にしないし、問題にできない。なぜなら、ひとは存在について、ひとが語る存在についてしか問題にできないからである。そこで、ひとは、どうやってそこを切り抜けるか。ひとは、そのとき、「ネズミを存在としてではなく、身体として捉えようとし、身体をワンセットの装置（unité）として、ネズミの実験装置（unité ratière）と見なし、そうやって、ネズミの存在が、その身体と同じであると見なします」。
　以上は、やむをえないことかもしれないが、やはり、もういちど存在をふり返る必要がある。ラカンは、「これまで、ひとはいつも存在が、そもそもそれに備わったある種の十全性をもっているにちがいないと想像してきました。存在には、最初にそこから近づいたのですし、その後、身体のヒエラルキーの全体を営々として作りあげてきました」と言う。そこで、ひとはネズミについても、存在は身体においてある十全性をもつと考える。しかし、存在と全一的な身体を同じだとするのは、語る存在であるひとのランガージュである。パルメニデスの〈一〉は、そのよい例であるが、だからといって、存在と

身体の全一性をネズミにまで及ぼそうとするのは、ひとがランガージュによって生きているのを省みないことである。彼は、「語らない人々の知がどういうものであるのか、ひとは、それをさかんに尋ねようとします」と言う。

ところが、ひとがネズミのような、ランガージュから独立した存在の知について探ろうとすること自体が、そこにひとが生きているランガージュによって知られるララングの働きを証言しているのである。すなわち、シニフィアンが知に向かおうとするさいの条件であるランガージュの不備と、それを取り繕おうとするディスクールのありさまである。ネズミの実験装置を作るひとは、さまざまな工夫をしながら、知の問題を学習の問題に変えてきたが、そのさいの試行錯誤（trials and errors）という用語は、そのようすをよく伝えている。ネズミの実験装置の全体性（セット）と、実現されるはずの全体性が一つのものとみなされ、試行錯誤の結果、ネズミはそれによって存在の全一性にたどりつき、そこに知が想定されているわけである。そのさい、S_2である知は、習得するべき何かに、それによって存在が捉えられる何かになった。そして、知るとは、習得することになった。ネズミは、どうやってエサを取るために学習しうるかということである。

それによって、学習するとは、教えられるということになった。また、知るとは、教えられたことを習得することになった。そして、もはや知ることや、教えることについては語られず、もっぱら教えられることや、習得されることについて語られることになったのである。こうして、ネズミがエサにたどりつくという、生存を続けるために必要なことを習得するのが知の問題とされるのであるが、ラカンは、語らない存在が生き残るために習得する手段の問題は、存在について知るべき問題にはつながらないと言う。ネズミの実験装置は、その全体性が存在するという想定のもとに、さまざまな記号（ボタンや光線や弁など）が工夫され、改良されているが、そこを走るネズミが知るのではなく、その実験装置が知るものとは何だろうか。ひとは、ネズミの走る時間が短縮されると、ネズミが何かを習得したと言い、それが学習のあった証拠とする。しかし、さまざまな記号と学習との関係は外面的で、「ネズミにボタンを押させるメカニズムについて、ネズミがそれを把握したという証拠はまったくありません」。

問題は、こうして語る存在である実験者に、ふたたび戻されることになる。「そこで、考えなくてはならないのは、ネズミが要領を覚えたということだけではなく、ネズミがメカニズムを把握する方法を学習したのを、すなわちネズミが学習すべきことを学習したのを、実験者が認めるかどうかという点だけになります」。あとの方のことを考えるなら、問題はネズミが獲得するエサを離れて、語る存在である実験者におけるララングの機能ということになる。ネズミの身体の同一性を、ワンセットの実験装置の同一性に移し、それをあらかじめ想定されている存在の同一性につなげようとする。それによって、ランガージュからララングを追放しようとしているのだが、それというのも、ララングが実験者において、直接的ではない仕方で働いているからである。

　そこでは、知が習得とされ、教えることが学習とされている。しかし、身体が生き残るために習得されることは、語る存在が存在の同一性を射損ねる知とは異なる。それをつなげようとすれば、実験者は、ネズミと実験装置という、何の関係もない両者に引き裂かれざるをえない。一方は、それについて何も知らない（知とは無関係の）ネズミであり、もう一方は、それについて何かを知っている実験者である。その何かは「彼がそれを知っていることによって、彼にボタンや弁のある迷路を作らせているもの」である。それは、これまで知がランガージュによって到達できると思われてきた存在の同一性であり、その全一性だろう。しかし、ラカンは「実験者は、ララングとの関係こそが、彼と知の関係を支えている者でなかったら、つまり、ララングがそこに住み着いて、ララングとともに生きている者でなかったら、そういう実験装置は作られなかったでしょう」と言う。

　したがって、ネズミの実験装置では、知の問題には何も手がつけられずに、もとのまま残されている。そして、「知については、とりわけもう一つの問題が、それがどうやって教えられるかという問題がある」。

〈3〉

　ラカンは、「知には伝達されるという観念が、それもそっくり伝達されると

第11講　迷宮のなかのネズミ

いう観念があって、それによって知におけるふるい分けが生まれ、その結果、科学的と呼ばれるディスクールが構成されることになります」と言う。ふるい分け (tamisage) とは、選別することであり、科学においては、仮説を立てることである。「ニュートンは、「私は仮説を立てない (hypotheses non fingo)」、つまり「私は、あらかじめ何も決めてかからない」、そう言えると思っていました。しかし、かの有名な革命――まったくコペルニクス的ではなく、ニュートン的な革命――、すなわち「回転する」を「落下する」に変えるのは、仮説を土台にしてなされました。ニュートンの仮説は、「天体は回転する」を、「それは落下する」にしました。しかし、それを確証するためには、つまり仮説を取り除くためには、はじめに仮説を立てなくてはなりませんでした」。

仮説 (hypothese) は、ギリシャの語源で、hupo（下に）thesis（置かれたもの）である。仮説を立てるのは、下に置くことだが、下に置くのは無意識に行われる。それは、ディスクールのなかで、S_1 から S_2 への移行によって生み出される何かであり、科学的ディスクールにおける知である。「知についての科学的ディスクールをみるためには、知がどこにあるかを尋ねなくてはなりません。知は、ララングのねぐらに安らいでいるかぎりで、無意識を意味します。仮説がなかったら、ニュートンと同じように、私は無意識に入っていくことはできません。私の仮説はこうです、無意識の影響下にある個人は、私がシニフィアンの主体と呼ぶものを生みだすのと同じ個人である」。ラカンは、さらにそれを説明して「それこそ、私が、シニフィアンは主体を別のシニフィアンに代理表象すると短い定式で言っていることで、シニフィアンは、それ自体が別のシニフィアンとの差異によって定義されるということです。そのように、問題の領域に差異を導入することが、ララングからシニフィアンを、それがどういうものであるか明らかにできるのです」と言う。

そのさい、ラカンは、仮説を実詞化 (substantifier) することによって、それをララングの働きにとって必要なものにすると言う。実詞化とは、ある語を広く名詞にすることであり、ある語の意味するものをじっさいにあるものとか、実体 (substance) とすることである。また、主体があると言うのは、仮説があると言うのと同じで、「われわれが、主体はこの仮説と一つであるとい

245

うたった一つの証拠をもち、それが話す個人に支えられているのは、シニフィアンが記号になるからです」とつけ加える。

「というのも、無意識があり、言いかえると、語る存在と呼ばれる存在が定義されるのは、ララングとともにあるというかぎりで、そこにララングがあるからです。さらに言うなら、シニフィアンは、記号を生みだすように呼びだされているのです」。すなわち、シニフィアンは主体を代理表象するが、漠然と代わりになるのではなく、代わりは記号になる。そして、代わりは記号を実詞にするのであり、実詞化されたものが、仮説と呼ばれるものの正体である。ここの「記号」は、ラカンのこれまでの使用法から逸脱している印象を与えるかもしれないが、彼は、「お好きなようにとって下さい。英語の thing や、もの (chose) でもよいでしょう」と言う。分かりにくいが、それは実詞化されてはいるが、じっさいにあるとか、実在しているのではない〈もの〉である。そこで、「シニフィアンは、主体の記号です。それは形式的な仲介物としてあるかぎりで、まったくむきだしのままにシニフィアンとしてあるものとは別のものに届くのです」。それはシニフィアンが働いて、シニフィアンの主体となり、少なくとも存在とみなされるような何か別のものになり、「主体は、それによって、あるとされるのですが、もっともそれは、たんに話す存在としてであって、その存在は述語が示すように、いつも他のところにあるような存在者です。主体は、たんにシニフィアンによって、別のシニフィアンに対して主体であるだけですから、それは点のようなもの、消えてゆくものでしかありません」。

ここで、ラカンは、アリストテレスに戻らなくてはならないと言う。アリストテレスは、ある「選択」によって、個人を定義するのは「身体」より他にないとしたからである。選択の理由は分からないが、彼にとって、身体とは有機体 (organisme) としての身体であり、個体として維持され、再生産されるものではなかった。そこに、存在を基礎づける個人についてのプラトンのイデアとアリストテレスの定義の違いがあるのだが、今でも、われわれはその周辺にいるのである。

それでは、身体とは何だろうか。ラカンは、「それは〈一〉についての知ではないでしょうか」と言う。アリストテレスは、身体をさまざまな器官や機

能のヒエラルキーとして記述したが、「〈一〉についての知が、身体からやってこないのは明らかです。われわれが〈一〉についての知に関して言えることはわずかですが、それはシニフィアン〈1〉からやってくるのです」。ここで、知にかんする〈一〉とシニフィアン〈1〉を区別しなくてはならない。シニフィアン〈1〉は、シニフィアンがそれ自体としては、複数の他のシニフィアンのなかの一として、他のシニフィアンとの違いによってしかありえない、そのことからやってくるのか。ラカンは、この疑問について、昨年のセミネールで「数えられるだけの一のようなものがある（Y a d'l'un）」と述べてから、あまり進展がないと言う。

「「数えられるだけの一のようなものがある」とは何でしょうか。「不特定多数のなかの一（un-entre-autres）」について、大切なのは、そこからS_1が、シニフィアンの群れ（essaim）が、ミツバチのぶんぶん唸るような群れが発生するかどうかを知ることです」。ここで、ラカンは、たまたまフランス語ではS_1と群れが同音であるのを利用して、S_1が、じつは不特定多数のなかのシニフィアンの一つであるのを示唆している。「それぞれのシニフィアンのS_1について、私が話しているのは、それらについてなのか（est-ce d'eux）と問えば、私はまずはじめに、それをS_2との関係によって記すでしょう（S_1—S_2）。そうやって、みなさんは好きなだけS_1を加えていくことができます。私が話しているのは、群れ（essaim = S_1）のことです」。ここでも、彼は、フランス語で"est-ce d'eux"とS_2が同音であるのを利用している。前者は、英語で"Is it of them"であるが、そうやって不特定多数のS_1からS_2への移行が記されるのを示唆している。そして、そのことを次のように板書している、

$$S_1(S_1(S_1(S_1 \rightarrow S_2)))$$

すなわち、（$S_1 \rightarrow S_2$）は、シニフィアンの移行として記されるが、そのS_1は、つねに不特定多数のなかから選択され、いくらでもつけ加えられるのである。

「S_1は、「群れ」であり、主－シニフィアンですが、それは知とつながるための単位です。それが古代ギリシャの言語学が言う「知識の素」としてのスト

イケイオン（元素、基本的構成要素）なる用語によって再び浮かびあがるのは、ララングのうちに、それがランガージュとして探究されるかぎりのことです。シニフィアン〈1〉は、何らかのシニフィアンではなく、シニフィアンの順序（ordre signifiant）です。ある領域に、シニフィアンの順序ができあがる連鎖の全体がありますが、シニフィアン〈1〉は、その領域によって確立されるかぎりでのシニフィアンの順序です」。ラカンは、最近、ある人が S_1 と S_2 の関係について書いたものを読んだ。そこでは、それを「表象（représentation）」の関係にしているとして紹介しているが、それが対称的であるか非対称的であるか、移行的であるかそうでないかが問題で、そこにおいて、主体は S_2 から S_3 へと、またその次へと移行するのでしょうか、と自問している。たいへん興味深い問題だと思われるが、それは、いま自分が再提示しているシェーマから再び取りあげられるはずだとして、それ以上は言及されていない。そして、ララングと〈1〉の関係について続ける。

「〈1〉は、ララングによって具現されるのですが、同時に、現象や単語やフレーズ、さらには思考全体のなかにも、それとはっきりせずに、未確定のままとどまるのです。私が主－シニフィアンと呼ぶものにおいて問題になるのは、そういうことです。それは、シニフィアン〈1〉ですが、ちょうど前回の講義で、私が紐を使って説明したことに対応しています」。つまり、輪になった紐が、別の紐と結び目を作るときの問題である。

〈4〉

　ラカンは、話題を転じて、最後に愛と知について語った。
「あらゆる愛は、二つの無意識の知のあいだに生まれる、ある関係に支えられています」。精神分析は、ふつうは関係のはっきりしないようにみえる愛と知に、緊密なつながりがあるのを明らかにする。「無意識の知」と言われるのは、あらゆる知が、つねに無知との関係によって生まれるからである。そのさい、知は、一つの情熱（passion）とされる。精神分析は、愛と憎しみという、ひとの知とともにある二つの情熱がそこで生まれる現象を「転移」と呼ん

でいる。「転移の原因になるのは、知っているはずの主体（知を想定された主体）です」。言いかえると、愛において目ざされているのは、S_1 から S_2 への移行において「ある」と見なされている主体である。しかし、性関係は存在しないので、その「ある」は、存在としてある主体ではない。存在は、ランガージュによって手が届かないものであるから、たとえそれが目ざされているとしても、愛の情熱は、つねに移行のうちにある。

　そのことは、ディスクールの運動を考えるうえから、とても重要な意味がある。愛が、つねに知っているはずの主体に狙いをつけて、S_1 から S_2 への移行のうちにあるからには、それは型にはまって反復されるディスクールを揺り動かし、別のディスクールに方向を変えようとする情熱でもある。ラカンは、今年度のセミネールを「大他者の享楽は、愛の記号ではない」によって始め、この講義でもはじめに言及したが、それに再びふれる。「性関係は存在しませんというのも、大他者が身体として捉えられると、その享楽はきまって十分なものではないからです」。その例として、一方に倒錯的な享楽があり、他方に狂気と呼びたいような、謎の享楽がある。倒錯では、大他者という享楽の内部にある絶対的な他者性が、対象 a にまで煎じ詰められている。すなわち、幻想（$S \diamondsuit a$）による愛の享楽であり、これは性別化における男性の側の愛の定式である。しかし、どういう面からみても、大他者の享楽には十全性がなく、それは不在というもっとも根源的なあり方で不十分なのである。

　主体は、そういう袋小路に、そのような不可能性に出会うが、ラカンは、それによって現実的なものが定義され、愛が試されると言う。そして、愛は、つまるところ、その相手については、一種のポエジーとでも呼べる詩的な飛躍を実現できるだけである。しかし、それは愛の避けることができない運命に対する勇気と呼べるものである。つまり、愛は、享楽とのかかわりにおいてみるとき、存在しない性関係を実現させようとする勇気である。

　ここで、ラカンは、性別化の定式における様相に視点を移す。そのために、愛における勇気を「再認（reconnaissance）」という面からみる。「しかし、問題は勇気でしょうか、あるいは再認への道筋なのでしょうか。再認とは、性的と言われる関係が、どのようにして主体と主体の関係になるのか、それを示す道筋に他なりません。しかし、そこで主体と言われるのは、無意識の知

の効果でしかありません」。そして、その効果が、性別化の定式において、「書かれるもの」としてあらわれるのである。すなわち、「書かれないことをやめる、というわけですね」。

「私は「書かれないことをやめるもの」を「偶然」という様相に結びつけたわけですが、他方で「書かれることをやめないもの」を「必然」としました」。ラカンは、ここで、必然は現実的なものではないと言う。偶然と必然は、「書かれる」と「やめる」について、それらを否定する語が移動することによって生じる（二つの定式のあいだにおける ne pas の位置の移動）。一方、彼は、性関係を「書かれないことをやめないもの」と規定し、それを不可能の様相とした。しかし、性関係において「書かれること」が不可能なのは、それが、あらかじめ可能だからではない。性関係は存在しないのだから、あらかじめそれは可能でないのに、それを「書かれない」として、とくに、また否定するのはどういうわけか。それは、「ない」ものを「ある」として、それを再び否定することで、否定を、もともとの不在にかかわらせることではないのか。彼はその問題にあまり詳しくふれていないが、ここでは、「ない」ものから「ある」ものへの移行を、すなわち不可能から必然への移行を、偶然によって説明しようとしている。

さて、「私は、「偶然」を「書かれないことをやめること」としました。というのも、そこにあるのは、もっぱら出会いであり、パートナーのなかにある、さまざまな症状や情動との出会いであり、それぞれの人のなかに、その人が主体としてではなく、語る人として性関係から追放された、その痕跡を示すあらゆるものとの出会いだからです」。この偶然から必然（「書かれることをやめないこと」）への移行のうちに出会いがあり、そこに何よりも情動によって出会われる何かが生まれる。そして、愛と憎しみと知の情熱が、その何かに向けられるのである。それは存在のようなものであろうか、〈一〉のようなものであろうか。ラカンは、はっきりと言っていないが、少なくとも知の領域において、瞬時、それは性関係が書き込まれないことをやめるという幻想を与え、それがたんに分節されるだけではなく、それぞれのひとの運命のなかに書き込まれるのではないかという幻想を与える何かである。

そんなことから、しばらくのあいだ、いっとき中断した時間のなかで、そ

れこそが性関係ではないかという何かが、語る存在のうちに、その痕跡と幻影の跡を見つけるのである。「偶然から必然へと否定（ne pas）の場所を移すこと、そこにすべての愛がつなぎとめられている中断点があります。「書かれないことをやめる」、そのことによって生き長らえているすべての愛は、「書かれることをやめない」へ、否定の位置を移動させようとします」。

「げんにやめない、将来もやめないというわけです。そんなふうにして、もともとないものの代わりが、性関係によってではなく、それとは違う無意識という手段をもって運命を生みだし、同時に愛の悲劇を生みだすのです」。

存在のようなものがある場所がある。三つの情熱は、いずれも、その場所とかかわっている。ひとは、文字によって「書かれないこと」から「書かれること」に移動する。しかし、その過程で書かれた文字は、存在のようなものと調和的な関係を生まない。ところが、愛は、西欧の伝統のなかで存在と調和的であろうとし、そこに至高の享楽を見ようとしてきた。それは、アリストテレスからキリスト教へと収斂した伝統である。愛と存在の調和は、キリスト教にとって完全な幸福を意味する。しかし、それは幻影をとらえようとして身動きのとれないところにはまり込んだ。愛は、出会いのなかで存在にまで近づこうとするのである。

けれども、「愛によって存在に近づこうとするところに、その存在から必ず的の外れる（se rater）何かが生まれるのではないでしょうか。さっき、ネズミ（rat）の話をしましたが。ちょうどそれです。ネズミが選ばれたことには意味があります。ネズミの実験装置は、簡単に作れますし、ネズミ（rat）は、そこで消されて（se raturer）しまいます。私は、かつてポンプ街に住んでいたとき、そこの管理人は、ネズミをけっして取り逃がし（rater）ませんでした。彼は、ネズミに対して、ネズミの存在に対してと同じような憎しみをもっていたのです。愛の極限、本当の愛、それは存在に近づくことにあるのでしょうか。本当の愛――もちろん、それを精神分析の経験が発見したわけではありませんし、そこには愛のさまざまなテーマについて、永遠の変奏がみられますが――、それは憎しみへと至るのです」。

愛は、幻想によって知の空白を埋めようとするが、憎しみは、さらに存在のようなものがある場所に、知によって近づこうとすることから生まれる。偶

然から必然への道筋において、そこに知がかかわることによって、愛から憎しみへの変化が生まれる。憎しみは、いわば存在のようなものに対する、愛を越えた、もっと知りたいという情熱である。愛と憎しみと知の三つの情熱は、いずれも非−知（non-savoir）に通じている。ランガージュという、ひとが作った修理不能の欠陥製品に拠りながらも、ディスクールにおけるシニフィアンの移行（$S_1 \rightarrow S_2$）の道筋は、非−知をともないながら連続している。

　ラカンは、最後に、そのことに関連して翌年もセミネールを続けるかどうかを話題にする。彼は、それをこれまでいちども話題にしたことはなかったが、理由は簡単で、二〇年来、それをまったく知らなかったからだと言う。けれども、「不思議なことに、これまで、だれも私が続けるのを疑いませんでした」。これは、聴講生たちへの皮肉ともとれるが、そこで、翌年のことは「皆さんの賭けにお任せします」と言う。それは聴講生たちに、三つの情熱がサイクルをなして循環運動をしているのを分かって欲しいと訴えでいるようでもある。「では、賭けの結果はどうなるでしょう。賭けに勝った人は、私を愛していることになるでしょうか。――そう、それこそ、私が今日皆さんにお話ししたことです」。そして、最後に、「相手がしようとしていることを知ろうとする、それは愛の証拠ではありません」と言った。

第Ⅱ部　総説——用語解説と「まとめ」

1　ランガージュ、ララング、ペティーズ

　ラカンの精神分析は、ひとを「語る・存在 (l'être parlant)」と規定する。「語る」は、日本語からは「言葉」「言語」などが、西欧語からは langue, language, Sprache などが連想されるだろう。しかし、西欧語では、その周辺にいくつかの関連する語があって、少し細かくみると、それぞれに異なる意味をもっている。例えば、フランス語では langue の他に、langage, parole, mot、それに discours などがあり、たんに「語る」「言う」には、dire, parler などがある。だが、ここでラカンの言う「語る・存在」の「語る」は、とくに langage と関係が深い。といっても、ラカンは、はじめから langage と、たんにものを言う意味の parler を区別している（第1講）。けれども、langage は、ひとに「存在」を無理にも押しつけるのである（第4講）。そこで、ひとを「存在」として、「語る」と結ぶなら、その「語る」は、たんにものを言う parler より、langage にいっそう密接だとしなければならない。本書では、日本語でひとの「言語活動」を表す語として、それをランガージュと音訳して用いた。

　「言葉（こと・ば）」は、古くからの日本語で、「言語」は、江戸時代まで「げんご、ごんご、げんぎょ」と音読みされていた漢語であるが、今日では language などの西欧語の翻訳語として使われる。ひとが語るという事実を伝えるのに、日本語の「言葉」と西欧諸語は、それぞれの捉え方をしていて、「言葉」をうまく表す西欧語はないようである。しかし、ひとがそれぞれの国語から語を選んでものを言うという事実は共通しているので、langage や parole や mot に、そのつどの文脈に応じて「言葉」を翻訳語として使っても、文の大意をつかむことはできる。本書でも、ランガージュ、パロール、ディスクールなどの音訳語とともに、ときとして言葉や言語を使っている。

　次に、「語る・存在」の「存在」であるが、こちらは日本語で「ある」「である」を表す語なので、意味のうえでは西欧諸語と完全に通じる普遍性をもっているが、国語の面からは、「語る」にまつわる「言葉」や「言語」のようにやっかいである。être（エートル）は、英語の Be 動詞のいわゆる原形にあたり、

1　ランガージュ、ララング、ベティーズ

l'être は、それを名詞化した語で、ふつうは「存在」「有」、あるいは「存在するもの（者、物）」などと訳されているが、いずれも西欧の哲学や思想を邦訳するのに使われる語である。意味のうえからはまったく身近で、一般的な、だれでも理解できるはずの西欧語だが、日本語のなかに対応する日常語がない。このことは、それぞれに歴史的経緯をもつ国語どうしのあいだで珍しいことではないだろう。現在では、日本語を話す人は「存在」という訳語をあてられた西欧語の意味を、日本語からよく理解して、その語についての知識をもつことができる。

しかし、日本語によって知識は得られても、その語が日常語になるわけではない。そこに、歴史的経緯と事情が関与してくるのである。精神分析で、ラカンが「語る・存在」と言うとき、その背景には l'être という語の歴史的な事情がからんでいる。それは、ひとことで言うと、西欧諸語の思想がギリシャ時代のはじめから、それにあたる語をめぐって思考を展開してきたという、歴史的一面をもつという事情である。いま、日本語で「語る」を「言葉」と結び、「存在」を「ある」とすると、存在するかしないかは、あるかないかである。言葉は、語る道具であるとともに、語られるものやことそのものである。そこで、言葉と存在が関係する。語られるものが、あるのか、ないのか、と。それは、精神分析にとっても重要な問題になる。

ただし、精神分析は、たとえランガージュがひとに「存在」を押しつけてきても、ひとが「語る」ことをもって、ひとを「存在」という観念に釘づけにはしない。むしろ、そのことをはじめから警戒している。たしかに、ひとは語ることによって、はじめて存在する（いる）。そして、そのひとは、主体（sujet）になる。しかし、語ることによって、ひとの存在は、いつもどこか他所のところにある（第11講）。その意味で、ランガージュは「存在」が安住するところではなく、故郷でもない。言葉は「存在」を、いつも必ずそとへ追いやるのである。ひとは、このような「存在」という観念の危うさ、脆さから、往々にして「存在」を語りながら、自分が語っていることを忘れてしまう存在になる。そうなると、「語る・存在」は、「存在」を語ることによって、「存在」については何も言わないような存在になる。ランガージュの本質が、ひとを必然的にそうさせるのである。それが「ランガージュは、語る存在ではない」（第1講）

の意味である。

　けれども、ランガージュには、もう一つ別の面がともなっている。それは、「ランガージュは、たんなるコミュニケーションではない」（第11講）という、その本質の他の一面から生まれる。コミュニケーションにおいて、ランガージュは存在（ある、ない）を伝えようとする。だが、そのとき存在は、いつも語るひとのそとにあって、外在的である。ひとが「A is B」と発音するとき、be動詞は、存在が主語にではなく、述語の領域に移ったことを伝えている。「A is」と言って、「Aがある」のをそれとして伝えようとしても、自動詞のbeは、それ自体が述語として働き、Aから離れる。ランガージュでは、ひとは語をつねに象徴記号として、分節しながら発音するからである。また、Aとbeをそれぞれ一語で発音しても、それらは象徴化された何かであって、存在そのものを伝えているわけではない。

　そのように、ランガージュは、語を分節して、語と語の関係を探る装置であるが、「語る・存在」をそれとして捉えることはない。ひとは語ることによって、外在化される存在とは別の効果に身をゆだねる一面がある。ランガージュは、その一面を統合することができない。けれども、そこから離れることもできない。その効果を生みだす力は、情動（affect）と呼ばれる。それは、ひとがランガージュによって語るものを越えて、つねにその効果を生みだしているのである。ラカンがララング（lalangue）と呼んだのは、ランガージュとともにあって、そういう別の効果を伝える一面である。すでに、ランガージュがたんなるコミュニケーションではないのだが、ララングは、いわゆるコミュニケーションにはまったく役に立たないのである（第11講）。

　「無意識はランガージュのように構造化されている」。この定言は、かなりよく知られ、このセミネールでもしばしばくり返されている。ランガージュにおいて、語は区別され、分節されて、それぞれの関係が明らかになる。その結果、ひとには言葉が分かり、言われたことは理解される。それは、ひとの意識にかかわる現象である。分節された言葉は、理解され、ひとはその内容を意識することができる。ランガージュによって生きているからこそ、ひとにはそういうことができるのである。ランガージュは、まさしくひとの心に浮かんだ何かを分節して表現し、それを表象として意識するための土台に

1　ランガージュ、ララング、ペティーズ

なっている。しかるに、そのランガージュが、意識を欠いた無意識を生むのに枢要な役割をはたしている。ランガージュは、ひとの心に浮かぶ表象に対して、ここでもまた二面的に関与していると言える。

　無意識は、ひとの心に浮かぶ表象の内容が分からないことから生まれる。内容とは意味であり、意味は分節された言葉から理解される。無意識がランガージュと切り離せないのは、ひとが心に浮かぶ表象を、意味が分からないままに「語る・存在」として、語り続けるからである。ランガージュは、そのときも語を区別し、分節するだろう。しかし、それは本質的なことではない。語を区別しつくして、何かを分かろうとしても、そこにララングがつきまとうからである。そのような意味で、「ララングは、無意識の土台」であり、「ランガージュは、おそらくララングからできている」（第11講）。また、ランガージュは、「ひとがララングについて知ろうとしている何か」であり、「ひとがララングについて知ろうとする苦心の末の駄作」（第11講）である、と言われるのである。

　ラカンは、「存在はあり、非存在はない。あるか、ないかである」（l'être est, et le non-être n'est pas．Il y a, ou il n'y a pas）（第10講）と言う。これを「語る・存在」としてのひとについてみるなら、存在は、いつでもどこでも、ひとが語る存在としてあり、ひとが語れないものは、たんにないのである。それは、あるかないかを語ることができず、ひとが語れないものは、たんにひとが語らないものである。そこで、ひとは「存在」そのものについては語れないので、語らない。ひとが「存在」について語るのは、だれかがそれについて語ったか、あるいは語っている「存在」についてである。つまり、これまで耳にしたか、いま耳にしている「存在」という語から心に浮かぶ表象について、あるいはその語についてもっている観念について語るのである。

　ところが、ひとが語っているのを忘れると、ひとは「存在」について語りながら、自分は「存在」そのものについて語っていると思うようになる。すなわち、「存在」という語と「存在」そのものが、そのまま、何の切れ目もなくつながっていると思うようになる。ランガージュによって、注意深く区別され、分節されているはずの語が、ひとにそういう語り方と思い込みをさせる。その結果、ひとに「存在」が押しつけられるのである。しかし、言葉は、どれほど

注意深く分節されても「存在」そのものにはつながらない。そこで、ランガージュによる日常の語り方には、いつでも、ある軽はずみがつきまとうのである。その軽はずみを、ラカンはベティーズ（bêtise、愚かしさ）と呼んだ。「ベティーズは、ともかく、行きわたっている」「ベティーズは、今年のセミネールのタイトル、すなわち『アンコール』の前提になっている」（第1講）。

ベティーズは、ランガージュのなかで言葉が出しぬけに、いきなり方向を変えて、「存在」に向かうことから生まれる。「通常のディスクールのなかで、ベティーズは、突然あらぬ方へ向かう」（第3講）。そういうベティーズが日常のランガージュのなかに行きわたっていることは、ランガージュがララングによって支えられていることを物語っている。また、ひとが語る言葉は、通常のディスクールにおいて、無意識に方向を変える。そこで、ひとがベティーズをもって（愚かに、軽はずみに）語ることは、そのひとが無意識の主体であることを、精神分析が問題にする主体であることを知らせてくれる。「このベティーズによって、われわれは分析を行おうとするし、無意識の主体という新しい主体に対面する」（第2講）。

いわゆる自然科学の分野では、ランガージュは、言葉を恣意的に使うことを避け、意味作用において逸脱をなくし、ひとが分節された結果を理解できるように努めている。しかし、そのことはランガージュがララングによって作られていることに、少しも本質的な変化をもたらさない。ランガージュにおける自然科学的な分節によって、「存在」の外在性を解消させることはできないし、ひとが語ることとは関係なく、何かがあるかないかの問いに答えることもできない。ラカンは、「存在するもの（l'être）は、外在するもの（l'ex-sister）と私が呼ぶものだ」（第10講）と言う。すなわち、「存在」は、ひとがそれについて語ることで、はじめて「ある」のだが、そのときひとに語られているものは、すでに一つではない。何かが「ある」のは、それの「ない」のが打ち消されているのを前提にして、はじめて「ある」のである。そのとき、「ある」は、すでにそう語られているものと、「ない」（存在しない・非−存在）の二つになり、それぞれが外在するものになる。存在するものは、それだけを一つのものとして語ることができないのである。

ラカンの短い断定には、古くからの西欧における思想的背景がある。ひと

に語られるものとは関係なく、何かがあるか、どうか。この問いに答えがあれば、「ある」と「ない」になった「存在」は一体化され、外在性は解消されて、語られるものの普遍性が実現されることになる。しかし、ひとを「語る・存在」とする立場からは、それができなかったようにみえる。そのことは、中世の実在論と唯名論や、近世の実在論と観念論、またギリシャ時代から現代まで尾を引いている唯物論と唯心論（観念論）の論争が物語っている。精神分析は、実在論の立場も観念論の立場もとらない。フロイトは、もともと欲動と無意識に目を向け、ラカンは、そこから、とくにこのセミネールでは享楽と愛を中心に講義を進めている。ランガージュは、共通の地盤であり、そこにおいて「語る」と「存在」は切れ目なく統合される観念とはみなされていない。ひとはランガージュによって、「存在」の危うさのなかにとどまり、どのようにして「語り」つづけるのか。それが与えられた課題になっている。

2 享楽、愛、知

「大他者の享楽は、愛の記号ではない」、ラカンは、最後の講義で、セミネールをこの文句ではじめたのは良かったと言った。つまり、その短い文句は、『アンコール』の内容をひと言で縮約しているとみることもできる。しかし、上記の「享楽」も「愛」も「記号」も「大他者」も、翻訳の日本語からすぐに分かるわけではない。

「大他者」は、すでに述べたが、非常に抽象的な概念で、具体的な存在者を指してはいない。しかし、ラカンは、ここでは「大他者の享楽、すなわち大他者を象徴する大他者の身体の享楽ではない」と、上の文句につけ加えている。その「身体」とは、象徴的にしろ、想像的にしろ、現実的にしろ、具体的なものにかかわる。そして、大他者の享楽は身体に拠っているとされているので、その大他者も、例えば母親と呼ばれる女性のような、具体的な存在者を象徴しているとみることができる。初期の幼児にとっては、母親の身体が、そのまま大他者であって、それを享楽することが大他者の享楽である。享楽は何かを使用することであり、幼児にとっては、どういう仕方であろうと、母

親の身体を使用することが享楽である。

　さて、その享楽は、愛の記号ではない。いまの例では、幼児は母親の身体を享楽するが、愛を知らない。しかし、幼児が「話す・存在」としてひとになり、愛を知るようになると、大他者の享楽は根本の性質を変える。享楽は、「話す・存在」と切っても切れず、それに「そなわったもの」（第5講）である。ひとが話すことによって、愛と享楽のつながりが、それとして現れてくる。はじめに、フランス語で「言葉」にあたる語をいくつかあげたが、例えば日本語で「愛の言葉」と言うとき、その「言葉」は、ランガージュではなく、パロールが適当である。ひとは「話す・存在」として、他の人々とランガージュやパロールをともにしているが、言葉の生む意味作用の面で、両者は区別される。ひと言で、ランガージュは何かを伝えようとし、そのかぎりで意味作用をもつが、パロールは何かを訴えようとする。

　精神分析では、ひとがだれかに何かを訴える通常の表現を「要求」と呼んでいる。そこには、生存に必要な何かがあるのはもちろんで、ひと以外の動物たちも、そとにそれを求めている。そのとき、動物たちは「欲求」の求めに応じて、そうしていると言われる。しかし、ひとはたったひとりでそれをすることはしないし、できない。ひとは言葉の世界に住んで、他の人々と言葉をともにしているが、同時に、そのことによって生存に必要な何かも他の人々に頼って、手に入れている。動物たちが、そとに向かって求める何かは、そのつど個別的なものである。ところが、ひとが求める何かとそとのあいだに、他の人々と共有する言葉が介入すると、事態は一変する。言葉は、個別的なものをさすこともできるが、それを越えることもできる。すなわち、ひとは言葉を使うことによって、一面では求めるものの個別性を消してしまうのである。ひとがある言葉で何かが欲しいと言うとき、それは往々にして他人に対する訴えとして、個別的なものや具体的なものを越えている。

　こうして、ランガージュによって伝えられるものと、パロールによって訴えられるもののあいだには隔たりが生じる。その隔たりは、パロールにおいて、そこで言われていることには欠けているものとして現れる。すなわち、ランガージュの世界において、要求ではつかみきれないものが、パロールによって、そこに欠けているものとして現れる。「欲望」をなしているのは、そうい

2　享楽、愛、知

う状態のなかに生まれ、そこで働いている表象である。表題の『アンコール（もっと）』は、そうして生まれ続ける「欲望」の訴えであると言える。ランガージュの世界において、欲望が「もっと、もっと」と要求しても、パロールとしての訴えは、切れ目をつなぐことも、欠如を埋めることもできない。その訴えは、生存に必要な個別の何かを要求しているのではなく、そとの「語る・存在」に訴える「愛の要求」である。「アンコール」とは、「大他者に向かって、そこから愛の要求が発せられる、そういう切れ目の固有名に他ならない」（第1講）。

　大他者は、つまるところ「場所」に還元される抽象的な観念であるとしても、その身体は、例えば母親のような、より具体的な存在者を象徴しているとみることができる。じっさい、口のきけない（infans）幼児にとって、母親は欲望する対象の全体像を提供しているだろう。その身体を思うがまま使用するのが、母親という大他者の享楽であるが、それは愛の記号ではない。ここでは「記号」を、たんに標（しるし）とか、何かを知らせるものとしておこう。そこで、愛は、はじめから欲望する全体像を思いどおりにすることではなく、また、そうすることもできない。すなわち、愛と欲望は、言わばいっしょに進むことはできない、また、愛は欲望する全体像にはとどかないのである。その全体像とは、例えば幼児の心のなかに浮かぶ、母親が提供する想像的な姿である。しかし、それを母親の現実の身体と一つにして、思いどおりに使用することはできない。

　アンコール（もっと）という愛の要求は、母親の身体にとどかないまま、大他者とのあいだにすき間を生む。そして、このすき間に記されるのは、アムール（愛、amour）ではなく、アミュール（壁、amur）の標である。それが、大他者は享楽することができないのを知らせている。では、そのすき間には何が記されるか。アミュール（a-mur）は、a と mur（壁）を合わせた造語だが、そのすき間の壁からは、a の標が現れる。それが愛（amour）の本質であるが、その a は、あとでふれる対象 *a* を表している。ラカンは、アンコールについて、ここでもう一つの言葉遊びをする。アンコール（encore）が目ざしているのは、大他者の享楽であり、そのとき求められているのは母親の身体であるが、その身体（corps）は、部分化された身体ではなく、アンコール（en-corps、

身体ごと）としての、丸ごとの身体である。『アンコール』という表題の音声からは、「もっと（encore）」という文字どおりの意味とともに、「身体を丸ごと（en-corps）享楽させて」という意味が聞きとれる。

　アンコール（en-corps）は、身体のある部分ではなく、全体的な身体であって、言葉のうえでは〈一〉である。すなわち、〈一〉としての身体である。しかし、忘れてならないのは、アンコールもひとが言葉を話してからのできごとであり、〈一〉もまた、ひとが語るものだということである。それについては、西欧でも、中国でも、大昔から語りつがれてきた。それを語ることは、ただちに言葉と知、言葉と真理を語ることにつながる。ラカンは、「〈一〉、すなわち同一化」（第1講）と言って、それを精神分析の愛につなげる。同一化は、そとにある自己像と一つになろうとすることで、自己愛的な愛の本質を語っている。その〈一〉は、ひとがそれを語ることによって、「何かそこにあって（se tenir）、存在なしに（sans être）数えられるものを作りあげるという問題を生むことになった」（第10講）。すなわち、それはひとが語らなければ存在しないが、ひとが語ることによって、それが存在しないのに、あるいは存在するかしないかをわきにおかれたまま、ひとに〈一〉として数えられるものを与えた。そこから、あらゆる部分が派生するのだが、その大本をなす〈一〉は存在を離れ、存在そのものとして一つになることはないのである。

　精神分析にとって、愛の求める身体は〈一〉としてのそれであるから、愛は、当然〈一〉と深い関係がある。この〈一〉は、いわば自分自身である。「愛は、だれかあるひとを、自分自身からけっして離そうとしない」（第4講）。そして、そのあるひとが、だれであるかを知ろうとする。それによって愛は、知とつながるのだが、精神分析において、知は愛とともにだいじな論点となっている。知は、ランガージュを背景として、はじめてひとにとって問題になる。そこで、ランガージュにかかわる議論が、そのまま知についての考究に持ち込まれることになる。ただし、言葉にかかわるフランス語のなかからは、知をランガージュよりもディスクールの面から考えた方が、その意味がいっそう明瞭になる。

　知は、いわゆる知識として、すでに獲得された情報の内容を指すだけでなく、これから何かを知ろうとすることや、そこで得られるかもしれない内容

も指している。とくに、知を愛や無意識と結ぶ精神分析の立場では、それは、たんにひとの認識能力の成果としての伝統的な意識的表象を指しているわけではない。ディスクールは、むろんランガージュをとおして実現するものの、そこにおけるコミュニケーションの面では、より狭く、それによって人々の社会関係が保たれるような仕組みを指している。「ディスクール、それはランガージュを絆として用いる方法、その一つの働き方」(第3講)。すなわち、人々の社会的な絆が、それによって確保されるような、ひとの「話し方」である。その仕組みを説明するのに、ラカンは、理論活動の初期からずっと使用しているシニフィアンという用語を、ここではシニフィアン S_1、シニフィアン S_2 という記号によって用いている。

3　ディスクール

ディスクールは、a、$\cancel{S}$（エス・バレ）、S_1、S_2 の四つの要素から構成されているが、それらの要素が、やはり四つある場所を移動しながら実現される。それらの場所の名称は、1970年では以下のようだった。

$$\frac{動因}{真理} \quad \frac{他者}{生産物}$$

しかし、1972年、『アンコール』の前年度のセミネールでは、以下のように記された。

$$\frac{見かけ}{真理} \quad \frac{享楽}{剰余享楽}$$

「見かけ」は、見えるものであり、言葉は、聞こえるものであるが、いずれにせよ、ディスクールは、感覚に直接訴えてくるものからはじまる。その場所に、前の四つの要素の一つがきて、それぞれの位置が決まる。例えば、「分

析者のディスクール」では、

$$\frac{a}{S_2} \rightarrow \frac{\cancel{S}}{S_1}$$

　それが、ディスクールの仕組みである。これにも、四つの要素と場所に応じて、他に「主人のディスクール」「ヒステリー者のディスクール」「大学人のディスクール」の、四つのタイプがある。
　四つの要素は、どれもシニフィアンと密接な関係がある。ラカンのシニフィアンについては、「あるシニフィアンは、別のシニフィアンに主体を代理表象する」という、かなり知られた文句はあるが、シニフィアンの意味はたんにそれだけではない。『アンコール』でも、「シニフィアンは、享楽の原因である」（第2講）、「シニフィアンは、何よりも（至上）命令的である」（第3講）、「シニフィアンは、主体の記号である」（第11講）などと言われている。それは「享楽」や「愛」や「知」と同じように、文のなかで、他の用語との関係によって把握される、これと言った一義的に規定する述語のない用語のようである。$\cancel{S}$も、シニフィアンが、象徴界の土台であるランガージュを構成する要素であるということから、ひとがシニフィアンによって、ひとのそとにあるランガージュの世界に連れ去られているのを意味する。そこで、ひとは、いわばひとでなくなり、はじめて主体として、シニフィアンの主体になる。aも、シニフィアンと無関係ではない。aは、大他者のすき間を埋めると前に言ったが、S_1もまたaとは異なるやり方で、そのすき間を埋めるものである。「S_1は、意味の挫折を象徴するものである」（第7講）。すなわち、S_1は「語る・存在」が、ランガージュによって象徴界と現実界をつなげることに失敗するので、その結果、代わりに主体となって現れる何かである。その何かには、象徴界につらなるS_2が続くが、対象aは、想像界と現実界を合わせた三つの領域の重なる場所にとどまり、シニフィアンが主体を代理表象することの土台であり続ける。
　シニフィアンは、ソシュールの言語学が使う用語で、ラカンは、それを借用したと言える。その言語学では、知られるように、個々の言語記号（語）は、シニフィアンとシニフィエの二つの要素から構成されているとみなす。シニ

フィアンは、日本語で音声、聴覚イメージなどと、シニフィエは、概念、意味内容などと言われる面だが、どちらも、そとからやってきた何らかの刺激から、ひとの心のなかに生まれる表象である。二つの面は、言語学でも、記号のなかでそれぞれに切り離されている部分であるが、ラカンにおいては、その切り離しは徹底的で、非常に大きな意味をもっている。しかし、ソシュールは、語の意味作用に関して、二つの面は互いに別でありながらも、ある国語の言語記号においては、ちょうど紙の表裏のように結ばれていると言う。それは、ある国語のなかで、ある語がどういう意味に使われるかということで、その「意味」が、語の「価値」という観念につながる。だが、ラカンのシニフィアンは、そういう使用価値のある語がもっているような意味作用の面からは考えられない。

たしかに、言語記号は、シニフィアンに主要な材料を提供している。しかし、それによって生まれるシニフィアンが、もう一つの構成要素とされるシニフィエとは切り離され、自立的な性質をもつのが強調されなくてはならない。シニフィエは、そのさい、どう考えられるだろう。それは、語についての言語学的な意味論の面からは考えられず、例えば、母親の身体が現れたり消えたりするのをくり返すことによって、そのことから与えられる何かである。それは耳に聞こえず、口に出すこともできない。語によって聞きとったものは、そのままシニフィエとは結ばれず、シニフィアンとして読まれ、はじめてシニフィエとなる。「シニフィエは、耳とは何のかかわりもない。それは、シニフィアンとして聞かれたものから読みとられるものにかかわっている」(第3講)。それゆえ、シニフィエは、「シニフィアンの効果」であり、逆に、シニフィアンは、「シニフィエの効果とは何の関係もない」(第3講)。それとともに、「シニフィアンが、それとして措定されるのは、それがシニフィエとは何の関係もない、そのことによっている」(第3講)。シニフィアンは、そのように自立的である。そのことが、そのまま S_1 の本質を語っている。S_1 における「意味の挫折」とは、それがシニフィエとは何の関係もなく現れ、主体の代わりとして S_2 へ続くことである。

シニフィアンは、S_1 から S_2 への、この続きのなかで、「記号を作りだすために呼びだされ」(第11講)、それが主体の記号になるのである。そういうシ

ニフィアンは、「もっぱら、ディスクールに差し向けられる。さもなければ、シニフィアンは何ものでもない」（第3講）。すなわち、シニフィアンは、ディスクールがあってはじめてそれとして働く、ディスクールの効果である。そのシニフィアンは、また、主体の記号であると同時に、享楽の原因でもある。そのことは、精神分析において、享楽がシニフィアンを離れては考えることができないのを意味している。だから、ひとが大他者を享楽しようとするときも、そこには、享楽の原因となるシニフィアンがなくてはならない。それはひとが大他者のなかで、それに同一化するものであり、それを S_1 と名づけたのである。そのシニフィアンは、はじめてひとを主体として表象する。ひとが、大他者のなかで主体として表象されるためには、そのシニフィアンが一つだけあればよいはずである。しかし、シニフィアンは、ディスクールに差し向けられなければ何ものでもないことから、そこにとどまることはできず、S_1 は S_2 へと続くのである。

　知は、ディスクールのなかで S_1 のあとに続く、その S_2 のことである。すなわち、知は、いま述べたような S_1 における「意味の挫折」から生まれる。これは、通常の意味の知からは、すぐには理解できない印象を与えるかもしれない。知は、ふつう、ひとの認識能力や、それによって得られた内容を指して、その内容には、むろん意味があるとされるからである。しかし、その能力は、あくまでひとの心の意識上の活動に結ばれている。それゆえ、無知は、ひとがいまのところ知らないことで、やがて意識的な認識能力によって知ることができるかもしれないことである。しかし、ディスクールのなかの意味の挫折は、そういう知の見方をしりぞけている。ラカンは、「知は、謎である」と言い、「その謎は、分析のディスクールによって明らかになるような無意識によって出現する」（第11講）と言う。それは知に関して、いまひとが知らないことの内容は、いつか知ることができるというものではなく、つねに謎として現れるという意味である。すなわち、「知る」は、いつも「知らない」をともなっている。

　「語る存在にとって、知は分節されているものである」（第11講）。分節（articulation）とは、ひとがランガージュにおいて、語を区別し、分類し、理屈の筋道を立てて、文をいわゆる論理的に展開していくことであり、分節されて

いるものは、そういう意識的な操作の結果として表現された文である。ひとは、そういう文によって、ひたすら存在を目ざしてきた。そうすれば、いつかひとの語るものが存在と一つになるだろう、と。しかし、ひとは、そのとき、何かがあるということが語られなければ、何も存在しないという、いちばん根本の自明なことを忘れていた。ランガージュは、それを忘れたうえで分節された知を積み重ねているけれども、そのことが精神分析における無意識の経験の培地を広げている。それは、ララングと名づけられた培地であり、ランガージュもまた、そこで培養されているのである。「ランガージュは、私がララングと呼ぶものを何とか説明しようとして、科学的ディスクールが作りあげているものにすぎない」(第11講)。すなわち、ランガージュも、ひたすら分節することによって、ララングを説明しようとしている。しかし、精神分析の経験から、ひとはディスクールにおいて知にとどくことはできないのである。

「分析者のディスクール」における四つの要素の位置を前にあげたが、もういちど場所の名前と、それらの相互関係を示すと、次のようになる、

$$\begin{array}{c} \text{不可能} \\ \text{見かけ} \rule{2em}{0.4pt} \text{享楽} \\ \text{真理} \rule{2em}{0.4pt} \text{剰余享楽} \\ \text{無力} \end{array}$$

「分析者のディスクール」では、そこで、シニフィアンが、S_1 から S_2 へ続く動きに十分な力がない (impuissance)。つまり、大他者のなかに主体の代わりとして現れた S_1 は、そのディスクールにおいて知を得ることができない。

「主人のディスクール」では、四つの要素は次のような位置をとる、

$$\frac{S_1}{\cancel{S}} \quad \frac{S_2}{a}$$

ここでは、S_1 から S_2 へ続くことはできない (impossible) とされている。それは連続的に続くことはできないという意味で、ひとは話し続けなくてはな

らないから、ディスクールにおいては、無理にもつなげなくてはならない。それゆえ、「主人のディスクール」は、知に対する話すひとの無力ではなく、ひとの話すことが、そのまま知とつながることはありえないのを示している。そのことは、目下の話題にとっては示唆的で、S_1 と S_2 のあいだは、ランガージュがどれほど分節を重ねても、連続的につながることはない。つまり、かりにそれを科学的ディスクールと呼んだところで、それによって知が得られるわけではなく、どこまでも知は謎のままである。ただし、科学的ディスクールが、すべて「主人のディスクール」に従っているわけではないこともつけ加えておかなくてはならない。ラカンは、そのような知を「それが休らうのはララングのねぐらであるからには、知と言うのと、無意識と言うのは同じことである」（第11講）と言う。

　S_1—S_2 において、S_1 は、ひとが大他者のなかで同一化する一番目のシニフィアンであるが、シニフィエを欠いたままで、それ自体として機能する。それは、ときにシニフィアン「一」とか、主-シニフィアンと呼ばれるものと密接に関連し、純粋シニフィアンとも呼ばれる。「純粋シニフィアン、それは S_1 と記される」（第7講）。いずれも、シニフィエから自立して、主体の代わりとして働く特徴をもっている。「主人のディスクール」では、その S_1 が、そもそもディスクールがはじまる「見かけ」の場所をとり、そこから S_2 に向かう。そこは「享楽」の場所であるが、そこにつながるのは不可能とされている。そのことは、知と享楽について考えるうえでも示唆的である。知と享楽と無意識の関係について、ラカンはこう言う、「あらゆることが示しているのは――それこそ無意識の意味ですが――ひとがたんに知るべきものをすべて、すでに知っているというだけのことではなく、その知が、ひとは語るということから生まれる不十分な享楽にすっかり限定されているということである」（第9講）。また、「知を用いることは、ある享楽を表現することしかできない」（第11講）。

　すなわち、ひとは知ろうとする、そのことと、けっして完遂されることのない享楽を実現しようとするのは、同じことである。「ひと（主体）は、知って、さらに知る。しかし、つまるところ、すべてを知ることはない」（第8講）。「主人のディスクール」において、S_1—S_2 は、大他者との断裂にもかかわら

ず、そのすき間を飛び越えて、不十分な享楽にいたる。いくら享楽しても、それは足りない享楽であるから、当然、そこからは「もっと享楽させて」という訴えが、つねに生じる。ちょうど、資本主義社会の主人である資本家が、労働者の作った商品が生むマルクスの剰余価値 (plus de valeur) を限りなく求めるように、「主人のディスクール」からは、剰余享楽 (plus de jouir) がつねに生まれるのである。しかし、そのディスクールには、ランガージュの世界に連れ去られた主体 ($) にとどく力がない。それは、「真理」の場所にある主体であって、S_1 の「見かけ」ではじまったディスクールからは隠れている。真理は、そこにディスクールのどの要素がきても、見かけから出発した要素からは、隠れたままで、そこにとどかないのである。

「真理」は、精神分析において、ふつうに言われる「事実」とか、いわゆる「科学的真理」ではない。「言葉と事象の一致」という伝統的な定義にも用心して、控えなくてはならない。あらかじめ、言葉について問わなければ、その定義には意味がなくなる。また、かりに言葉と事象が一致するとしても、その真理は、ひととシニフィアンの関係のそとにある。真理も、むろん語られるものであるが、精神分析では、その言葉はランガージュではなく、パロールである。すなわち、真理はひとのパロールによって言われ、そこから離れない。したがって、それをいわゆる事実とか、科学的真理とするわけにはいかない。また、それを現実的なもの（現実界）と一つに結ぶわけにもいかない。ディスクールは、現実界にかかわるとはいえ、同時にコミュニケーションを可能にする社会的な絆として、そこから離れているからである。

真理は、「言われたものの次元」（第9講）であるが、その次元 (dimention) は、(dit-mension) として、言われたものの宿場 (mansionとmensionは同音) でもある。しかし、その宿場は、すべての真理を泊めることができない。真理は、「すべてであるようなつもりでいる」が、「（それとして）言われることができないものである」（第8講）。せいぜい、「ひとにできるのは、それを半ば－言うこと (mi-dire) である」（第8講）。ひとは真理を語ることによって、それが対象のすべてを語っている真理のつもりでいるが、その対象は、つねに部分的である。パロールは、真理を語ろうとする欲望の土台である。しかし、対象のすべてを語ろうとする欲望は、パロールによって、それがいつも部分

対象であるのを知らされる。パロールがなければ、その対象について、真偽を言うことも、虚実を言うこともできない。だが、パロールによって何が言われても、それは全体を欠いた欲望の部分対象である。そこで、ひとが語るのは、いつも半ば言われた真理になる。

「私は、つねに真理を語る。しかし、そのすべてではない。ひとには、すべてを語ることができない」。この1974年に語られた「テレヴィジョン」の冒頭の文句は、フランスでも、ちょっと評判になった。ラカンは、それには言葉（mot）という材料が足りないからと続けたが、それは象徴的なものが現実的なものを捉えることはできないということである。ところが、さらに、彼は「真理が現実界に基づいているのは、その語ることができないという不可能性による」と続けた。それは「真理」の本質を端的に述べている。真理は、『アンコール』でも、たびたび言及されていて、それを語られたことのそとにある「事実」ととってはならないが、同時に、現実界と一つにすることもできない。ところが、それは現実界に基づいている（se tenir）とされる。なぜなら、象徴界と現実界は、それぞれに自立した領域として区別され、異なることによって互いに関係し、それによって定義されるからである。つまり、象徴界があるのは、現実界を語ることができないという、その根本的な特徴と深いかかわりがあり、現実界は、そこに象徴界がとどくことはできないという特徴によって定義されるのである。

真理は、そのように、ディスクールのなかで「すべて」としては語られず、そのものとしては隠れているが、シニフィアンは、つねにそういうディスクールに差し向けられ、それによって享楽の原因となる。いわば、シニフィアンは「それ自体によってある（être de lui-meme）」（第4講）としても、つねにディスクールの効果として現れる。

ところで、ひとが語る世界に、ディスクールの効果として現れるものには、シニフィアンとともに、「文字」がある。

「文字、それは根本的にディスクールの効果である」（第3講）。「書かれたもの、それは文字である」（第4講）。文字は、1957年の論文（「無意識における文字の審級」）では、「ディスクールがランガージュから借りてくる物質的な支え」とされ、シニフィアンと区別されていたが、その後のディスクール論

の展開とともに、その役割はいよいよ独自なものになった。文字は、書かれるとともに、読まれるものである。「文字、それは読まれる」（第3講）。当たり前のようだが、そのことは大きな意味をもっている。ディスクールにおいて、ひとは意味が分からないまま、文字を読み続け、それをくり返し写して、書き続けるからである。しかし、それはたんなる転写ではない。文字は、書かれることによって、ひとを象徴界に記入するのである。

　文字は、読まれ、書かれるものであるとともに、見えるものである。見えるものは、ディスクールのなかに「見かけ」として、主体の代わりに登場する。ディスクールは、最初に見えるものがあって、はじめて動きだす。しかし、そこに登場する四つの要素は、どれもシニフィアンとつながりのあるもので、文字ではない。シニフィアンと文字は、ともにディスクールの効果であるとしても、文字は、シニフィアンの次に現れるか、あるいは、ふたたびシニフィアンに戻るものとして現れる。文字とシニフィアンは、ちょうど現実界と象徴界が、それぞれに分離した領域として関係するとされたように、お互いに区別されるが、そのさい、文字は現実界の側にあり、シニフィアンは象徴界の側にある。「書かれたものは、現実界が象徴界に達することを示すものである」（第8講）。シニフィアンは、象徴界の近くにありながら、一次的であるとされる。というのも、文字は、書かれることによって、はじめてディスクールのなかに登場し、それが享楽を生むからである。「書かれたものとは、結局、何であろう。それは、享楽の条件である」（第10講）。

　文字は、書かれたもの（エクリ）であるが、エクリチュールは、書くこと、そして書かれた文字の両方を指す語である。ディスクールにおいて、文字を書くことが、享楽することの条件である。文字には、また、やがて読まれるという運命がある。読まれる文字は、書かれたことの痕跡であり、愛の要求が、大他者の身体とのすき間の壁（アミュール）に刻み残した痕跡である。「エクリチュールは、そこにランガージュの効果が読みとれる痕跡である」、そこで、「エクリチュールは、ランガージュが痕跡によって残したものとして定義される」（第10講）。文字は、痕跡である。もちろん、ランガージュがなければ、ディスクールも、痕跡としての文字もない。ひとがランガージュの世界で、書かれたものを読むことがディスクールを生むきっかけとなるのである。

文字を読むとは、その意味を探ることである。精神分析は、読むことが活動の中心であると言ってもよい。その意味とは、たんにそとからの刺激によって神経系に興奮が生じる過程という心理的な側面のみならず、その刺激が思考という形式をとおして翻訳されうるという側面も指している。そして、意味を探るとは、ディスクールにおいて、S_1 から S_2 への知に向かう過程を表している。ところが、精神分析のディスクールでは、知は「真理」の場所をとり、隠されていて、手が届かない。すなわち、痕跡としての文字は、いくら読もうとしても、意味が分からない。それでも読もうとするのが、分析することであり、それゆえに、無意識とは、意味の分からない文字が書かれた知の場所であると定義される。

　文字は、見えるものであり、ディスクールのなかでは、それが四つの要素に代わって「見かけ」の場所をとることも十分に考えられる。精神分析のディスクールであれば、それは対象 a の場所をとる。ラカンも、それを認めている。「私が対象 a を存在の見かけと呼ぶのは、それがわれわれに存在の支えを与えているように見えるからである」(第8講)。文字は見えるものとして、存在を支えているように見えるものであり、対象 a の見かけである。しかし、対象 a は、「いかなる、あるものでもない」。すなわち、存在そのものではない。それは「大他者の代わりに、欲望の原因という形をとってやってくるもの」(第10講)である。ラカンは、それをフロイトの部分対象である「乳房、糞便」に「まなざし」と「声」を加えて、四つの身体部分に局在化したが、それらの原因は、どれも丸ごとの身体からやってくるのではなく、逆に、その身体が欠けていることからやってくるのである。

4　性別化、ファルス

　大他者も、その代わりとしてやってくる対象 a も、性に関しては、ともに無－性的である。「大他者は、主体に対して、無－性化された (a-sexué) かたちでしか現れない」、「対象 a は、その名が示すように、無－性化されていると言うことができる」(第10講)。この無－性化は、愛の要求が出会う大他者

4 性別化、ファルス

の身体の壁（a-mur）に比較すると興味深い。aは、日本語では、「無」「非」「不」などを連想させる否定語で、関係がないということだが、ここでは、たまたま対象aの、aである。大他者や対象aは、ひとに対して、そもそも性とは関係のない存在や、丸ごとの身体として表象されるものである。ところが、ランガージュの世界では、それらが性に絡んだものとして現れる。そこで、ひとは存在との分離、切断、喪失に出会い、その効果は、やはりシニフィアンとして与えられる。それは、享楽に向かおうとする欲望とランガージュをつなぐシニフィアンである。

それは、フロイトがリビドーを象徴する語として使ったファルスという名のシニフィアンである。リビドーは、性欲動から生まれる心的なエネルギーで、欲望や愛に執着する感情から、それと知られる。ファルスは、現実の身体の部分器官であるペニスではない。それは、ギリシャやローマの古代から、さまざまな姿形で象徴化されてきたが、シニフィアンとしては何も決まったシニフィエがない。むしろ、その効果として、さまざまなシニフィエを取り込んで、集合的に示すようなシニフィアンである。それが、あるシニフィアンを享楽に向けて、別のシニフィアンにつなげる働きをする。それによって、ひとはランガージュの世界に、性化され（sexué）、性別化された存在として登場するのである。

ファルスは、「キーポイントとして、それに分析が近づく欲望の原因として告げられるものの極点である」（第8講）。すなわち、このシニフィアンは、話す存在にその効果を及ぼして、欲望の原因が告げられる。しかし、そのとき欲望は、同時にその対象から分離され、それがすでに失われていることに直面する。去勢は、ファルスによって生まれるそのような事態を指している。そこで、ファルスは欲望のシニフィアンであるとともに、去勢のシニフィアンでもあると言えよう。しかし、ファルスは同時に、ひとがたんに去勢されたままではいないことをも促す。それは、ひとが書くことであり、それによって書かれたものが生まれる。「ファルス、分析の経験は、それを書かないことをやめる」（第8講）。つまり、精神分析の経験は、それを書くことである。そこには、つねにファルスの働きが関与している。ひとはその働きに促されて、書くのである。

一方、書かれるものは、また享楽を支えるものでもあった。享楽が、「語る存在における、身体からの、言われたものの次元」であるからには、語る存在はだれでも書き、だれもが書かれたもののなかにいるのだろうか。書かれたものに支えられた享楽が、大他者の身体にとどかない享楽、挫折した享楽であってみれば、そうでないのは明らかである。ランガージュの世界には、書かれないものがあって、それが関与するのをやめさせることはできない。むしろ、「書かれないのをやめること」、すなわち書かれはじめることは、偶然である。ラカンは、そのことをくり返す、「私が偶然性と呼ぶものは、この「書かれないことをやめる」ということのうちにある」（第8講）。「「書かれないことをやめる」、これは、たまたま出された定式ではない。私は、それを偶然性と結んだ」（第11講）。

　「書かれる」と「書かれない」は、ひとがランガージュの世界で、「性別化された、語る存在」となるのに応じて問題になる。去勢のシニフィアンとしてのファルスが、ひとに対してどのような機能をもつかによって、性別化がはじまる。ラカンは、その機能について、ファルスを関数（fonction）とみなして、Φx と記す。関数という語は、日本語からはある数値が連想されるかもしれないが、ここでは、あくまでも一般的に、ひととファルスの関係を表している。ひとが x であれば、Φx は、ひとがファルスの機能に服していることを、つまり去勢されていることを、$\overline{\Phi x}$ は、去勢されていないことを表している。ひとがランガージュの支配する象徴の世界に編入されれば、ひとは去勢される。もし、ひとがすっかりそこに組み込まれたなら、ひとにはもうそれ以上に書く理由はなく、「書かれない」ものが残るだろう。言いかえると、ひとが完全に去勢されたなら、そこには、ただ「書かれない」ものがあるだろう。一方、ひとが書くのは、欲望によって、あくまで大他者の享楽に近づこうとすることである。つまり、去勢に逆らうことである。それは、$\overline{\Phi x}$ によって、去勢されていないことを表す。そこには、「書かれる」ことがあり続けるだろう。

　こうして、大他者や対象 *a* は、もともとひとに対して性のない（a-sexé）ものであるにもかかわらず、ひとがランガージュの世界に組み込まれるや、そこにファルスのシニフィアンが働き、それとともに性別化が生じるのである。

つまり、そのシニフィアンは、男性と女性に対して画一的に機能するのではなく、両者のあいだに不均斉をもたらすのである。ファルスは、ペニスを象徴化したものであり、象徴とは、そとにあるもののことである。しかし、フロイトは、それがひとの想像的な世界で、非常に派手に、しつこく活動していて、両者を切り離すのがいかに困難であるかを教えている。そのさい、男性と女性が直面する困難には、違いがある。男性の身体器官であるペニスは、ランガージュの世界では、シニフィアンとしてのファルスがとるさまざまなシニフィエの寄せ集めにすぎないし、それらはあくまでも想像的なものにまつわる一つの様態である。ところが、そのように想像的なものが絡まったファルスのシニフィアンは、男性にとっては、その存在が去勢されていないという意味に働く。($\exists x \ \overline{\Phi x}$)、すなわち、「去勢されていない x が存在する」と。しかし、それはランガージュの世界では実現しない。それゆえ、男性の側に記されるもう一つの命題は、($\forall x \ \Phi x$)、すなわち「すべての x は、去勢されている」となる。

　二つの命題は、矛盾しているようにみえるが、性別化の式は、ギリシャ以来の形式論理学における命題の対応関係を、その後の論理学の記号で表し、さらに、そこへ集合論の常識を忍び込ませている。形式論理学は、全称命題（すべての S は P である）と特称命題（ある S は P である）の肯定と否定から、命題の対応関係をつくる。それを ($\forall x$)、($\exists x$) と記号で示すと、前者はすべての x の属性を表す述語判断を、後者は x の存在を表す存在判断を表すが、二つの判断の違いに注意しなくてはならない。例えば、「すべてのひとは自由である」という述語命題をみると、ひとの「すべて」が自由であると言明することは、自由なひとが「いる」かどうかということ、つまり、あるひとの存在とは別のことである。

　ところで、ひとが「すべて」と言えるためには、ある集合から、その集合を構成する要素の一つを排除しなくてはならない。そうしなければ、その集合の全体を「すべて」として規定する根拠が失われ、どこにも限界のない、集合とは言えないものになる。そこで、ひとの「すべて」という一つの集合が去勢されるためには、そのなかから、一人のひとを排除しなくてならない。言いかえると、一人の去勢されてないひとが「いる」、すなわち存在しなくてはな

らない。ランガージュの世界では、それがたんなる幻想だとしても、男性の側には、ファルスのシニフィアンをめぐって、その幻想に縋(すが)る理由がある。しかるに、「語るひと」としての男性の側は、「すべてのひとは去勢されている」に支えられている。前の存在判断に対して、それは全称の述語判断によって表現された言明であり、いわば「すべて」という法の次元において語られたものである。そこで、男性の側のファルス関数の式は、$(\exists x \, \overline{\Phi x})$ と $(\forall x \, \Phi x)$ になる。

　一方、女性の側には、去勢されてない一人をめぐる幻想に縋(すが)る理由がない。そこで、女性として「いる」こと、つまり、その存在判断においては、「去勢されていないひとはいない $(\overline{\exists x} \, \overline{\Phi x})$」になる。しかし、「去勢されていない」を、その存在において否定した「去勢されている」は、前に述べたように「書かれないもの」であり続けることである。だが、ランガージュの世界にいて、大他者に直面しながら、書かないでいることは不可能である。そこで、女性の側からの「すべて」についての命題は、「去勢されているのは、すべてではない $(\overline{\forall x} \, \Phi x)$」という、全称の量化子を否定した述語判断に支えられる。それによる法の次元での言明は、やはり前に述べたように「書かれないことをやめる」と、それにともなう偶然性に依拠することになる。こうして男性の側に対して、女性の側の式は、$(\overline{\exists x} \, \overline{\Phi x})$ と $(\overline{\forall} \, \Phi x)$ である。

　性別化の式は、命題の対応関係とともに、やはり古代にまで遡る論理学の様相を取り入れている。それは「必然」「偶然」「可能」「不可能」という、命題の四つのあり方であるが、それらはファルスとの関係と、判断の形式から生まれる。男性の側では、「去勢されていないxが存在する」から、「書かれることをやめない」が導かれ、それが書かれることの必然の様相になる。また、「すべてのxは去勢されている」は、ランガージュの世界で、「書かれることをやめる」が実現することになるが、それはたんなる可能の様相である。女性の側では、「去勢されていないxは存在しない」から「書かれないことをやめない」が導かれるが、それはひとがランガージュの世界に住んでいるからには、不可能の様相である。また、「去勢されているのは、すべてのxではない」は、「書かれないことをやめる」ことだが、それは、ラカンの引用にあったように、偶然である。

4 性別化、ファルス

　さて、ラカンは、「性関係は存在しない」と言う。これは「無意識はランガージュのように構造化されている」という文句とともにかなり知られていて、たしかに、彼の理論を支えている二本の柱と言ってよい。xとyの関係をxRyと書き表すと、Rはxとyのあいだに入って両者をつなぐ媒介項である。関係を記すためには、必ずRがなくてはならない。想像界においては、yが、直接、無媒介的にxの前に現れる。それを想像的関係と呼ぶことはできようが、象徴的記号によって書き込むことはできない。関係は、そのように理解されて、両性の日常的な性行為と、ひとの語る存在としての性関係を混同してはならない。そこで、ラカンは、「性関係は、書かれることができない」とくり返す。「みなさんは、性関係をけっして書くことができないでしょう」（第3講）。「性関係は、書かれないことをやめない」（第8講）。「私は、性関係を「書かれないことをやめない」と定義したが、そこに不可能（という様相）がある」（第11講）。

　性関係が存在しないのは、ひとの男性と女性がファルスのシニフィアンにどうかかわるについて、それぞれの仕方のあいだに両者をつなぐ媒介項がないということである。言いかえると、両者の関係を表すような、いかなる書かれた文字もないということである。それぞれの仕方をふたたび整理すると、次のようである

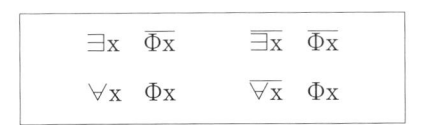

$$\begin{array}{cc|cc} \exists x & \overline{\Phi x} & \overline{\exists x} & \overline{\Phi x} \\ \forall x & \Phi x & \overline{\forall x} & \Phi x \end{array}$$

　左は男性の側、右は女性の側であるが、「だれであろうと、語る存在はどちらかの側に書き込まれる」（第7講）。語る存在が書き込まれるのは、ひとの生物学的な自然の性と一致する必要はない。ひとがどちらかの側に書き込まれることによって、ファルスへのかかわり方と、去勢の様態とが知られるのである。

　両側のあいだに関係が生じない根本には、男性が「すべてのx」と言うのに対して、女性は「すべてではないx」と言うことがある。男性がそう言えるのは、去勢の法を免れた一人が存在するという幻想に基づいているが、その幻

想は、また男性がこの世に「いる」ことの欲望でもある。一方、女性は、自分が「いる」ことについて、そのような幻想に依拠する必要がない。このことから、女性は、「すべて」という普遍的な規定によってこの世に「いる」わけではない。だから、「女性は、すべてではない」（第1講）とくり返し言われる。そこで、女性 (femme) という名詞に一つの全体を示す定冠詞 (la) をつけて、「女性なるもの」と言うことはできないし、つまりは「女性なるものはいない」（第6講）のである。そこで、男性の側からすると、女性は男性を補完しない。それゆえ、「男性にとっては、ファルスの機能にノーと言える何かがなければ、女性の身体を享楽するチャンスはまったくない。言いかえると、愛をなす（性交する）チャンスはまったくない」（第6講）。男性は、パロールによって、女性の丸ごとの身体に訴える。しかし、女性は「すべてではない」。

ひとの性関係は、両性のいかなる性行為から生じるのでもなく、すべて、ディスクールにおいて生じるのである。「男性は、ディスクールをとおして、はじめてそれとしてある女性を探している」（第3講）。それは探し方において違いはあるにしても、むろん、女性についても言える。男性にとって、女性は普遍的でなく、偶然的で、そのときどきに特殊な、唯一的なものである。

ディスクールのなかには、そこから逃れるもの、すなわち対象 a がある。それは享楽が直面する大他者の身体とのすき間に現れるものである。男性にとって、女性は、まさしくそのようなものである。「男性がかかわらざるをえないものは何かと言えば、それは対象 a である」（第7講）。男性は、女性を対象 a として愛する。「男性は、女性に近づくことができると信じている。この確信には、それこそ欠けることがない。ただし、近づくのは欲望の原因にであって、わたしが対象 a によって示したものである。そこに、愛の行為がある」（第6講）。その対象は、神話のなかのナルシスの目に映った、池の表面の自分の姿と同じような鏡像である。すなわち、「男性は、相手のなかに、自分自身を自己愛的に支えてくれるものを見る」。それゆえ、「（男性が）性関係において実現するものは、すべて幻想になる」（第7講）。

女性にとって、ファルスの機能はすべてに及ぶものではないから、男性は、その限界に現れる対象 a ではなく、すべてファルスにかかわりのあるシニフィアンである。「女性は、シニフィアンとしての男性を探している」（第3

4　性別化、ファルス

講)。ひとにとって、男性も女性も、性はランガージュの枠内で実現するディスクールのなかで、はじめて問題になる現象である。それは生物たちの自然な性現象ではなく、つまるところ、シニフィアンにかかわることである。女性にとって、男性は、まさにそうしたシニフィアンに他ならない。女性は、そのうえで、シニフィアンの集積所としての大他者に直面するが、女性にとって、大他者は普遍性や全体性をそなえた完全なものではなく、「すべて」ではない。ラカンは、それを $S(\cancel{A})$ と表記している。「$S(\cancel{A})$、A に斜線が引かれている。しかし、これは何もないということではない」(第7講)。すなわち、大他者が「すべてではない」ということは、そこに何もないことではない。「私が $S(\cancel{A})$ によって示すのは、女性の享楽以外のものではない」(第7講)。

　女性は、語る存在として、大他者を「すべて」として享楽しようとはしない。女性にとって、母の身体には欠けたところがある。女性が、そこを埋めようとしてファルスのシニフィアンに出会うのは、あくまで偶然である。しかし、その偶然は、女性の側のもう一つの様相である不可能に裏づけされている。女性も、語る存在として、ランガージュの世界のそとに生きるのは不可能である。すなわち、「書かれないことをやめない」まま、存在することはできない。女性もまたファルス関数に組みこまれるのである。けれども、ファルスの目ざす大他者は、女性にとって、シニフィアンの集積所として完全ではなく、全体性を欠いている。そこで、女性は、ランガージュの世界で、そもそもパロールによって語る。それは純粋パロールと言えるような、何のシニフィエも生まない、たんに語られる何かであって、それがあるシニフィアンと出会うのは、偶然である。女性の享楽は、そうしたファルスのシニフィアンとの出会いによって生まれる。

　ところが、男性にとって、女性は、ファルスのシニフィアンに出会う以前の母親の身体そのものである。それは「すべて」としての、母親の現実的な身体であり、男性がファルス関数によって性関係に求めているのは、そのような女性である。「女性は、もっぱら母親として、性関係のなかで役目をはたしている」(第3講)。女性が母親であるとは、女性が性関係において、つねに大他者として存在していることである。「大他者は、もしそれが存在者として、存在できるなら、それは女性である」(第7講)。「女性は、大他者として、つ

ねに大他者でありうるというかぎりで、この大他者というシニフィアンと関係をもつ」（第7講）。しかし、それは大他者が、女性の享楽にとってすべてではないという関係である。女性は、大他者のシニフィアンに、それがすべてとして同一化するわけではない。すなわち、女性は、すべてではない大他者として存在する。同時に、大他者がもしいるとすれば、それは女性として存在する。

　精神分析にとっては、大他者のそういう欠如を埋めにやってくる「大他者の大他者はいない」（第6講）。それは、いくどもくり返し言われたことだが、もし大他者の大他者がいるとすれば、ラカンの理論は相貌が一変し、同じように大昔からくり返された超越者の教説に近づくだろう。だが、大他者は、あくまでもシニフィアンの集まった場所であって、それ自体がシニフィアンである。しかも、女性にとっては、いくら集めても、全体をなしえないような場所である。言いかえると、そのすべてには、はじめから手がとどかないのである。その点で、女性は、ひとがディスクールにおいて手のとどかない場所である真理に似ている。大他者は、真理の場所であるが、「女性は、ときには真理と等しいものとしてある」（第10講）。その真理は、精神分析のディスクールにとっては、知がやってくる場所である。それゆえ、性関係における女性も、知も、精神分析には手がとどかない。すなわち、女性を知ることはできない。それをすべて言うことはできないのである。「女性は真理である。それゆえ、女性については、半ば－言う（mi-dire）ことしかできないのである」（第8講）。

　「すべて」と「すべてではない」のあいだには、両者を結ぶ関係項がない。そのことが性関係のない理由である。ちなみに、命題論理学では普遍文でも存在文でも、そこで量と質を述べるとき、主語としての項には手をつけない。「すべてのＳはＰである」（普遍文）の否定は「すべてのＳはＰでない」であり、「あるＳはＰである」（存在文）の否定は、「あるＳはＰでない」である。ラカンはが述語判断と存在判断を峻別して、女性の側の全称否定と特称肯定を書き変えたのは見てきたとおりだが、通常の論理学では認められないだろう。ともあれ、普遍量を示す∀の「すべて」と、定冠詞 *La* に棒線を引いた「（女性）なるものはない」、すなわち「すべてではない」のあいだには亀裂があり、そ

れゆえ両者の関係は書き込めない。言いかえると、それは規定することや、定義することができないのである。

　ところで、普遍性には「すべて」「必ず」「同じ」という、全体性、必然性、同一性がともなう。それらは、どれも女性の側には欠けている。「すべて」を表すような主語は、女性の立場を明らかにしない。言葉は、そもそも、ある事物についての同じ性質を表す記号だとすると、女性は、そのような言葉から遠ざかり、いわゆる事物の本性からは排除されているわけである。一方、男性が「すべて」と言えるのは、その「すべて」に入らない、少なくとも一人の例外がいるためで、去勢についてみれば、一人の去勢されていないものがいるからだというのは、これまで見たとおりである。しかし、この自身についての存在判断は、幻想にもとづいている。例外は、フロイトの神話では、群れの女性をすべて享楽していた原父である。去勢されていないものは、この原父との同一化によって存在する。しかし、原父は、兄弟たちによって殺害され、死んだ父として、父の名となり、近親相姦の禁止による去勢の法として、象徴界の基礎を築く。

　ラカンは、原父を大文字の「父 (le Père)」と記し、「フロイトは、新たに、「父」を救済する」（第9講）と言う。救済するとは、原父を生き返らせて、象徴的な父の名を新たに書き記すことである。原父は、幻想のなかに生きている想像的な父であるが、そのような恐ろしい父が生き返って、ひとに去勢の法を告げながら干渉すると、ひとはそこに新たな象徴的な意味を見つけなくてはならない。生き返った父も、あくまで幻想のなかの父である。しかし、そういう幻想的な父が、大他者の身体を享楽しようとするひとを象徴界に導くのである。そのように、ファルス関数を使った命題論理のなかには、つねに幻想が働いている。男性にあっては、幻想のなかに生き続けている存在をもとにして去勢を受け入れる一方で、そこに生き続けているものは、書かれることをやめない。したがって、書かれるものには、つねに幻想が関与している。

　幻想は、ひとが大他者の身体を丸ごと享楽できないことと大いに関係がある。ひとと享楽のあいだにはすき間があって、そこに現れてくるのが対象 a と呼ばれる欲望の原因であったが、幻想は、その原因の周囲にさまざまな表象となって現れ、それが欲望のシナリオを作る。そして、つまるところひと

にとって、大他者は欲望の原因としての対象 a に帰着する。また、ディスクールにおいて、それは見かけの場所につながるのである。「大他者が、つまるところは、ただ欲望の原因としての対象 a につながるのが本当ならば、それはまた愛の訴えが、存在の見かけに向けられているということである」(第8講)。不思議なことに、その大他者は非−性的であり、対象 a はこの世にいないもの、ひとの世界にないものである。それは、ただあるように見えることによって存在するものであり、言いかえると、ディスクールにおいては、存在の本体が、あるように見えるものである。そして、その当体が、精神分析にとっては、ディスクールがそこから始まる初動の場所をとっている。

5 対象 a、マテーム

対象 a から始まる分析者のディスクールを改めて示すと、

$$a - \$ - S_1 - S_2$$

対象 a と幻想の関係は、以前から、$\$ \lozenge a$ という式で記されていた。「$\$$ と a がはっきり結ばれているのを示しているのは、幻想を措いて他にない」(第7講)。

ところで、幻想は、ランガージュの世界から生まれるものではない。「幻想は、主体を虜(とりこ)にするが、それはまさしく現実原則と呼ばれているものを支えている」(第7講)。現実原則は、フロイトの用語として知られているが、この一節にラカンの「現実」とのつながりとともに、現実界の特徴が認められる。「現実」は、幻想が対象 a によって、そこに近づけない領域を表している。「対象 a は、結局、いつもその失敗に行きつくが、それは対象 a が、現実界への接近に耐えられないからである」(第8講)。幻想は、現実に近づこうとするひとのなかに生まれ、それが見かけの場所に対象 a として現れるが、つまりは挫折する試みである。ひとがさらに前進しようとするとき、そこに待ち受けているのが、ランガージュの象徴的な世界である。ひとは、そこで存在す

るものから離れる。そうして、ランガージュの世界に組み込まれたひとは、存在を失うのである。「対象 a は、この喪失という事態をめぐって機能する」(第3講)。それを表しているのが、$\cancel{S}$ である。

ランガージュの世界で存在を失ったひとは、次に、S_1 に向かう。「S_1 によって記されるのは、純粋シニフィアンである」(第7講)。純粋とは、何よりもまず、すでに述べたようにいかなるシニフィエもないことで、そのことから、S_1 はそれ自体で、主体を代理表象するシニフィアンである。シニフィエは、「意味」という観念につながりやすいが、その点ではまったく通常の意味を欠いている。むしろ、ひとはランガージュの世界に、そもそも意味のないシニフィアンとして登場することを表している。「S_1 は、意味に関しては、その挫折を象徴化している」(第7講)。すなわち、存在するものから離れたひとは、意味という面において、S_1 とはつながらないのである。ラカンは、この S_1 が、フランス語で essaim (エサン) と同音であるのを利用する。これは「群れ」の意味で、その言葉遊びで S_1 の本質を示唆しようとしている。

S_1 は、ミツバチがぶんぶんと羽音を立てながら群れになって現れるようなシニフィアンである。ラカンは、それを次のように表記する。

$$S_1(S_1(S_1(S_1 \to S_2)))$$

すなわち、「S_1、エサンは、単位を確保するもの、主体と知の交接を確保するもの」(第11講) であり、どのような S_2 (知) が生まれようと、その支えになるものだが、その単位には意味がない。それは、たんに数えはじめの1として、どのような2ともつながり、それ自体が群れのように増殖するが、いかなるシニフィエもなく、たんにシニフィアンの秩序を支える働きをしているのである。純粋シニフィアンとされた S_1 は、また、シニフィアン〈一〉、主-シニフィアンとも密接な関係がある。

シニフィアン〈一〉は、S_1 と同じように、「何らかの、あるシニフィアンではなく、シニフィアンの秩序そのもので」、「他のシニフィアンとの差異そのもの」(第11講)を表している。それでは、なぜ両者を区別するのか。講義のなかで、シニフィアン〈一〉(signifiant Un) の〈一 (Un)〉は、とくにそれと

して、終始くり返し言及されている。その特徴は、はじめに「われわれには、存在が必要になるだろうし、シニフィアン〈一〉が必要になるだろう」(第2講)とされ、結局、その理由は〈一〉がランガージュからではなく、ララングから生まれるからである。「ララングによって具体的なものになる〈一〉は、主-シニフィアンと呼ばれるものにおいて取りあげられるが、それはシニフィアン〈一〉である」(第11講)。Un(〈一〉)は、言うまでもなく、不定冠詞の un とは区別される。それは、ひとと存在をつなぐシニフィアンであり、存在することなく数えられるシニフィアンであって、「われわれは、どうしても〈一〉のようなもの (de l'Un) を、何かそこにあるものにするという問題にぶつかる」(第10講)。

〈一〉は、シニフィアンの本質に由来するものであるが、それはまた同一化でもある。「〈一〉、すなわち同一化」(第1講)。ひとは〈一〉との同一化によって、他のシニフィアンとその享楽へ、そして存在へと向けられるのである。また、〈一〉は主-シニフィアンとして問題にされる。すなわち、それは主人のディスクールのなかで見かけの場所をとる、S_1 として大きな役目をはたすのである。

主人のディスクールを分析者のディスクールにならって示すと、

$$S_1 - S_2 - a - \mathcal{S}$$

ここで、S_1 は、主-シニフィアンとして、見かけの場所をとっている。S_2 は、その他のすべてのシニフィアンとして「知」を構成している。S_1 から S_2 への行程は、すでに「不可能」として示されている。それは、ディスクールのなかでランガージュと、S_1 における〈一〉を生みだすララングとが、切れ目なくつながることはありえないということである。この「不可能」は、さらに近づいてみると、哲学者のディスクールが主人のディスクールとして語られたとき、いっそう明らかになる。そこで重要なのは、テクストではイタリック体で記されている "*conception du monde*" という語である。これはふつう「世界観」と訳されているが、哲学では、concept は概念、conception は概念形成とされていて、世界についての概念という意味である。

それについて、ラカンは「哲学者のディスクールは、世界観がその上に胡坐をかいている」（第3講）と言う。また、分析者のディスクールに比べて、「哲学者のディスクールから離れてしまえば、世界が実在することほど不確かなものはない。分析者のディスクールから、それが何かそのような概念形成にかかわることを含んでいるなどと言われるのを聞いたら、ただ笑えるだけ」（第3講）と言い、二つのディスクールを鋭く対立させる。それを言いかえるなら、ディスクールにおける概念のつながりと、ランガージュとララングの切れ目との対立である。哲学者のディスクールは、その切れ目を無視しながら、世界が実在することを概念によってつなげようする。概念という訳語は、日本語で分かりやすいとは言えない。それには、ひとの通常の思考力によって、だれでも理解できる内容という意味が含まれている。つまり、ひとが通常の思考力によって理解できるシニフィアンのつながりであり、それによって生まれる意味の効果が、世界を実在すると思わせるのである。

　主人のディスクールのはじまりは S_1 であり、同時に、それは主人とされる哲学者の概念のはじまりである。ところで、ひとはたしかに存在を必要とするが、S_1 は、すでに存在ではない。それは、たんなる差異によって成立しているシニフィアンの秩序を支えているが、シニフィアンの差異のあいだには、すでに幻想が生まれていて、それが S_2 への全行程につきまとっている。S_1 は、それ自体で、現実的なものを象徴化することの失敗の結果を表しているのである。行程には、どこまで行ってもすき間があり、享楽は不可能である。けれども、ディスクールのなかで、そのすき間は、やはり幻想によって飛び越えられる。そこで行きつくのが S_2 であるが、そのことは、概念をつなげようとする思考にはつねに幻想がつきまとっているのを物語っている。

　ひとの精神活動における思考と幻想の関係は、それを思考における概念と幻想の関係と言いかえてもよい。幻想は、概念とともにある精神活動だが、概念は、思考によってできるかぎり幻想を遠ざけようとする。主人のディスクールは、概念と幻想を切り離して、世界の実在を論証しようとするが、ディスクールの行程そのものには目を向けない。その結果、ランガージュによって現実的なものから引き離された主体は無視され、$\$$ は真理として、主人の目には隠されている。ところが、その $\$$ からはじまるのが、ヒステリー者の

ディスクールである。ヒステリー者のディスクールは、こう示される、

$$\cancel{S} - S_1 - S_2 - a$$

　ヒステリー者の見かけは、そとの目に映るさまざまな症状と言ってよいだろう。もちろん、それらは身体症状に転換された、いわゆる身体言語ばかりではない。前に、科学的ディスクールを主人のディスクールになぞらえたが、むしろ、それは「科学的ディスクールは、ガリレオの転換点のうえに成り立っている」(第7講)という意味では、ヒステリー者のディスクールを近代以降の科学的ディスクールに近づけることができる。精神分析家は、歴史のうえでよく知られた最初のヒステリー者はソクラテスであると言い、一般にも、その後のヘーゲルやニーチェなどの哲学者は、そう言われることがある。しかし、ラカンが講義で言及しているのは、ヒステリー者のディスクールにおけるシニフィアンの記号化ということである。ヒステリー者は、ランガージュによる主体の分割から、シニフィアンの差異のあいだをぬって存在に向かおうとする。「ヒステリー者として存在するか、否か。それがまさに問題である。〈一〉のようなものがあるか、否か？」(第8講)。

　ラカンの記号は、ここでは、とくに数学的(マテマティック)記号、マテームである。「数学的と呼ばれる記号、すなわちマテーム」(第9講)。マテームは、「数学素」と訳されることもあるが、それが必ず数量の観念をともなう数学の記号と同じでないのは明らかである。ヒステリー者のディスクールが、存在に向かって S_1 にとどき、そこから生みだされるのが S_2 の知であるが、ヒステリー者は、もちろんその知に書き込まれた文字の意味を知らない。それは無意識的であり、フロイトが第二局所論で記したエスだけが知っている。「エスが知っているというのも、エスは、まさしく主体が構成されているそれらのシニフィアンによって支えられているからである」(第7講)。科学的ディスクールは、エスだけが「知っている」その「知」を記号によって書き込む。その記号を、分析者が書こうとするマテームに近づけるのである。

　分析者のマテームは、やはり無意識に書き込まれるにもかかわらず、伝達可能な記号である。しかも、「マテーム、それは全面的に伝達されることがで

きる」(第9講)。ただし、完全ということはあり得ないので、近似的なおおよそ (approximatif) である。しかし、それは、あれこれのシーンからは解放されている。つまり、幻想のシナリオは遠ざけられている。そして、その意味作用は具体的な場面から、変化する要素間の関係についての想像力にゆだねられる。マテームには、その点で、近代の科学者のディスクールと共通したところがある。

ニュートンは、コペルニクスの回転を落下に変えて、万有引力の法則を記号として、こう書き込んだ。

$$F = G\frac{Mm}{r^2}$$

それは、引力が両物体の質量の積に比例し、距離に反比例すると説明されるが、同時に、その記号は、「われわれを回転の想像的機能から引き離すとともに、回転を現実界に基礎づけている」(第4講)。つまり、ひとの世界を想像界と現実界の結びつきから、象徴界と現実界の結びつきへと変化させたのである。それによって、幻想から遠ざかると同時に、特定の意味にとらわれることなく、ディスクールを進めることができる。記号化された概念は、思考を幻想から遠ざけようとして生まれた知の産物である。けれども、分析者は、そのような記号をマテームとして書き込むことのなかに幻想が働いていることも、その記号が無意識としての知にはとどかないことも十分に気づいているはずである。

ともあれ、記号は、「何の共通部分もない二つの実質の分離として定義される」(第2講)。では、二つの実質とは何であり、何と何が分離されるのか。「ここで言う「記号」は、英語で言うもの (thing) や、フランス語の chose を含めて、どう理解していただいてもよい」(第11講)。すなわち、二つの実質は、「語る存在」と「もの」であり、記号は両者の分離として、つまり、その分離のあいだに書き込まれる文字として定義される。「もの」は、これまで述べてきたところから、「もの」としての「大他者の身体」と言いかえた方が分かりやすいだろう。記号は「語る存在」と、大他者としての「母親の身体」を分離しにやってくるのである。ラカンは、「近代の科学を古代の科学から区別するの

は、〈一〉の働きに他ならない」（第10講）と言う。〈一〉の働きとは、「語る存在」が同一化するシニフィアンの本質を記号として書き込む働きである。それは、分析者がマテームを書き込もうとする努力と無縁ではない。両者は、ともに記号によって、幻想と現実界の分離を書き込もうとしている。

　マテームの書き込みは、あくまでも記号を外在化することによって世界の実在を概念でつかむことができるとしている哲学者のディスクールと同じではない。思考が概念に向かおうとすれば、そこにはつねに幻想がつきまとう。哲学者は、概念と幻想とは別であるという前提に立って、世界の実在を論証しようとしている。しかし、マテームも、やはり思考による概念化の産物である。ただし、それは通常の意味作用にとらわれない、特定の意味から自由になった概念化と言える。それゆえ、マテームは、思考によって構成された、ある内容をもった知には到達できないのである。精神分析にとって、知は理解することや記憶することではなく、その実践はあくまでも享楽として体験される、無意識的なものである。ところが、大学人のディスクールと呼ばれるのは、そのような知を見かけの場所に据えたディスクールである。それを前の三つのディスクールにならって示すと、

$$S_2 - a - \mathcal{S} - S_1$$

　大学人のディスクールにおける知は、対象 a を享楽する方に向かう。その知には、ひとの認識能力によってすでに獲得されたいわゆる知識か、あるいは、すでに解読された文字が主要な表象を提供している。しかし、見かけから出発したそのような知は、欲望の原因としての対象 a につながることはできない。対象 a は、存在の見かけではあるが、それが現れて働くのは、存在が失われているからである。そこで、見かけから出発した知が行きつくのは、存在の喪失の背景にあるランガージュの壁である。すなわち、ランガージュによって引き裂かれた主体（$\mathcal{S}$）である。けれども、大学人のディスクールは、そこから先へ進むのには無力である。すなわち、主体と知をつなげる S_1 にはとどかない。

6　ボロメオの結び目

　大学人のディスクールが向かった対象 a は、象徴界、想像界、現実界の三領域が重なった場所であり、それを示した図が、「ボロメオの結び目」と呼ばれる。
「私は、昨年の2月頃、ボロメオの結び目の図を書いて、それについて話した」（第10講）。ラカンが話したのは、前年の、1972年2月9日の講義である。彼は、その10年前の「同一化」のセミネールで、すでにトーラスと呼ばれる別の幾何体を使っている。いずれも、三領域を中心とした分析の用語を説明するための道具として使っている。それらは、トポロジーと呼ばれる数学の領域から借用したものであり、いわば理論を説明するための喩えであり、比喩として使われた道具である。その意味では、言語学もどき（趣味）に倣って、トポロジーもどき（topologisterie）と言えるかもしれない。対象 a は、そこにおいて、三領域の重なりから生まれ、同時にそれらを支えている、非常に重要な役目をはたしている。

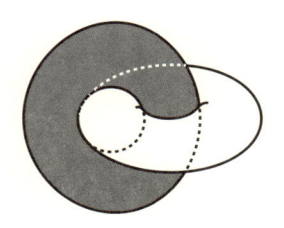

　トーラスは、円環とか輪環と邦訳されることはあるが、ドーナツや自動車

のタイヤのようなものを想像すればよい。それによって対象 a を理解するには、二つのからみ合ったトーラスの図が適当である。

　トーラスの中心は穴になっているが、一つのトーラスは、主体とその欲望、要求を、もう一つは大他者を表している。二つの穴は、お互いにからみ合っている。主体のトーラスがからんだ大他者の穴は、大他者のすき間あるいは穴であり、そこに対象 a が現れ、それに主体の欲望と要求がかかわるのである。穴は、トーラスを球形から区別しているが、大他者の穴は主体の中心にありながら、主体がけっして一つになれない対象 a を示している。トーラスの曲面は、それ自体が結び目になることはないが、それをねじると、曲面上に描かれる線が「三つ葉結び」の「三位一体」を表現し、その線によって、三次元のトーラスは、平面上に描かれる「ボロメオの結び目」になる（第10講の図4を参照）。

　ラカンが講義のなかで「ボロメオの結び目」を取りあげたのも、対象 a を説明するためである。主体のあらゆる要求とともにある欲望は、もっぱら享楽を実現させるはずの対象 a を求めている。そこで、あるひとが他人に与えようとするものには、他人からいつも「それではない」という答えが与えられる。「それ」とは対象 a である。「対象 a は、いかなる存在でもない。それは要求によって推測される空虚な何かであり、」「結び目そのものによって示されているより他の実体をもたない欲望である」（第10講。）ボロメオの結び目は、また、対象 a を生む三領域の関係をも、すなわち三領域がどのように結び合わされているかをも示している。その結び目は、「三つ葉結び」のように一本の線からなっているわけではないので、文字どおりの「三位一体」とは言えない。なかの一つの輪が切断されると、すべてがばらばらになるような結び目である。しかし、そのことはまた、輪が三つであるということにも限定されず、紐の輪をもってきて何本つなげても、どれか一本を切断すれば、すべてがばらばらになるような関係を示している（第10講の図7、8を参照）。

　対象 a は、三つの輪が重なった場所として示されたが、それは「語る存在」としての主体にとって、どういう意味をもっているだろうか。いま、三つの輪の重なりを、現実的なものが象徴的なものの媒介によって想像的なものとして表象される場所だとしてみよう。「語る主体」が、その空虚な場所に見か

けとして現れる表象に同一化して、それによってディスクールの行程をたどるのだとすれば、シニフィアンによって代理表象される主体は、ランガージュの世界のなかに、三つの輪の重なる結び目そのものとしてあるのだと言わねばならない。主体は、そのような結び目から〈一〉として出発する。「ボロメオの結び目は、われわれが〈一〉からしか出発できないことを示す最良の隠喩である」（第10講）。しかし、その〈一〉は、大他者ではない。大他者とは、この〈一〉が欠けている場所のことであるから、それに〈一〉が加えられることはない。

「肝心なのは、ボロメオの結び目である。われわれは、それによって結び目が提示している現実界に近づくのである」（第10講）。それゆえ、主体はいつもランガージュによって、その場所に文字を書く。「ランガージュが書かれるとき、ランガージュのすべての残りは、ただ〈一〉の結び目の機能に支えられている」（第10講）。すなわち、その場所に書かれた文字が、いちばん現実的なものに近づいている。数学的ランガージュによって書き込まれる記号が、その文字に喩えられる。というのも、そのランガージュでは、一つの文字が欠けるだけで、他のすべての文字の配置が無効になってしまうからである。むろん、それによって得られる知が謎であることに変わりはなく、象徴界は、最後まで書かれることのない一文字を排除することによって存続するのだろうが、ともかく数学的ランガージュは、書かれた文字を象徴として外在化し、それを存在のランガージュから遠ざけたモデルとみなすことができる。

　結び目によって示された対象 a は、実体をもたない。しかし、その性質は、そこで重なった三領域に共通する性質でもない。実体性は、もっぱら想像界にかかわる性質である。ランガージュにおいて、その性質が他の二領域と混ざり合い、書かれたものの伝達を妨げるのである。だから、三領域を区別し、差異を明確にしなくてはならない。むろん、それによって対象 a の場所が消えるわけではない。結ばれた三つの輪をどれほど引っ張ってみても、その場所がたんなる位置だけの点になることはない（第10講の「応答」参照）。ラカンは、数学的定式をモデルにして、マテームはそのまま伝達されると言ったが、数量によって操作のできる数学的定式とマテームとは、伝達可能の性質がまるで違う。マテームを、ユダヤの神秘主義カバラに見られるような秘教的な

文字に喩える研究者もいるが、いずれにせよ、その内容は数量的な操作によって明らかになるものではない。

とはいえ、マテームは、実体の観念を支える想像的なものをわきにおいて、現実的なものを象徴表現によって伝達するための適当なエクリチュールとされている。言いかえると、それは書かれたものをつねに外在化させて、必然性から可能性に向かおうとするエクリチュールである。しかし、分析者は、それが成就されないのも心得ているだろう。ディスクールの行程では、「すべて」が必ず「すべてではない」に出会うからである。そして、「性関係は存在しない」がゆえに、両者をつなげるエクリチュールはない。「性別化」のマテームは、そのことを「すべて（∀）」と「ある（∃）」の記号を使って伝達しようとしている。

「すべて」は数量にかかわっているようだが、属性としては普遍性につながり、「ある」は存在判断につながる。どちらも非常に古くからの観念で、西欧思想における伝統的な強迫観念とでも言えそうである。性別化のマテームは、その歴史的産物を使って、概念的思考の限界を明らかにしようとしている。それはボロメオの図によって、三つの輪の結び目を支えているのが空虚な場所であるのを示そうとするのと同じことである。その場所には、幻想によって、対象 a が現れる。「ある」の存在判断は、その幻想の上に立ち、それによって「すべて」の全称命題が、存在の次元から法の次元に移って告げられる。概念的思考は、幻想を遠ざけながら、その道筋を確かなものにしようとして偶然性の壁にぶつかるのである。幻想は、それにもかかわらず、法が書かれることをやめない必然性を支えている。

対象 a は、存在の見かけであるとともに、欲望の原因である。精神分析は、それにまつわる幻想に支えられながら「すべて」という法を書きこもうとする思考が無効であると主張しているわけではない。性別化のマテームは、「すべて」の否定を「すべてではない」とすることによって、ディスクールにおける両性の側を、それぞれ完全に相対化しながら、そのうえで分離している。古典論理学では、全称肯定の否定は「すべてのＳは、Ｐでない」であって、主語は否定されない。それは量的観念が、そのまま質的観念に移されて、普遍が特殊を含むということである。性別化のマテームは、同じ古典的な「すべ

て」の量的観念に依りながら、主語を否定して命題を変更している。特称肯定についても、同じような趣旨から変更されているが、いずれも法（「すべて」）と存在（「ある」）の次元を切り離して、両性の側にそれぞれの独立した資格を与えようとしている。

　ところで、以上のような性別化のマテームも、幻想と不即不離の状態で進められた思考の産物であるのは、言うまでもない。分析者は、それをよく承知していて、さらに記号を書き込み、それによって謎である知を探ろうとしている。そこには、読めない文字が痕跡として残るだろうが、やがてそこから生まれるかもしれない意味に賭けているのである。

　ランガージュは、ひとが語ることによって生きているのを広く指している語である。『アンコール』では、さまざまなことが語られているが、「享楽」と「愛」と「知」をそのテーマと見るならば、それらは、どれもランガージュを背景にして起こる事柄である。一方、ひとはパロールによって語るという面に目を向けると、ランガージュの意味はずっと狭くなる。精神分析では、ランガージュが制度としての言語、広く法として機能する言語を指すのに対して、パロールは欲望と去勢にかかわる言語であるとする。ひとが語るのには、何かを知らせている面と、何かを訴えている面がある。精神分析は、後者の面を聞きとろうとするがゆえに、パロールを重視する。そこで、ラカンにとっては、セミネールをはじめたいわゆる「ローマ講演」の頃には、ランガージュからパロールを解放することが問題ではないかと噂されたのである。

　しかし、それから20年後の『アンコール』では、ランガージュとパロールの対立は様子を変えている。なぜなら、ランガージュには、パロールをそこから解放するまでもなく、何かを知らせている面とはまったく別のララングが加わり、それに支えられているからである。といっても、パロールの役割が、はじめの頃と根本的に変わったわけではない。パロールは、大他者への訴えとして、ひとを大他者から引き離すが、その訴えからは意味の効果が生じる。たんに法を告げ知らせるランガージュは、意味にかかわらない。それは意味の代わりとして行われる活動である。そのことから、精神分析は、パロールを真理の領野をカヴァーするものと見なす。パロールの以前には何もない。たとえ、そこに真や偽、正や誤があるとしても、それらは意味を欠い

ている。真理も、本当も嘘も、パロールとともに生まれるのである。

　さて、享楽は、大他者の身体を丸ごと享楽することはできない。大他者には、どこまで訴えても、それのとどかないところがあり、そこは大他者の足りないところである。ひとと身体の関係は、はじめからランガージュを舞台にしている。「語る身体だけがある」（第10講）。「享楽は、語る存在において、身体の言われた次元（dit-mension）としてある」（第9講）。そのような享楽は、ランガージュの次元にあるといっても、はじめから「何の役にも立たない」（第1講）。それを性関係についてみるなら、性関係は書き込めなかったが、これを享楽として書き込もうとしてもむだである。享楽に何らかの合目的性を与えようとするのは、たんなるごまかしであり「この誤った合目的性は、享楽がたぶん性関係にかなうのではないかという、享楽の欺瞞性にすぎない」（第9講）。つまるところ、「享楽は、性関係に向いていない」（第5講）のである。そこで、享楽は、ランガージュにおけるひとつの限界をしめしている。そのわけは、享楽にかかわるすべてが、四つのディスクールのマテームが示すように、「見かけ」から出ているからである。「享楽は、見かけから出発するかぎりにおいて、求められ、呼びだされ、掻き立てられ、練り上げられている」（第8講）。性関係からみれば、そのような享楽は、必要のないものであり、性関係を書き込もうとするならば、あってはならないものである。

　愛については、どうだろうか。愛も、ディスクールにおいて問題になるのであるが、享楽と同じように「見かけ」から出発する。「対象 a と癒着することだけが、大他者にたどりつく道であると言うなら、愛が向かうのは、やはり存在の見かけであると言える」（第8講）。大他者の享楽は愛の記号ではないが、愛そのものからは記号が生まれる。「愛は、〈一〉を生みだすだろうか」（第1講）。「愛は、〈一〉と関係があるのは本当だとしても、背後にいる自分自身であるだれかとは、けっして縁を切らない」（第4講）。ちなみに、愛があるのは、そのだれかが自分自身であるのを知らないことによる。そこから、欲望についての無知が生じる。「愛とは、欲望について知らないでいられることの情熱である」（第1講）。そのような愛は、ディスクールにおいて大きな働きをする。それは、ディスクールのなかの各要素を移動させて、ディスクールそのものを変化させる。例えば、ヒステリーのディスクールを主人のディ

スクールに、主人のディスクールを大学人のディスクールに変える。「愛は、ひとがディスクールを変化させているのを示す記号である」(第2講)。

　愛は、精神分析の中心課題であるが、それを成就できないのが問題である。愛は、「もっと、もっと」と要求するが、それは、もっと知りたいという意味でもある。愛が知ろうとするのは、そのひと自身のことである。それゆえ、わたしよりわたしを知っているひとを愛そうとする。「わたしが知っているはずだと思うひとを、わたしは愛する」(第6講)。わたしは、そのようなひとに同一化するのである。だから、愛とは、わたしのことを知ろうとすることでもある。それによって、ひとは存在に近づこうとする。「愛の極限、真の愛は、存在に近づくことではあるまいか」(第11講)。そのような知は、哲学が苦労してひねり出した知とは関係がない。ひとは、知って、知って、もっと知ろうとする。しかし、「それでも、やはりすべてを知ることはない」(第8講)。そこで、知が無意識とつながるのである。

　ひとには、自分が知らない知がある一方で、ひとは自分が知っていると思っているより、多くのことを知っている。それが無意識の一面であり、知は謎であると同時に、「知とは、無意識のことである」(第10講)と言える。それとともに、知は享楽であり、またララングに支えられている。「ひとは、すでに知るべきことのすべてを知っているが、その知はひとが語ることによって生みだす不十分な享楽に、まったく限られている」(第9講)。知と密接な愛に憎しみがともなうのも、そのせいだろう。「ひとは憎しみのない愛を知らない」(第8講)。愛は、もっと知ろうとするが、「問題なのは、愛が不可能なことである」(第8講)。すべてを知ることができないがゆえに、憎しみが生まれるのである。それでも、愛は〈一〉を目指す。「愛は、それが〈一〉であることの欲望なのを知らない。そこから、両性の関係は不可能であることが生じる」(第1講)。愛が、ひとのあいだの相互的なやりとりであるにもかかわらず、結局は成就できないのも、「あらゆる愛が、二つの無意識的な知のあいだの、ある関係に拠っている」(第11講)からだろう。あのひとたちは一つだという関係が、二人のあいだに実現したことがないのは、だれでも知っている。ところが「「私達は一つだ」、そこから愛という考えが生まれる」(第4講)。しかし、〈一〉は見かけから出て、そのまま享楽にとどくことはない。愛は〈一〉

を目指しながらも、欲望について知らないことから、「ひとはいつもその災禍（ravage）を目にする」（第1講）のである。そこで、享楽に向かおうとするもう一つの無意識的な道である知が話題にされることになる。

7　無意識

　『アンコール』では、「性関係は存在しない」とともに、「無意識はランガージュのように構造化されている」と、くり返し言われている。ラカンは、すすんで「仮説」を口にしているが、二つの文句もそう見なすことができよう。どちらも、ディスクールにおいて問題になることだが、ひとはディスクールのなかでシニフィアンの主体となる。彼は文字どおり自分の仮説として、こう言っている、「私の仮説はこうである。無意識によって汚染されている個人とは、私がシニフィアンの主体と呼ぶものを生みだすものと同じ個人である」（第11講）。
　知の実践としての享楽は、ディスクールの道筋で仮説を立てる。シニフィアンの主体は、それによって現実的なものに向かおうとしているが、それはあくまでも書かれたものにとどまる。数学的記号もマテームもそうであるが、それらは群生する S_1 のなかから、知の享楽によって生み落とされた文字である。そして、その文字は、真理とは直接のかかわりはない。あるのは、あくまでもパロールである。たしかに、文字は、特定の意味にとらわれずに意味作用を生むなら、そのときはあらゆる意味に開放されていると言える。例えば、慣性の法則と呼ばれる仮説では、速度が一定の物体は運動エネルギーが一定であるとされるが、その意味を文字記号に直せば

$$m \frac{d^2 x}{d t^2} = F$$

となる。それは文字のところにどういう数を代入してもよい。しかし、その文字はつまるところ加減、乗除のような数学の法に従えと命じているのである。「結局、書かれたものとは何であろうか。それは享楽の条件である。計算

されるものとは何であろうか。それは享楽の残りかすである」（第10講）。そして、精神分析は、そのような残りかすを生む知に到達することができない。

一方、仮説がディスクールのなかで立てられるといっても、書かれたもののかすを残した知の享楽は、たんにランガージュに支配された実践ではない。それは、無意識を生むララングによる無意識的な実践である。「仮説がなければ、私はニュートンと同じように、無意識を探れない」（第11講）。そして、その仮説はララングの産物である。「ひとと知の関係は、ひととララングの関係に、ひととララングの共生に基づいている」「知が住んでいるのは、ララングという宿場である」（第11講）。

知は、ララングに支えられているがゆえに無意識的であるが、無意識は、ディスクールをとおしてランガージュのなかに、何よりもシニフィアンのつながりの切断として現れる。それが無意識の構造化のはじまりである。ラカンは、「無意識はランガージュのように（comme）構造化されている」と言うとき、その「ように」は、commeであって、par（によって）ではないと断っている（第4講）。英語ならlikeであって、byではないということだろう。それは集合論における集合が、ここにあてはめれば文字のようになっているという意味である。言いかえると、無意識には、ディスクールの効果である文字をどれほど集めても、必ず読めない文字が残るのである。また、それはランガージュがララングを土台にしているということでもある。

「無意識はランガージュのように構造化されている」という仮説は、次の文句を導く。「ひとが言うことは、聞かれることにおいて、言われたものの背後に忘れ去られる」（第2講）。この文句は、前年度の最後の講義で板書され、論稿「エトゥルディ」では冒頭から論及されている。ここで「語る存在」について、「言うこと（le dire）」「聞かれること（l'entendu）」「言われたもの（le dit）」の用語が、さらに加わるのである。「言うこと」は、見かけとして現れる。見かけは、文字どおりには見えるものであるが、総じて感覚的なポジションをとるものである。「聞かれること」は、ひとが聞くことによって生まれるが、それは享楽の原因としてのシニフィアンと密接な関係にある。「ひとが聞くもの、それはシニフィアンである」（第3講）。他方、ひとはシニフィアンの効果として生まれるシニフィエを聞くことはない。シニフィエは、ひとがもっ

297

ぱら読むものである。そして、聞かれるものを読むことが、精神分析することだと言える。

　しかし、そこに「言われたもの」が介入する。それが「言うこと」を背後に隠してしまうのである。日本語では、よく「語られたことが、そのまま事実になる」と言われる。その「事実」は、現実的なものではなく、現実界を指すのでもないが、いかにもそれが「ある」という現実らしさ、真実らしさを指していて、いわゆる「実在」に近いようだが、その本質は想像的である。しかし、「言うこと」が、「聞かれること」によって、そこにシニフィアンが生まれ、それがまた「事実」になることのあいだに、ディスクールではどういうことが起こっているだろう。「事実」は、たしかに想像的であるが、たんにそれだけではない。そこには、シニフィアンとともに、ディスクールの生むもう一つの効果である文字が、「言うこと」の痕跡としてかかわっている。そして、それが想像的なものと象徴的なものをつなぐのである。

　文字は、ディスクールがランガージュから借りてくる物質的な支えである。それは、象徴界に参入することによって、はじめてランガージュの世界で機能する。また、文字はひとに読むことを迫る。シニフィアンが聞かれるものとして、感覚的なものの側にあるのに対し、文字は読まれるものとして、シニフィエと共通の面をもっている。同時に、それは物質的なものとして、ふたたびシニフィアンの材料となり、見かけの場所をとることもできる。シニフィアンが自己同一的ではなく、他のシニフィアンとの差異によって意味を生むのに対し、文字は痕跡として凝固し、それ自体としてある。それは自己同一的であり、無意味であって、そのことが文字を現実界の側に位置づけさせる。文字は、そういう本質をもって、無意識のなかに入り込む。そのような文字が、ひとに読まれ、書かれるのである。

　対象 a は欲望の原因であり、シニフィアンは享楽の条件であるが、文字も、読まれ、書かれることによって享楽を生むと言える。しかし、知との関係においてみると、文字が生む享楽によっても、すべてを知ることはできない。「話す存在」が身をおく象徴界は、一つの文字を排除することで成立しているが、ランガージュの世界では、いくら読んでも意味の分からない文字が残り、いくら書き続けても排除された文字を書くことはできない。それが性関係の

不在の意味であり、同時に無意識の意味でもある。ひとは見かけの場所に現れる「言うこと」によって享楽する。しかし、ひとはすでに去勢に直面していて、享楽は成就できない。だが、ひとは「言うこと」について、すなわち享楽について、もっと知ろうとはしない。あたかも「言われたもの」が「事実」のようになって、「言うこと」を背後に隠してしまう。それは「聞かれること」をとおして、シニフィアンが想像的に手を加えられて意味の効果を生んだ結果である。

そこで、無意識は、「語る存在」が、語っていることを忘れ、語られたことが残るとも、現実的なものが想像的に加工されて、象徴的なものの背後に隠れることだとも言えよう。現実的なものとは、見かけの場所で出会った感覚的なものである。ちなみに、ラカンは現実的なものについて、こう語っている。「現実的なもの、それは見かけのあいだにあって、象徴的なものの結果として現れる開口である。また、それが人間生活の具体的な場面で支えられているような現実らしさでもある」(第8講)。ともあれ、現実的なものは、ついぞそれとして言われることはなく、いつも「言うこと」と「言われたもの」のずれを埋める真実 (le lien social) らしさの陰に隠れてしまうのである。

とはいえ、「現実」と「実在」は、どちらもじっさいにあるものを指す語として、しばしば同じような意味で使用される。例えば、ラカンが言及しているベンサムによる言語批判では、言語によってのみ存在するフィクショナル(虚構的、架空的)な実在と、感覚によってのみ捉えられるリアル(現実的、客観的)な実在が区別されている。しかし、リアルな実在を現実的なものとすることはできない。感覚によってのみ捉えられるとは、まさしく「見かけ」の特徴である。それはディスクールのなかで、ランガージュによって語られなければ、いかなる実在でもない。どちらの実在も現実的なものではないのは、享楽の面から、ただちに明らかになる。享楽は、何の役にも立たない。実在を、虚構的と現実的に分ける背景には、役に立つかどうかという観念があらかじめ控えている。

役に立つということは、有用 (utile) で、使える (utilisable) ということである。それらの語は、功利主義 (utilitarisme) という立場を指す語としても使われる。それによれば、語るひとにとって、現実はランガージュによって

二つに分かれるが、それとともに、実在も有用なものと、そうでないものとに分かれる。役に立つ実在は、あってよい実在であり、そうでないのは、捨てられるか、あってはならない実在である。それを享楽と現実的なものの面から見るなら、享楽には、一方には役に立たない、あってはならない現実があり、他方には役に立つ、あるいは必要な現実があることになろう。しかし、現実は二つあるのではなく、享楽は、現実的なものを狙って、つねに失敗する。享楽の本性は、一つの現実的なものを狙って、つねに失敗することである。しかし、そのことは有用性を求める立場を窮地に陥れる。享楽に向かおうとすれば失敗し、失敗を避けようとすれば享楽を捨てなくてはならない。そこで、功利主義は、役に立つ実在を目指して、そこに現実を認めようとする。リアルな実在を客観的な対象として、それを現実とする。しかし、それはどこまでもランガージュによるフィクショナルな実在である。「語る存在」は、フィクションの先へ進むことはできない。その結果、無意識とランガージュのあいだには、切っても切れない関係が生まれるのである。
　ただし、無意識は、ほとんどのところが「語る存在」から隠れている。「無意識は、その大部分が語る存在から逃れているという点で、知の証拠となっている」（第11講）。無意識は、ときにララングによって明るみに出されるが、それはララングが、ひとが現実的なものに接触したときの情動を表出するからである。「現実的なもの、それは無意識のミステリー（謎）である」、同時に、「それは語る身体のミステリーである」（第10講）。ミステリーとは、そこに秘密が隠されているが、よく分からないものであり、ランガージュによって近づけないものである。現実的なものが、ランガージュによって解明されるならば、無意識にも、語る身体にも隠されているところはなくなり、不可解は消えるだろう。しかし、知の享楽がそこに届くことはない。現実的なものの一義性が、そこにある。ひとの身体は「語る身体」として存在するが、語る身体は、現実的な身体を丸ごと捉えることはできない。科学的ディスクールが語る身体は、どこまで行っても部分的な身体であって、無意識は、語る身体のミステリーにとどまり、現実的なものは、無意識のミステリーにとどまるのである。
　ランガージュによって生きるひとは、ディスクールによって主体となる。

ディスクールでは、ひとは見かけから愛に向かおうと、知に向かおうと、そこに幻想が割り込んで、想像から生まれたものを実在と思い込み、それによって掻き立てられた情動によって行動する。情動は、一方では感覚をとおして現実的なものと接触した結果としても生じるが、現実的なものは、見かけがディスクールにおいて象徴界に取り込まれることから、いつの間にか実在に変わる。しかし、それには不可思議なもの、不可知なものがついてまわる。そこに、いくら読んでも意味の分からない文字が残る。それでも、ひとはその文字を読み続けるが、そこは無意識の場所である。どれほど知を追い求めても、そこをなくすことはできない。

　一方では、ランガージュにおいて、不可知なものを説明しようとする努力が途切れたことはない。かつての魔術的ディスクールや今日の科学的ディスクールが、そのよい例である。そのさい、無意識は、欲望から生まれる表象によって構成されているといっても、その表象の内容を明らかにしようとする努力だけでは解明されない。そこには、ふたたび想像から生まれたもののまわりを堂々めぐりする落とし穴が待っている。そこで、「語る存在」が生きている世界において、無意識が生まれる仕組みに目をやる必要がある。したがって、ランガージュが、当然ながら、その仕組みの鍵を握っている主体の営みと考えられるのである。

執筆者紹介

佐々木孝次(ささき　たかつぐ)
1938年生まれ
著書　『母親・父親・掟』(せりか書房、1979年)、『ラカンの世界』(弘文堂、1984年)、『文字と見かけの国――バルトとラカンの「日本」』(太陽出版、2007年)、『「気」の精神分析』(2011年、せりか書房) 他。
訳書　J.ラカン『エクリ』Ⅰ,Ⅱ,Ⅲ(共訳、弘文堂、1972-1981年)、P.コフマン『フロイト＆ラカン事典』(監訳、弘文堂、1997年)、J.ラカン『無意識の形成物』上・下(共訳、岩波書店、2005-2006年) 他。

林　行秀(はやし　ゆきひで)
1959年生まれ
現在　多摩あおば病院勤務。精神科医

荒谷大輔(あらや　だいすけ)
1974年生まれ
現在　江戸川大学社会学部准教授
著書　『西田幾多郎――歴史の論理学』(講談社、2008年)、『「経済」の哲学――ナルシスの危機を越えて』(せりか書房、2013年)。小泉義之・鈴木泉・檜垣立哉編『ドゥルーズ／ガタリの現在』(共著、平凡社、2008年)

小長野航太(こながの　こうた)
1975年生まれ
現在　専修大学非常勤講師
論文　「「否定」にみるシニフィアンの形成」(『I.R.S.』No.7、日本ラカン協会、2009年)、「フロイトと哲学空間」(『I.R.S.』No.9/10、日本ラカン協会、2012年)、訳書　ナイジェル・ウォーバートン『入門　哲学の名著』(船木亨監訳、ナカニシヤ出版、2005年)

ラカン『アンコール』解説

2013年7月31日　第1刷発行

著　者　佐々木孝次　林行秀　荒谷大輔　小長野航太
発行者　船橋純一郎
発行所　株式会社 せりか書房
　　　　〒101-0064　東京都千代田区猿楽町 1-3-11 大津ビル 1F
　　　　電話 03-3291-4676　振替 00150-6-143601　http://www.serica.co.jp
印　刷　信毎書籍印刷株式会社
装　幀　工藤強勝

Ⓒ 2013 Printed in Japan
ISBN 978-4-7967-0325-3

精神分析関連書

フロイト講義＜死の欲動＞を読む	小林敏明 本体 2,500 円
「気」の精神分析	佐々木孝次 本体 2,800 円
普遍の構築　　　モニク・ダヴィド＝メナール	川崎惣一 訳 本体 2,500 円
女の謎　　　　　　　　　　　サラ・コフマン	鈴木晶 訳 本体 2,800 円
ラカンと文学批評　　　　　パメラ・タイテル	市村卓彦・荻本芳信 訳 本体 3,200 円
フロイトかユンクか　　　エドワード・グローヴァー	岸田秀 訳 本体 2,500 円
無意識と精神分析　　　ジャン－ポール・シャリエ	岸田秀 訳 本体 1,300 円
ファシズムの大衆心理(上)　ヴィルヘルム・ライヒ	平田武靖 訳 本体 2,000 円
ファシズムの大衆心理(下)　ヴィルヘルム・ライヒ	平田武靖 訳 本体 1,800 円

せりか書房